*Encuentra
el hogar
para tu niño
interior*

STEFANIE STAHL

Encuentra el hogar para tu niño interior

Claves para volver a disfrutar de la vida

Traducción de
Roberto Romero

MADRID - MÉXICO - BUENOS AIRES - SANTIAGO
2025

Título del original alemán:
DAS KIND IN DIR MUSS HEIMAT FINDEN, por Stefanie Stahl

© 2015. Kailash Verlag, una división de Verlagsgruppe Random House GmbH, Alemania,
   www.randomhouse.dc. Este libro ha sido negociado a través de la Agencia Literaria Üte Körner, S.L.U.
© 2017. De la traducción, Roberto Romero
© 2018. De esta edición, Editorial EDAF, S. L. U. Jorge Juan, 68. 28009, Madrid.

Diseño de la cubierta: Gerardo Domínguez

Editorial EDAF, S. L. U.
Jorge Juan, 68. 28009 Madrid
http://www.edaf.net
edaf@edaf.net

Algaba Ediciones, S.A. de C.V.
Calle 21, Poniente 3223
Colonia Belisario Domínguez
Puebla 72180, México
jaime.breton@yahoo.com.mx

Edaf del Plata, S. A.
Chile, 2222
1227 Buenos Aires (Argentina)
edafdelplata@gmail.com
fernando.barredo@edaf.com.mx

Edaf Chile, S. A.
Huérfanos, 1178, Oficina 501
Santiago - Chile
comercialedafchile@edafchile.cl

Queda prohibida, salvo excepción prevista en la ley, cualquier forma de reproducción, distri-bución, comunicación pública y transformación de esta obra sin contar con la autorización de los titulares de la propiedad intelectual. La infracción de los derechos mencionados puede ser constitutiva de delito contra la propiedad intelectual (art. 270 y siguientes del Código Penal). El Centro Español de Derechos Reprográficos (CEDRO) vela por el respeto de los citados derechos.

6.ª edición, febrero 2025

ISBN: 978-84-414-3840-8
Depósito legal: M-4884-2018

PRINTED IN SPAIN   IMPRESO EN ESPAÑA
                          Ulzama

Papel 100% procedente de bosques gestionados con los criterios de sostenibilidad.

Para mis amigas y amigos.

*La mayoría de las sombras que nos encontramos en la vida
las proyectamos nosotros mismos, porque nos situamos delante del sol.*

Ralph Waldo Emerson

Índice

Meditaciones para descargar 15

El hogar para tu niño interior 17

Modelos de nuestra personalidad 23

El niño de las sombras y el niño de la luz 27

¿Cómo se desarrolla nuestro niño interior? 31

Un pequeño inciso: Un alegato a favor del autoconocimiento. 35

¿Qué deberían tener en cuenta los padres y las madres? 37

Las cuatro necesidades básicas 41
Necesidad de apego 41
Necesidad de autonomía y seguridad 42
    Un pequeño inciso: El conflicto entre autonomía y dependencia. 43
Necesidad de placer 45
Necesidad de reconocimiento y autoestima 47

¿Cómo marca la infancia nuestro comportamiento? 49
«¡Mamá sí que me entiende». La empatía materna y paterna ... 50
De la genética al carácter: otros factores que influyen sobre el niño interior 51
El niño de las sombras y sus dogmas 54
El niño de las sombras, mimado y malcriado 56
¿Criticar a tus padres? ¡Es más difícil de lo que parece! 57

Un pequeño inciso: ¿Condiciona la genética el mal genio? ... 61

Cómo condicionan la percepción los dogmas 63

Creemos que nuestras experiencias infantiles son casi inalterables 65

El niño de las sombras y sus dogmas: sentimientos negativos casi instantáneos 67

El niño de las sombras, el adulto y la autoestima 69

Descubre a tu niño de las sombras 71

    Ejercicio: *Averigua tus dogmas* 72
    Ejercicio: *Siente a tu niño de las sombras* 78

Busca tu dogma principal 79
¿Cómo salir de los sentimientos y emociones negativos? 80

    Ejercicio: *El puente de los sentimientos* 81

Un pequeño inciso: Personas insensibles o que aplazan los problemas 82
¿Cómo puedo conectarme mejor con mis sentimientos? 85
Nuestra proyección es nuestra realidad 86

Las estrategias de protección del niño de las sombras 91

Autoprotección: Represión de la realidad 95
Autoprotección: Proyección y victimización 96
Autoprotección: Búsqueda de la perfección, obsesión por la belleza y ansia de reconocimiento 99
Autoprotección: Búsqueda de la armonía y sobreadaptación ... 101
Autoprotección: El síndrome del ayudante 103
Autoprotección: Ansia de poder 105
Autoprotección: Ansia de control 109
Autoprotección: Ataques y agresiones 111
Autoprotección: Yo sigo siendo un niño 113
Autoprotección: Huir, refugiarse y esquivar los problemas 117

Un pequeño inciso: El miedo del niño de las sombras a la cercanía
y la subordinación 121
Un caso especial: La búsqueda de refugio en las adicciones 123
Autoprotección: Narcisismo 126
Autoprotección: Camuflajes, juegos de rol y mentiras 131

    Ejercicio: *Descubre cuáles son tus estrategias de protección personales* 134

El niño de las sombras, un compañero inseparable 135
Tú eres quien construye tu propia realidad 136

Cómo sanar al niño de las sombras 139

    Ejercicio: *Encuentra ayudantes en tu interior* 140
    Ejercicio: *Fortalece tu yo adulto* 141
    Ejercicio: *Acepta al niño de las sombras* 143
    Ejercicio: *El yo adulto consuela al niño de las sombras* 144
    Ejercicio: *Cómo tachar y sobrescribir viejos recuerdos* 147
    Ejercicio: *Lazos de apego y seguridad para el niño de las sombras.* 149
    Ejercicio: *Escríbele una carta a tu niño de las sombras* 149
    Ejercicio: *Comprende a tu niño de las sombras* 151
    Ejercicio: *Las tres posiciones de la percepción* 153

Descubre al niño de la luz en tu interior 157

Eres responsable de tu propia felicidad 159

    Ejercicio: *Busca tus dogmas positivos* 162

    1. Dogmas positivos de la infancia 162
    2. Dales la vuelta a los dogmas negativos 164

    Ejercicio: *Encuentra tus fortalezas y tus recursos* 165

¿Cómo pueden ayudarnos los valores? 166

    Ejercicio: *Determina cuáles son tus valores* 170

Todo depende del estado de ánimo 171
Explota tu fantasía, ¡saca partido a la memoria corporal! 174

    Ejercicio: *Ancla al niño de la luz en tu interior* 175

El niño de la luz en la vida cotidiana 176

DE LAS ESTRATEGIAS DE PROTECCIÓN A LAS DE CONSERVACIÓN 179
La felicidad y la infelicidad giran en torno a las relaciones 179
¡Mantén la vigilancia! 183
Distingamos entre los hechos y la interpretación 186

    Ejercicio: *Test de realidad* 188

Encuentra el equilibrio entre reflexión y distracción 189
¡Hay que ser sincero consigo mismo! 191

    Ejercicio: *Cómo aceptar la realidad de forma afirmativa* 194

¡Practica la benevolencia! 195
Elogia a tu prójimo tanto como a ti mismo 199
No es preciso ser perfectos, ¡con ser buenos es suficiente! 201
¡Disfruta de la vida! 203
Olvídate de ser un «modelo de persona», ¡Sé una persona auténtica! 206
Aprende a lidiar con los conflictos y moldea tus relaciones personales 209

    Ejercicio: *Entrenamiento para conflictos* 211

Aprende a reconocer cuándo es mejor dejarlo correr 215
¡Practica la empatía! 218
¡Escucha! 222
Establece unos límites saludables 225
Un pequeño inciso: El niño de las sombras y el síndrome del quemado o *burnout* 228

    Ejercicio: *Disolver los sentimientos* 232

Aprende a decir «No» 233
Confía en ti y confía en la vida 234
Regula tus sentimientos 239
Un pequeño inciso: El niño de las sombras impulsivo 241
Meditación al estilo vacuno 244

    Ejercicio: *Una pequeña lección sobre la capacidad de réplica* . . 245

Tienes derecho a decepcionar a quien sea 247
Un pequeño inciso: Estrategias de protección contra la adicción. 249
Supera tu apatía 256

    Ejercicio: *Siete pasos contra la posterguitis* 260

Aniquila tus resistencias internas 262

    Ejercicio: *Encuentra tus estrategias de conservación personales.* 267
    Ejercicio: *La integración de los niños de la luz y de las sombras.* 268

No dejes de lado tus aficiones e intereses 265
Permítete ser tú mismo 270

Bibliografía 275

Índice temático 277

Meditaciones para descargar

Si quieres trabajar de una forma más minuciosa e intensa con tu niño interior, Stefanie Stahl ha diseñado dos viajes fantásticos para explorar con la imaginación: el *Trance del niño de las sombras* y el *Trance del niño de la luz*. Se pueden descargar gratis aquí *:

www.kailash-verlag.de/daskindindir

* Aún no disponible en español.

El hogar para tu niño interior

Toda persona necesita contar con un lugar donde se sienta acogida, bienvenida y segura. Todo ser humano desea disponer de un espacio donde poder relajarse, donde poder dar rienda suelta a su personalidad propia. Lo ideal sería que el hogar de nuestros padres funcionase como ese espacio. Si nuestros progenitores nos han aceptado, cuidado y amado, habremos disfrutado de un hogar cálido y acogedor. Nuestra casa habrá sido exactamente la casa que todo el mundo querría: una pequeña patria, un refugio acogedor y plácido. Esa sensación que recordamos de la infancia, la sensación de bienvenida, cariño y aceptación, se interioriza como una sensación fundamental y de carácter positivo, que nos acompañará en la vida adulta: permite que nos sintamos protegidos en nuestra vida y frente al mundo que nos rodea. Tendremos una autoestima sólida y también podremos confiar en los demás, además de en nosotros mismos. Esa confianza primaria constituye una pequeña patria en sí misma, que nos sirve de apoyo interior y nos aporta seguridad.

Sin embargo, no son pocas las personas que tienen su infancia ligada a vivencias más negativas, algunas incluso traumáticas. Otros han sufrido infancias marcadas por la desgracia o la infelicidad, pero aun así han logrado arrinconar esas sensaciones, tanto que apenas las recuerdan. Frente a estas posibilidades, hay otro grupo de personas que afirma haber vivido una infancia «normal» o incluso «feliz», aunque si analizamos detalladamente su historial, se revelará que tal afirmación dista de ajustarse a la realidad: es fruto del autoengaño. Pero aunque se hayan desplazado y arrinconado experiencias como la inseguridad o el rechazo que se haya vivido en la infancia, o bien si ya como adultos se alberga cierto sentimiento de inferioridad, se constata en la vida cotidiana que la confianza primaria de estas personas no se ha desarrollado con fuerza. Se trata de personas que sufren problemas de autoestima, aquejadas de inseguridades constantes, dudan sobre si sus congéneres, su pareja, su jefa o sus nuevos conocidos les tienen en buena consideración o sobre si son bienvenidas realmente. No se gustan a sí mismas, se sienten inseguras y a menudo experimentan problemas en sus relaciones personales. No han logrado desarrollar una confianza primaria fundamental y por ello carecen de unos cimientos sólidos internos. Al contrario; desearían que los demás les transmitiesen una sensación de seguridad, protección y acogida. Buscan ese espacio, ese refugio, en su pareja, sus compañeros de trabajo, en lugares como el estadio o un centro comercial. Y una y otra vez sufren la mordedura de la desilusión cuando constatan que todo lo más que consiguen es alcanzar esa sensación de seguridad esporádicamente, proporcionada por los demás. No se percatan de que han caído en una trampa: si carecemos de un refugio o patria interior, nos será imposible encontrarlo en el exterior.

Cuando hablamos de estas impresiones, surgidas durante la infancia y que junto a nuestra herencia genética ejercen una poderosa influencia para moldear nuestro ser y nuestra autoestima, hablamos de una parte de la personalidad que en psicología se conoce como nuestro «niño interior». Por así decirlo, ese niño interior representa la suma de las improntas que se nos han quedado grabadas en la niñez, tanto positivas como negativas, experimentadas mediante el contacto con nuestros padres y otras personas importantes en nuestra vida. En realidad, no recordamos conscientemente la gran mayoría de las vivencias que nos han marcado, pero sí las tenemos grabadas de forma indeleble en el subconsciente. Por eso cabe afirmar lo siguiente: el niño interior es un componente primordial del inconsciente. Alberga los miedos, las preocupaciones y las necesidades que vivimos durante la infancia y al mismo tiempo, también atesora todas las improntas positivas que nos marcaron.

Son especialmente las impresiones negativas las que nos causan dificultades cuando somos adultos, ya que nuestro niño interior se esfuerza por no tener que volver a revivir las heridas y las afrentas que ya experimentamos en la niñez. Al mismo tiempo, siempre lucha por satisfacer los deseos de seguridad y reconocimiento que no logró apaciguar durante sus primeros años de vida. Esos miedos y añoranzas siguen vivos bajo la superficie de la consciencia. En el plano consciente somos adultos independientes, capaces de vivir nuestra propia vida, pero el niño interior influye decisivamente sobre el plano inconsciente de nuestro ser, sobre nuestras sensaciones y percepciones, nuestra forma de pensar y actuar. El influjo que ejerce llega a ser mucho más poderoso que el del raciocinio. Los estudios científicos han demostrado que el subconsciente es un elemento muy potente de la psique, que controla hasta el 80 o el 90 por 100 de nuestros actos y vivencias.

Veamos un ejemplo de ello: Michael experimenta constantes ataques de ira cuando su pareja Sabine se olvida de algo que él juzga importante. Hace poco, ella se olvidó de adquirir el embutido favorito de Michael al hacer la compra y él perdió los estribos al instante. Sabine se quedó helada, como si hubiese recibido un mazazo, ya que para ella no era más que un sencillo olvido, unas salchichas, nada más. Pero para Michael parecía que el mundo estuviese a punto de acabarse. ¿Qué había sucedido en realidad?

Michael no es plenamente consciente de que en el fondo aquí está actuando su niño interior, que siente que Sabine no le respeta ni le otorga la consideración que merece y se lo demuestra al olvidarse de su embutido favorito. Michael ignora que los cimientos de ese enfado no hunden sus raíces en Sabine y las salchichas, sino en una profunda herida sufrida en el pasado: resulta que su madre no se había tomado en serio la labor de cumplir sus deseos durante la niñez. Con su pequeño descuido, Sabine ha añadido sal a la vieja herida. Sin embargo, dado que Michael desconoce la relación que existe entre su reacción y las experiencias vividas con su madre, tiene poco poder para influir sobre sus propios sentimientos y su conducta. La discusión en torno a las dichosas salchichas no es el único conflicto de este tipo dentro de la relación que mantienen, ya que Michael y Sabine sostienen frecuentes disputas por cosas banales, puesto que ninguno de los dos sabe cuál es el motivo real para que se alteren. Y es que tanto Michael como Sabine están bajo el control de sus niños interiores, que reaccionan de una forma muy sensible ante las críticas, ya que en el pasado sus padres pocas veces pudieron corregir esa actitud. Como consecuencia, los ataques de ira de Michael evocan en Sabine viejas sensaciones de su infancia. Como resultado, se siente inútil e insignificante y, como resultado, reacciona ofendida, ya que ha sufrido una afrenta. Incluso a veces los dos piensan que sería mejor separarse, ya que se pelean muy a menudo por naderías y se infligen heridas muy profundas.

No obstante, si tuviesen la oportunidad de contemplar los anhelos y traumas de su infancia, podrían entablar una comunicación genuina, en lugar de quedarse en la superficie, discutiendo sobre las salchichas olvidadas o alguna crítica demasiado incisiva. Seguramente después se sentirían mucho mejor y también mucho más cerca uno del otro, en vez de atacarse mutuamente.

El caso es que el inconsciente y el niño interior no solo conforman la base de los conflictos en las relaciones de pareja. En muchos otros conflictos, si conocemos su trasfondo, es posible constatar que no están protagonizados por adultos seguros de sí mismos intentando resolver un conflicto, sino por niños en plena pelea. Por ejemplo, cuando un empleado reacciona ante las críticas de un superior arrojándole con desdén los informes que acaba de presentar. O cuando un estadista responde a la infracción fronteriza de los representantes de otro estado con una agresión militar. El desconocimiento del niño interior provoca que muchas personas estén insatisfechas consigo mismos y con su vida, así como que surjan múltiples conflictos entre seres humanos, los cuales no es infrecuente que crezcan hasta volverse incontrolables.

Asimismo, es cierto que las personas que han vivido infancias mayormente felices y sí tienen esa confianza primaria no suelen estar completamente libres de preocupaciones ni disfrutar de vidas totalmente libres de problemas. Igualmente sus niños interiores han sufrido magulladuras y lesiones, ya que no existen los padres perfectos ni las infancias ideales. También ellos tienen, además de improntas positivas, marcas dejadas por sus padres que no son tan maravillosas. Improntas negativas que podrían causarles dificultades en su vida adulta posterior. Quizá no se trate de problemas tan notorios como los episodios de furia de Michael. Tal vez solo les cueste confiar en las personas ajenas a su familia o les aterre tener que afrontar decisiones de importancia, o bien puede que prefieran no correr riesgos jamás y quedarse encerrados en sus limitaciones y posibilidades, en lugar de afrontar los peligros del mundo exterior. Sea como fuere, el hecho es que las improntas negativas que heredamos de la infancia nos limitan y condicionan tanto nuestro desarrollo como las relaciones que mantenemos.

En última instancia, esto es válido para casi todo el mundo: solo podremos averiguar qué anhelos y heridas llevamos en nuestro interior si primero conocemos a nuestro niño interior y entablamos con él una relación de amistad. Es posible aceptar y convivir con esos fragmentos heridos del alma e incluso sanarlos, hasta cierto punto. Con ello podremos ganar en confianza y autoestima, además de buscar por fin un refugio donde nuestro niño interior se sienta a gusto. Este es el requisito previo para lograr que las relaciones con otras personas se caractericen por ser más pacíficas, amistosas y felices. También es la premisa básica para que aprendamos a distanciarnos de relaciones que no nos convengan o incluso nos resulten perjudiciales.

Este libro se propone ayudarte a que conozcas a tu niño interior y os convirtáis en amigos (o amigas). Te servirá de apoyo para dejar atrás esos viejos patrones de conducta que suelen terminar en callejones sin salida y situaciones de insatisfacción. Te enseñará cómo puedes aplicar perspectivas y comportamientos nuevos y útiles para olvidarte de esos hábitos y moldear tu vida y tus relaciones para ser mucho más feliz.

Una nota sobre el tuteo: al tutearnos, salvamos la brecha que habitualmente separa a la escritora y al lector (o lectora). Esa es precisamente mi intención; por eso te voy a tutear. Porque el niño interior reacciona mucho mejor cuando le hablamos de «tú» que cuando lo tratamos de «usted».

Modelos de nuestra personalidad

En la superficie de nuestra consciencia, los problemas que afrontamos nos suelen parecer intricados y difíciles de resolver. A veces también nos resulta complicado comprender cómo actúan, se comportan y se sienten otras personas. Nos falta una visibilidad adecuada, una perspectiva que nos permita ver qué sucede en nuestro interior o en el de otras personas. Pero lo cierto es que la psique humana no tiene una estructura tan sofisticada. Simplificándola, cabe afirmar que se divide en distintos componentes de la personalidad: están los componentes infantiles y los adultos, pero también está dividida en un plano consciente y un plano inconsciente. Si conocemos esta estructura de la personalidad, podremos trabajar de forma consciente sobre ella y solucionar muchos de esos problemas que antes se nos antojaban irresolubles. A lo largo del libro te explicaré cómo funciona.

Como ya he indicado antes, el «niño interior» no es más que una metáfora para referirme a los componentes del plano inconsciente de nuestra personalidad que se crearon durante la infancia. Es al niño interior a quien se le atribuye nuestra vida sentimental: miedo, dolor, luto, ira... pero también alegría, felicidad y amor.

El niño interior aglutina tanto improntas negativas y tristes como positivas y alegres. Este libro te ayudará a conocerlas en detalle y trabajar con ellas.

Junto al niño interior, se encuentra nuestro yo adulto, que podríamos denominar «el adulto interior». Se trata de una entidad psíquica que abarca nuestro intelecto racional, es decir, la capacidad de pensar, el raciocinio. Desde nuestro yo adulto tenemos la capacidad de asumir responsabilidades, planificar, actuar con vistas al futuro, apreciar y comprender interrelaciones y dependencias, sopesar riesgos... y también regular la actividad del niño interior. El yo adulto actúa de forma consciente e intencionada.

Lo cierto es que Sigmund Freud fue el primero que compartimentó la personalidad dividiéndola en varios componentes. Lo que la psicología moderna conoce como «niño interior» o «yo de la infancia» era para Freud el «Ello». El propio Freud bautizó al yo adulto como el «Yo» y, además, también describió la existencia del «Superyó». Este último componente es una especie de instancia moral que albergamos dentro de nosotros. En la psicología moderna se define como el «yo de los padres» o el «crítico interior». Cuando asumimos la postura de nuestro crítico interior, mantenemos con nosotros mismos un diálogo interno que puede asemejarse a este: «¡Deja de comportarte así, que pareces tonto! No sirves para nada, qué inútil eres. Te pongas como te pongas, ¡no lo conseguirás jamás!».

Los enfoques terapéuticos más novedosos, como la terapia cognitiva centrada en esquemas, subdividen esos tres componentes básicos en diferentes subcomponentes, como por ejemplo el «niño interior herido», el «niño interior feliz», el «niño interior furioso», el «yo padre benevolente» o el «yo padre castigador». Schulz von Thun, el célebre psicólogo de Hamburgo, identificó una larga serie de subpersonalidades que habitan en el interior del ser humano y acuñó el concepto de «equipo interno».

Sin embargo, en este libro me gustaría que las cosas fuesen lo más simples y pragmáticas que sea posible. Si trabajamos con muchos componentes distintos del subconsciente simultáneamente, pronto se volverá todo complicado, engorroso y fatigoso. Por eso me voy a ceñir exclusivamente al niño interior feliz, al niño interior herido y al adulto interior o yo adulto. De acuerdo con mi experiencia, estas tres instancias serán más que suficientes para resolver los problemas. Los conceptos «niño interior feliz» y «niño interior herido» los voy a sustituir, no obstante, por «niño de la luz» y «niño de las sombras» respectivamente. Se trata de denominaciones más bonitas y mucho más fáciles de recordar. En realidad no son de mi propia cosecha, sino que proceden del trabajo de mi vieja amiga y colega Julia Tomuschat, que publicó su obra «Das Sonnenkind-Prinzip»* en 2016, un libro que os recomiendo encarecidamente.

---

* *N. del T.:* Tanto este como todos los demás títulos publicados que la autora recomienda en esta obra figuran en la Bibliografía de la página 275. En los casos en que haya disponible una edición en español, se indica específicamente.

Tanto el niño de la luz como el niño de las sombras son expresiones de ese componente de nuestra personalidad que conocemos como «niño interior» y que representa al subconsciente. En sentido estricto, lo cierto es que solamente hay un niño interior, es decir, un subconsciente. Además, ese niño interior que albergamos no siempre es una sensación inconsciente; en cuanto nos ocupamos de él (o ella), salta y aparece en el plano consciente. Cuando hablamos del niño de las sombras o de la luz, nos referimos a distintos estados del plano consciente. Esta diferenciación tiene un fundamento principalmente pragmático, no científico. A lo largo de los muchos años que llevo trabajando como psicoterapeuta, he ido desarrollando una estructura para la resolución de problemas que se sirve de esas metáforas, la del niño de la luz y la del niño de las sombras, que te ayudarán a solventar casi todos tus problemas. Esa limitación del «casi» se refiere concretamente a todos aquellos problemas cuya solución esté fuera de tu alcance. Ahí figuran reveses del destino como la enfermedad, la muerte de un ser querido, las catástrofes naturales, los delitos o actos violentos y las agresiones sexuales. Ahora bien, siempre con limitaciones, conviene mencionar aquí que la manera de sobrellevar y superar esas desgracias también depende en buena medida de la personalidad de las víctimas que las sufren. Naturalmente, las personas que ya antes de sufrir calamidades así tenían que luchar a brazo partido contra su niño de las sombras, lo tendrán más difícil que aquellas otras personas que cuenten con un niño de la luz fuerte y firme. En este sentido también las personas que han sufrido pérdidas y daños causados por fatalidades del destino como los que acabamos de mencionar podrán encontrar ayuda útil en este libro. Sin embargo, para quienes resultará más beneficioso será para esas personas que sufren de problemas cocinados en su propia casa, por así decirlo. Es decir, en sentido amplio, todos los problemas que están dentro de su esfera de responsabilidad: problemas en sus relaciones interpersonales, pero también perturbaciones depresivas, estrés, temor al futuro, falta de alegría de vivir, ataques de pánico, conductas compulsivas, etc.

Y es que todos estos problemas tienen su raíz originaria en las improntas que han dejado marcado a nuestro niño de las sombras. Con otras palabras: a la estima que sentimos por nosotros mismos.

El niño de las sombras y el niño de la luz

Cómo nos sentimos y qué sensaciones podemos percibir o qué sensaciones echamos de menos o consideramos insuficientes en nuestras vivencias depende, en gran medida, de nuestro temperamento innato y de las experiencias que hayamos acumulado durante la niñez. Aquí ejercen un poderoso influjo nuestros *dogmas* inconscientes. En el campo de la psicología, se entiende que un dogma es una creencia muy honda, de raíces muy profundas, que manifiesta una postura sobre nosotros mismos o sobre nuestras relaciones interpersonales. Muchos dogmas se crean en el transcurso de los primeros años de vida a través de la interacción entre el niño y sus figuras de apego más cercanas. Un dogma interior puede ser un lema tan sencillo como «¡Estoy muy bien!» o por el contrario, «¡No estoy nada bien!». Por regla general, mientras discurre nuestra infancia primero y el resto de la vida después, interiorizamos dogmas positivos y también dogmas negativos. Los que son de naturaleza positiva, como ese «¡Estoy muy bien!» aparecen como fruto de situaciones en las que nos sentimos arropados, acogidos y apreciados por las figuras más importantes hacia quienes tenemos apego. Nos fortalecen. Por otro lado, los dogmas negativos, del género de «¡No estoy nada bien!» surgen de situaciones donde sentimos que no encajamos, hacemos algo mal o somos rechazados. Esos dogmas nos debilitan.

El «niño de las sombras» abarca nuestros dogmas negativos, todas esas creencias negativas y los sentimientos dolorosos que son su resultado: tristeza, miedo, impotencia, desamparo o ira. Como contraposición a estas sensaciones, aparecen las conocidas como estrategias de autodefensa: estrategias que adoptamos para protegernos, que hemos concebido para contrarrestar esos sentimientos o, aún mejor, para evitar percibirlos en absoluto. Veamos algunos ejemplos típicos: replegarse, buscar la armonía a toda costa, optar por el perfeccionismo, ser propensos a atacar a los demás o a asumir el poder o el control. Más adelante analizaré en profundidad los dogmas, los sentimientos y las estrategias de autodefensa. Por el momento, basta con que comprendas que el niño de las sombras personifica esa parte de tu autoestima que se siente herida y, en consecuencia, frágil.

Frente a esto, el niño de la luz representa nuestras improntas y sentimientos positivos. Es la personificación de todo cuanto haría feliz a un niño: espontaneidad, ansia de vivir aventuras, curiosidad, desprendimiento, vitalidad, dinamismo y alegría de vivir. El niño de la luz es una metáfora de la parte intacta de nuestra autoestima. Incluso las personas que acarrean una mochila muy pesada por lo que han vivido en su niñez tienen también componentes perfectamente sanos en su personalidad. Dentro de sus vidas suceden situaciones en las que no sobrerreaccionan y conocen momentos de júbilo, así como otros en que se sienten curiosos o juguetones. Momentos en los que se imponga el niño de la luz. De todas maneras, sí es cierto que la parte luminosa brilla en menos ocasiones y con menos intensidad de la deseable para quienes han sufrido infancias caracterizadas por la dureza. Por eso en este libro nos dedicaremos a fomentar con ahínco la labor del niño de la luz y a consolar al niño de las sombras, para que se sienta atendido, pueda tranquilizarse y dejar suficiente espacio libre a su hermano luminoso.

Debería estar bien claro, ya que quien nos causa problemas en la psique es ese componente de oscuridad. Sobre todo cuando permanece en el inconsciente y pasa totalmente desapercibido. Te lo voy a explicar una vez más con otro ejemplo de Michael y Sabine: cuando Michael observa su comportamiento con la perspectiva de un yo adulto, es perfectamente consciente de que con frecuencia sus reacciones son exageradas. Por ese motivo ya se ha propuesto en varias ocasiones frenar y apaciguar su ira. A veces incluso lo consigue, pero en la mayoría de ocasiones, no. La razón de que sus buenas intenciones tengan unos resultados tan limitados es que su yo adulto interior, es decir, su raciocinio consciente, no está informado sobre las heridas que están abiertas en su niño de las sombras. Por eso el adulto interior es incapaz de influir sobre el niño de las sombras. Como resultado, el componente racional de su psique carece de control sobre sus sentimientos y su conducta, que son impulsados por el niño de las sombras.

Si Michael desea controlar eficazmente sus ataques de ira, tendría que conocer qué vínculo existe entre la conducta de Sabine y el dolor que le provocó su madre durante la niñez. Tendría que reflexionar, pensar que su niño de las sombras lleva consigo una herida aún sin curar, que le duele cada vez que considera que no se le concede el respeto debido. A partir de ese momento su yo adulto podría calmar al niño de las sombras de una forma similar a la que sigue: «Atiende, si Sabine se ha olvidado de comprar las salchichas, no es porque no te quiera ni porque no se tome en serio tus gustos y deseos. Sabine no es mamá. Y al igual que te pasa a ti, Sabine no es perfecta. Así que es normal que se le olviden cosas de vez en cuando, ¡incluso esas salchichas que tanto te gustan!». Si Michael lograse distinguir conscientemente entre el niño de las sombras y el componente adulto que alberga en su seno, no habría interpretado el olvido del embutido como una falta de respeto y cariño por parte de Sabine, sino como un accidente, un fallo humano sin más relevancia. Con esa pequeña corrección de su percepción, no se habría despertado ese acceso de furia. Así que, si Michael aspira a suprimir sus ataques de ira, debe dirigir la mirada de su consciencia hacia su niño de las sombras y las heridas que este ha sufrido. Y tiene que aprender a ponerse de forma consciente en el lugar del yo adulto benevolente, sensato y prudente, capaz de reaccionar con mesura y cariño ante los impulsos y arrebatos del niño de las sombras, en lugar de hacer recaer su irritación sobre la pobre Sabine.

¿Cómo se desarrolla nuestro niño interior?

Los componentes de la personalidad del niño de las sombras y el niño de la luz quedan definidos principalmente (si no exclusivamente) durante los primeros seis años de vida. Por eso son tan importantes los primeros años de la existencia de una persona, porque en el discurrir de ese periodo se conforma la estructura de su cerebro, con todas las redes e interconexiones neuronales. Las experiencias que vivimos durante esa fase del desarrollo junto a las figuras por quienes sentimos apego inciden muy profundamente sobre el cerebro. La forma en que nos tratan mamá y papá constituye una especie de modelo para todas las relaciones que mantendremos a lo largo de la vida. Gracias al vínculo que mantenemos con nuestros padres, aprendemos qué podemos esperar de nosotros mismos y de las relaciones interpersonales. La autoestima se forma durante los primeros años y, por consiguiente, también se crea la confianza que sentimos en otras personas, o bien, en los casos menos favorables, la desconfianza que nos inspiran los demás y las relaciones interpersonales.

En todo caso, conviene que evitemos pintarlo todo de negro o blanco exclusivamente. No hay ninguna relación paterno o maternofilial que sea absolutamente negativa ni completa y exhaustivamente positiva. Aunque hayamos experimentado una infancia feliz, todos llevamos en nuestro seno alguna herida que hemos sufrido y nos sigue acompañando. Esto se debe a la propia naturaleza de la etapa infantil: llegamos al mundo desnudos, pequeños, débiles y totalmente indefensos. Para los bebés es imprescindible encontrar una persona con quien establecer un lazo especial, que lo acepte; de lo contrario, se morirá. Por tanto, tras nacer y durante un largo periodo de tiempo después, nos encontramos en una situación de total dependencia e indefensión. Por eso todos albergamos en nuestro interior a un niño de las sombras, que se siente oprimido e insignificante, que opina que se encuentra muy mal y no sirve para nada. Además, resulta que por más cariñosos y bondadosos que sean los padres, es imposible que complazcan todos y cada uno de los deseos del bebé. Cuando sea necesario, también tendrán que ponerle límites. Aquí destaca el segundo año, cuando el niño acaba de aprender a caminar y se topa con un sinfín de prohibiciones y límites impuestos por sus padres. Le ordenan al niño constantemente que no rompa sus juguetes, que los cuide bien, que no toque ese jarrón, que no se ponga a jugar con la comida, que aprenda a ir al lavabo solo, que ande con precaución, etc. Así que a menudo, el niño siente que está cometiendo errores, es decir, que algo «no está bien».

Ahora bien, junto a estos sentimientos de inferioridad, la mayoría de los seres humanos también acogen en su seno percepciones e ideas de naturaleza positiva, que mantienen que todo «está bien» y se consideran personas valiosas. Durante la infancia no solo superamos experiencias malas, sino también buenas: la atención, la seguridad, el juego, la diversión, la alegría. Por eso en nuestro interior se crea ese componente que ahora conocemos como niño de la luz.

Para el niño real, la situación se complica cuando sus progenitores se ven superados por las necesidades de la educación y los cuidados que deben dedicarle y le gritan, le pegan o incluso lo desatienden. Los niños pequeños son incapaces de juzgar si las acciones de sus padres son buenas o malas. Desde la perspectiva infantil, los padres son figuras enormes, infalibles. Cuando su padre le chilla o le pega, el niño no piensa que «papá no es capaz de reprimir sus agresiones y necesitaría acudir a psicoterapia», sino que deduce que los golpes y los gritos se deben a que papá «es malo». Antes de que el niño aprenda a hablar, ni siquiera puede pensar que quizá se haya portado mal; tan solo percibe el castigo y entiende que es negativo y desagradable, o al menos incorrecto.

Lo más importante que aprendemos por medio de las sensaciones durante los dos primeros años de vida es, fundamentalmente, si somos bienvenidos o no.

Todos los cuidados que requieren los lactantes y los niños más pequeños son de naturaleza física, corporal: hay que darles de comer, bañarlos, limpiarlos y cambiarles los pañales. Y otra cosa esencial: acariciarlos. A través de las caricias, de las miradas con cariño y de la voz de las personas que lo cuidan, el niño percibe si es bienvenido o no. Puesto que durante esos dos años de vida estamos completamente a merced de nuestros padres, a lo largo de ese plazo es cuando se forma la confianza primaria... o la desconfianza primaria. En ambos casos se trata de un sentimiento primario, de raíces muy profundas, existenciales. Estas experiencias se incrustan muy hondas en la memoria de nuestro organismo. Las personas que logran desarrollar la confianza primaria, dentro de un plano muy profundo de su conciencia, sienten seguridad en sí mismas, el requisito imprescindible para confiar también en otras personas. Por el contrario, quienes no han desarrollado esa confianza primaria se sienten inseguros en el fondo y reflejan esa misma desconfianza sobre sus congéneres. Si una persona ha logrado desarrollar la confianza primaria, se comportará con frecuencia como un niño de la luz. Pero si carece de esa confianza, el niño de las sombras ocupará un espacio mayor en su interior.

Ahora sabemos que la investigación neurológica ha demostrado científicamente que los niños que están expuestos durante sus primeros años de vida a situaciones de gran estrés, como puede ser que falte cariño en los cuidados que le prestan, registran durante toda su vida una secreción acentuada de hormonas del estrés. Esto provoca que al llegar a la edad adulta sean muy propensos a sufrir por estrés: reaccionan con una sensibilidad y vehemencia más fuertes ante los factores estresantes y por eso son menos resistentes psíquicamente que aquellas otras personas cuya infancia estuvo marcada por la seguridad y la protección. En la imagen que aquí manejamos, esto significa que la persona afectada se identifica a menudo con su niño de las sombras.

Ahora bien, los otros años de desarrollo también son muy importantes y marcan la personalidad, naturalmente. Por supuesto, aparte de los padres, hay más personas y figuras de apego que nos influyen, como los abuelos, por ejemplo, o los profesores y compañeros de clase. Pero yo quiero limitarme a la influencia que ejercen los padres y las principales figuras de apego, porque, si no, el libro se alargaría demasiado. Con todo, si las experiencias que viviste junto a amigos o compañeros de tu misma edad, con una profesora o con la abuela, son muy importantes para ti, puedes seguir todas las prácticas propuestas en este libro situando a esas personas como ejes.

Con la ayuda del razonamiento consciente, es decir, del yo adulto, nos resulta imposible acordarnos de los primeros años de vida, aunque hayan dejado marcas notables en el subconsciente. Para la mayoría, los primeros recuerdos tienen como escenario el jardín de infancia o una época posterior. A partir de ese momento podemos recordar de forma consciente cómo nos trataban papá y mamá y cómo era la relación que manteníamos con ellos.

Un pequeño inciso: un alegato a favor del autoconocimiento

«Reflexión» y «reflexionar» son las palabras favoritas de los psicólogos y existe un buen motivo: el ser humano que reflexiona puede acceder a sus motivaciones, sentimientos y pensamientos internos y también puede llevarlos a la práctica con sus actos, dentro de un contexto psicológico. Puesto que al hacerlo también observará su lado más oscuro, sabrá enfrentarse a él de una forma más deliberada y consciente. Por ejemplo, así tendrá la oportunidad de percatarse a tiempo de que la falta de simpatía que siente por otra persona no tiene tanto que ver con que esa misma persona no le haya demostrado su propia simpatía, sino con que siente algo de envidia por sus éxitos. Si lo admite y acepta, probablemente concluirá que no sería justo actuar de forma dañina para esa persona. Por tanto, disfrutará de buenas posibilidades para comportarse de manera amistosa ante ella y regular la envidia que le afecta por dentro. Precisamente gracias a que puede acceder al sentimiento de envidia e inferioridad, puede actuar sobre ello de forma positiva. Por ejemplo, planteándose que también él ha conseguido grandes éxitos en la vida y tiene buenas razones para sentirse agradecido por ello. Sin embargo, si no aceptase que el éxito de esa otra persona le causa cierta irritación a su ego, se podría haber equivocado y haber terminado atacando esos triunfos, despreciándolos con pullas insignificantes o golpes bajos, incluso en presencia de terceros.

Este pequeño ejemplo pone de relieve que no todo consiste en buscar una solución para los problemas propios, sino que además hay que comportarse de una manera socialmente aceptable. El autoconocimiento y la reflexión no solo tienen valor cuando se refieren a nosotros mismos, sino también en el plano social. Sobre todo sentimientos como la indefensión y la inferioridad, los cuales, si no se reflexiona sobre ellos, se pueden intentar compensar con una ambición de poder acusada y exagerada, así como un enorme afán de notoriedad, de forma socialmente inaceptable. Especialmente cuando una persona se identifica con su niño de las sombras, pueden producirse distorsiones de la percepción de la realidad muy acusadas. Desde la perspectiva del niño de las sombras, el oponente siempre es mayor que uno mismo y esa disparidad de tamaño lleva a insinuar que esa persona alberga intenciones malignas, como hemos visto ya en el caso de Michael y Sabine. Dado que Michael no reconoce el hilo que vincula las heridas que sufrió de pequeño con su ira, se considera una víctima de «la falta de respeto y el ninguneo» de Sabine, quien muta en culpable del problema… y ya está todo listo para que estalle la disputa. ¡Ojo!, aquí hablamos solamente de una pareja sentimental que tiene sus más y sus menos, pero en casos mucho más graves se trata de altos cargos políticos y estadistas que, por pura falta de reflexión sobre sí mismos (y mismas) y del afán de poder, pueden conducir a pueblos enteros al desastre y la ruina.

Por eso me preocupo por comunicar a mis lectores y lectoras que el autoconocimiento no solo es auténtico camino para avanzar hacia la resolución de los problemas personales, sino también una excelente vía para convertirse en mejor persona.

¿Qué deberían tener en cuenta los padres y las madres?

Ahora ya sabemos que el niño de las sombras y el niño de la luz están marcados por las experiencias que hemos vivido en la primera infancia como fruto de las relaciones personales más estrechas. De ahí se deriva, lógicamente, que la educación desempeña un papel crucial e incide en si favorecemos el papel del niño de la luz, caracterizado por su robusta autoestima y una gran confianza en sí mismo y en los demás, o bien optamos a menudo por el papel del niño de las sombras, que se siente inseguro y desconfía de los demás.

Evidentemente, existen un montón de asesores, consejeros y obras sobre la educación que informan a los padres de cómo han de arropar a sus vástagos en cada etapa del desarrollo. Con frecuencia surge la cuestión sobre cómo resolver los conflictos padres-hijos más típicos o cómo se consigue encarrilar una conducta indeseable.

Desde el punto de vista de la psicología, la educación y la crianza giran sobre ejes temáticos mucho más básicos: el niño tiene diferentes necesidades psíquicas fundamentales. Por ejemplo, la necesidad de apego o vínculo y la necesidad de obtener reconocimiento. Los padres que consiguen satisfacer todas esas necesidades psíquicas básicas correctamente logran así que su hijo crezca y se convierta en una persona dotada de la confianza primaria, capaz de confiar en sí mismo y en los demás.

El célebre investigador en psicoterapia Klaus Grawe ha estudiado las necesidades psíquicas básicas y su significado para las personas. En este libro haré referencia a sus hallazgos y los tomaré como plataforma. En mi opinión, dirigir la vista hacia las necesidades psíquicas básicas es un enfoque que merece mucho la pena para comprender mejor al niño de las sombras. Gracias a esta aproximación, es posible matar dos pájaros de un tiro: con las cuatro necesidades psíquicas básicas tenemos, por un lado, un sistema lógico y sensato, que facilita la comprensión de las improntas sufridas durante la propia infancia. Por otro lado, contamos con un sistema que contribuye a que comprendamos nuestros problemas actuales, precisamente teniendo en cuenta que la mayoría hunden sus raíces en la niñez. Al igual que sucede con las necesidades corporales, las necesidades psíquicas básicas permanecen sin cambios durante toda la vida. Es decir, siempre que notemos una sensación de malestar o de bienestar se debe a que afecta a una o más de las necesidades básicas físicas y psíquicas. En el mejor de los casos, percibiremos que tenemos todas las necesidades básicas satisfechas y nos sentiremos bien. O bien notaremos un malestar producido porque nos falta algo. Estas son las cuatro necesidades psíquicas básicas:

- La necesidad de *apego*
- La necesidad de *autonomía* y *control*
- La necesidad de *disfrutar del placer* y *evitar lo que nos resulte desagradable*
- La necesidad de *autoestima* y de *reconocimiento*

No se me ocurre ningún problema psíquico que no se pueda vincular al incumplimiento de una o varias de tales necesidades. Cuando Michael se pone hecho una fiera porque Sabine se ha olvidado de traerle sus salchichas favoritas, es porque siente frustrada su necesidad de reconocimiento y de autoestima. Pero resulta que tampoco se satisfacen su necesidad de control y de obtener satisfacción o placer.

Cada vez que sentimos estrés, preocupación, ira o miedo, es porque las necesidades psíquicas básicas están en liza. En la mayoría de las ocasiones no se trata de que haya una necesidad insatisfecha, sino varias o incluso todas. Por ejemplo, cuando sufrimos por mal de amores, se siente frustrada nuestra necesidad de apego, pero también la necesidad de control (ya que no tenemos influencia ni conseguimos adquirirla sobre la persona amada) y nuestra necesidad de placer; además, debido al rechazo, también nos daña la autoestima. De ahí que una pena de amor nos puede atenazar y deprimirnos psíquicamente, dado que la frustración abarca todas estas áreas.

Cuando contemplamos nuestros problemas poniendo las cuatro necesidades psíquicas básicas como telón de fondo, los orígenes de las dificultades que afrontamos se vuelven más claros y fáciles de identificar y manejar. Problemas que antes se antojaban complejísimos se reducen a su raíz originaria y a menudo, descubrimos vías para solucionarlos. Por ejemplo, supondría todo un paso adelante que Michael fuese consciente de que se siente frustrado por la necesidad de elevar su autoestima y sentirse reconocido por el hecho de que Sabine se olvidó de comprarle unas salchichas. Quedaría un poco más claro ese punto oscuro que oculta el nexo entre el estímulo (el dichoso olvido) y la reacción (la ira). Así sabría que se enfada porque algo ha lastimado su necesidad de sentirse reconocido. Sabiendo esto tan solo, ya sería factible que se distanciase de su patrón de conducta psíquico, ya que le surgiría esta duda: ¿de verdad ese descuido de Sabine ha lesionado su autoestima? Lo más seguro es que la respuesta fuese un «no». Con esto a la vista, la próxima vez podría reaccionar de una manera más comedida. Sin embargo, probablemente también se le ocurriría esta duda: ¿cuál es la auténtica raíz de esa sensibilidad tan marcada? A su vez, esa pregunta le llevaría a descubrir que desde su niñez siente que nadie le hace caso ni atiende a sus necesidades. Es posible que recuerde algunas situaciones vividas junto a su madre y entonces constataría que, en última instancia, quizá todo esto no tenga que ver con Sabine, sino con la relación con su madre. De este modo, habría dado otro gran paso para acercarse a la solución de su problema.

Las cuatro necesidades psíquicas básicas

Antes de que te explique cómo puede Michael y cómo puedes tú eliminar esos patrones psíquicos tan antiguos, me gustaría profundizar un poco en las cuatro necesidades psíquicas básicas. Te recomiendo que sigas leyendo e intentes ir desarrollando una cierta sensibilidad sobre el tema para comprender cómo han quedado marcados el niño de las sombras y el niño de la luz por esas cuatro necesidades básicas.

Necesidad de apego

La necesidad de sentir apego nos acompaña desde el momento en que nacemos hasta el instante en que fallecemos. Como ya hemos mencionado, sin el apego, los recién nacidos serían incapaces de sobrevivir. Si se les niega el contacto corporal, los niños muy pequeños se mueren. Pero dejando a un lado las atenciones físicas, el deseo de apego, acogimiento y pertenencia a una comunidad es una de nuestras demandas psicológicas fundamentales. La necesidad de apego cumple su función en infinidad de situaciones, no solo en las relaciones familiares y amorosas. Por ejemplo, podemos satisfacerla cuando nos reunimos con amigos, charlamos, disfrutamos de los descansos en el trabajo o en clase junto a nuestros compañeros, acudimos a espectáculos públicos o escribimos una carta.

La necesidad infantil de apego puede verse frustrada, por parte de los padres, debido a la desatención, el rechazo o el maltrato.

La variedad de los tipos de desatención es enorme, desde luego. En los casos menos graves, el niño se siente desatendido porque sus padres, que en el fondo son cariñosos y muy buenos, están sobrepasados y estresados, condicionados por factores externos. Imaginemos a una pareja con ingresos modestos que tiene cuatro hijos. En los casos más graves, los niños sufren maltratos psíquicos o físicos a manos de padres o cuidadores que sufren a su vez de trastornos psicológicos.

Frustrar la necesidad de apego del niño puede causar distintos efectos en su desarrollo psíquico. Naturalmente, aquí es muy importante el grado de gravedad de la desatención que sufra, pero la predisposición psicológica de la criatura también influye. Es la interacción entre estos factores la que determina si se originará un daño leve para la autoestima o si, por el contrario, se originará un trastorno psíquico agudo. No obstante, en la mayor parte de los casos resulta perjudicada la capacidad de apego del niño. Puede expresarse en el rechazo a establecer lazos estrechos en la etapa adulta (o en la destrucción repetida de tales lazos) o en el desarrollo de relaciones en las que se aferra excesivamente a las otras personas y con ello, genera una fuerte dependencia de su pareja u otras personas.

Necesidad de autonomía y seguridad

Además de la necesidad de apego, los niños (y también los adultos) tienen necesidad de autonomía. Para los más pequeños, significa que no solo desean que les hagan mimos y les den de comer, sino que ansían explorar y descubrir el entorno. Tienen un ansia innata de explorar. Asimismo, los niños ponen un empeño tremendo en actuar de forma autónoma, por sí mismos, en cuanto sus facultades se lo permiten. Ver que logran acabar alguna tarea sin la ayuda de sus padres les despierta un gran orgullo. Incluso los más pequeñajos prefieren claramente hacer las cosas por sus propios medios, aunque papá y mamá acudan a ayudarles. Todo nuestro desarrollo se asienta sobre ese principio: que nos volvamos más autónomos e independientes de los cuidados de los padres.

Autonomía equivale a control y, a su vez, control equivale a seguridad. Cuando hablamos de un «maníaco controlador», describimos el comportamiento de una persona que piensa muchísimo en su seguridad, ya que en su fuero interno (debido a la configuración de su niño de las sombras), se siente insegura. Además del deseo de autonomía, para la necesidad de autonomía importa el deseo de poder. Desde que nacemos, peleamos por mantener cierta influencia sobre lo que nos rodea y evitar sentirnos indefensos e impotentes. Los medios que nos permiten ejercer ese poder van cambiando según nos desarrollamos. Al principio solamente podemos recurrir a chillar para que nos presten atención. Después llegarán el lenguaje y las actuaciones complejas.

Los padres pueden frustrar o imposibilitar que los niños se desarrollen por sí mismos. Los progenitores sobreprotectores y excesivamente controladores que imponen demasiadas reglas a sus hijos y les marcan límites muy estrechos perjudican el desarrollo de esa autonomía. El niño acaba por interiorizar en su desarrollo el temor y el control obsesivo. Tal vez en su vida adulta se vea limitado porque siempre duda de sus propias capacidades.

Igualmente, los padres que eliminan por pura benevolencia todos los obstáculos del camino de las criaturas influyen perjudicialmente en el desarrollo de sus retoños. Incluso ya adultos, esas personitas sufren de falta de independencia y dependen de otra persona para que asuma las responsabilidades que a ellos les competen. O se oponen radicalmente a la educación que les proporcionan sus padres y se decantan por ser tan independientes y libres como puedan, de una forma exagerada, ejerciendo tanto poder como sea posible.

Un pequeño inciso:
El conflicto entre autonomía y dependencia

Encontrar el equilibrio interno entre las necesidades de apego por un lado y de autonomía e independencia por el otro supone un reto que cada persona debe afrontar y superar. Por así decirlo, se trata de un conflicto humano fundamental, denominado en la literatura especializada como «conflicto autonomía-dependencia». En este contexto, consideraremos que la palabra «dependencia» es sinónimo de «apego». Me refiero a la dependencia de un niño respecto a la atención y los cuidados de sus padres. Sin embargo, como hemos visto, esa atención solamente se logra si al menos una persona establece una relación de apego con el niño. Casi siempre se trata de uno de sus progenitores o de los dos. Si los padres cubren las necesidades de la criatura con sensibilidad, delicadeza y cariño, en el cerebro del niño se crean conexiones que no asocian la «dependencia» solamente con rasgos negativos, sino también con un estado de protección. Por tanto, el apego queda registrado como algo seguro, digno de confianza. En términos técnicos se dice por ello que el niño ha desarrollado una relación de apego segura con quien lo cuida. Lo contrario sería una relación de apego insegura, que se establece cuando el niño ha percibido que quien lo cuida no es una persona fiable. Como consecuencia, el niño de las sombras que anida en las personas con relaciones de apego inseguras sufre graves lesiones, mientras que al niño de la luz de quienes han disfrutado de apegos seguros le resulta mucho más sencillo confiar en otras personas.

Idealmente, los padres se encargan de satisfacer ambas necesidades del niño, tanto de apego e independencia como de autonomía y desarrollo libre. Los niños criados bajo estas condiciones conquistan una confianza primaria, un hondo sentimiento de seguridad, que se refleja tanto en su propia persona como en la confianza en las relaciones interpersonales. Es cierto que esa confianza primaria puede resquebrajarse por efecto de vivencias traumáticas en los años de desarrollo posteriores, como agresiones violentas o malos tratos. Pero en la mayoría de casos se conserva y actúa como una fuente de fuerzas durante toda la vida. Para quienes gozan de esa confianza primaria, la vida resulta bastante más sencilla que para quienes no han logrado adquirirla y asumen con más frecuencia el papel del niño de las sombras. Claro que ese niño interior también se puede fortalecer, y mucho, en etapas posteriores de la vida. Más adelante te explicaré cómo.

Si un niño ve frustrada su necesidad de apego o su desarrollo hacia la autonomía, tendrá problemas para confiar en sí mismo y en otras personas. Con el fin de compensar esa inseguridad, busca una solución o un modo de protegerse, de forma inconsciente. Conseguirá esa autoprotección cuando, también de manera inconsciente, se alinee firmemente del lado de la autonomía o del lado de la dependencia. Si el equilibrio interno se rompe a favor de la autonomía, la persona manifestará una exagerada necesidad de ser libre e independiente. Como consecuencia, al igual que su niño de las sombras, tenderá a evitar los vínculos interpersonales (demasiado) estrechos. Su niño de las sombras está convencido de que en realidad, no se puede confiar en los demás. Para esta persona, por tanto, la seguridad equivale a defender su independencia y autonomía personales. Psicológicamente, estas personas tienen dificultades para unirse a alguien estrechamente, es decir, para confiar en una relación amorosa. Sufren de miedo al apego y al compromiso, así que no aceptan formar una pareja (o sociedad) o no permiten que su pareja se les acerque demasiado... o bien procuran restaurar la distancia inmediatamente tras cada acercamiento.

Si por el contrario, el equilibrio de una persona resulta perturbado a favor de la dependencia, sentirá una necesidad exagerada de apego hacia otros. Se pegará a su pareja como una lapa y, en su interior, el niño de las sombras tendrá la sensación de que es incapaz de vivir sin pareja. Estas personas temen no ser capaces realmente de vivir por sí solas.

Necesidad de placer

Otra de las necesidades básicas que todo niño y todo adulto debe satisfacer es la de sentir placer. Por supuesto, el placer se puede percibir a través de canales muy diversos, como al comer, al practicar deporte o al ver una buena película. El placer y su opuesto, la aversión, son factores estrechamente vinculados a nuestras emociones y son ingredientes esenciales del sistema de motivación. Dicho en palabras sencillas, luchamos constantemente por disfrutar de las cosas que nos dan placer y evitamos las que nos disgustan, es decir, por satisfacer nuestras necesidades de algún modo.

Si aspira a sobrevivir, es importante que el ser humano aprenda a regular su sensibilidad respecto a lo que le gusta y le disgusta. Es decir, debe dominar las capacidades de tolerancia a la frustración, gratificación aplazada y renuncia a los instintos. En buena medida, la educación consiste en enseñarle al niño a manejar apropiadamente sus impulsos y sensaciones de placer y aversión.

Algunos padres imponen límites muy rígidos para que los niños experimenten el placer, mientras que otros les consienten demasiado. Durante la lactancia y en la infancia más temprana, existe un lazo muy fuerte entre la satisfacción de la necesidad de placer y la necesidad de apego. Por eso las sensaciones que percibe un lactante se dividen exclusivamente en dos tipos, buenas o malas: hambre, sed, calor, frío, dolor. A la persona que lo cuide le corresponde cubrir esas necesidades para así afrontar y solventar las sensaciones de insatisfacción, lo que al mismo tiempo aportará placer y bienestar al niño. Si su persona cuidadora no cumple correctamente esos deberes, frustrará la necesidad de apego de la criatura.

Asimismo, durante el resto del desarrollo y crecimiento existe una estrecha relación entre las necesidades de autonomía y la necesidad de placer del niño. Cuando su madre le prohíbe que chupe una piruleta justo antes de comer, no solo frustra su ansia de placer, sino también su afán de ser autónomo.

Si sometemos al niño a unas reglas demasiado estrictas, que coarten su necesidad de placer y al mismo tiempo su necesidad de autonomía, podemos provocar que cuando sea mayor su yo adulto y su niño de las sombras, adaptados al estilo educativo de sus padres, desarrolle normas que nieguen el placer y obliguen a seguir pautas de comportamiento muy concretas. O bien que tome la senda opuesta, para distanciarse de sus padres, favoreciendo la satisfacción de sus impulsos sin ninguna clase de mesura ni disciplina. Por el contrario, si consentimos demasiado a un niño, cuando sea adulto se topará con dificultades para frenar sus deseos.

Ahora bien, buscar un equilibrio adecuado entre la satisfacción de los placeres y la represión de los instintos supone un reto que mucha gente aborda a diario, sea cual sea la configuración de nuestro niño interior. Nuestra fuerza de voluntad se enfrenta a llamadas muy insistentes, estímulos repartidos por doquier. Basta un paseo por el supermercado para que se empleen a fondo las capacidades de suprimir nuestros instintos. Pero también trabaja nuestra capacidad para superar la aversión, la desgana. De hecho, día tras día tenemos que resolver un montón de tareas que no nos apetecen lo más mínimo. Para la mayoría, la tortura empieza al levantarse de la cama y no termina hasta que se lavan los dientes por la noche. Tenemos que reprimir impulsos constantemente, impulsos que nos empujarían a atacar el frigorífico, entrar en Internet o largarnos al bar. Uno de los requisitos imprescindibles para vivir sin problemas es la disciplina... que actualmente debe enfrentarse a un interminable ejército de opciones y abundancia para disfrutar de inmediato.

Respecto al tema de la disciplina y la fuerza de voluntad, así como a la sensualidad y la sensación de placer y satisfacción, hablaremos detenidamente en los apartados «Estrategias de protección contra la adicción» en la página 249 y «Supera tu apatía», en la página 256.

Necesidad de reconocimiento y autoestima

Llegamos al mundo con una necesidad innata de reconocimiento. Esta necesidad también va estrechamente ligada a la necesidad de apego, ya que si nadie nos ofrece su reconocimiento y aceptación, difícilmente podrá surgir una unión o relación. El sentimiento de apego hacia una persona es una forma de amor y reconocimiento, por eso estas necesidades son existenciales. Pero nuestra lucha por la aceptación y el reconocimiento también depende de otras circunstancias: durante la lactancia, aprendemos del comportamiento de nuestros padres si nos quieren y somos bienvenidos o si sucede lo contrario. David Schnarch, un conocido investigador estadounidense de la sexualidad ha bautizado este proceso como sentimiento de autoestima reflejado. Así se denomina el fenómeno por el cual el bebé observa reflejado en la persona que lo cuida si todo va bien o no. Por ejemplo, cuando la madre le sonríe, es como si le tendiese un espejo donde puede ver que su madre se alegra de que esté con ella. A través de las acciones de quienes lo cuidan, el niño desarrolla un sentimiento de autoestima y autopercepción. Cuando somos adultos, seguimos teniendo la necesidad de que los demás nos acepten y reconozcan, puesto que estamos condicionados para averiguar cuál es nuestra autoestima por medio del espejo que esas otras personas constituyen. Esto es válido tanto para quienes en su niñez hayan confirmado y reforzado esa autoestima como para quienes sufran un déficit en este aspecto.

A pesar de todo, la autoestima influye para determinar hasta qué punto necesitamos la aprobación de nuestros congéneres. Las personas que tienen una autoestima frágil, que se identifican a menudo con su niño de las sombras, suelen depender bastante más del reconocimiento exterior que las personas caracterizadas por tener un niño de la luz bien desarrollado.

La autoestima constituye el epicentro de la psique. Es el motor que alimenta a los recursos psíquicos, pero también impulsa diversos problemas cuando sufre algún desajuste. Ya hemos visto que los componentes de una autoestima caracterizada por su debilidad se asocian al niño de las sombras, mientras que una autoestima robusta corresponde al niño de la luz. ¿Cómo reforzar los atributos y la capacidad del niño de la luz y cómo consolar al niño de las sombras? Ese es el pilar maestro de este libro.

Los ámbitos de las cuatro necesidades básicas pueden deparar improntas positivas o negativas para el niño que está creciendo, con lo que acentuarán el papel de la luz o de las sombras. Probablemente mientras leías se te ha ocurrido ir pensando en cuáles eran los puntos fuertes y los puntos débiles de tus padres. Más adelante te enseñaré al detalle cómo puedes averiguar cuáles son las marcas específicas que han dejado en tu seno. Pero primero quiero facilitarle a tu yo adulto un par de apuntes útiles para que descubra cómo las improntas registradas durante la infancia se transforman en dogmas y estrategias de protección.

¿Cómo marca la infancia nuestro comportamiento?

Si un niño recibe poca atención y una comprensión insuficiente de sus padres para satisfacer sus necesidades básicas, se esforzará con denuedo por recibirlas. Los niños son capaces de hacer casi cualquier cosa para congraciarse con sus padres. Así que cuando los padres demuestran sentir poco cariño o tienen dificultades para entender los sentimientos y deseos de su hijo, es el niño quien asume la responsabilidad de hacer que funcione la relación entre ellos.

Por ejemplo, si los padres son muy severos y esperan que el niño sea obediente y se porte siempre bien, este se esmerará para seguir los preceptos que le impongan de modo que sus padres se sientan contentos o, por lo menos, no lo castiguen. Para adaptarse mejor a la situación, tiene que reprimir todos los deseos y sentimientos que puedan contradecir las exigencias de papá y mamá. En este caso, por ejemplo, no aprenderá a lidiar adecuadamente con el sentimiento de rabia. La rabia o ira tiene un sentido en la vida: nos ayuda a autoafirmarnos y a defender nuestras fronteras. Sin embargo, si la autoafirmación del niño se sacrifica constantemente a favor del poder superior que ostentan sus padres, el hijo terminará por asumir que resulta más sensato suprimir su ira y guardársela para sí solo. Por tanto, no aprenderá a tratar y manejar esta emoción adecuadamente, ni tampoco aprenderá cómo autoafirmarse de forma adecuada y mesurada. En su interior se desarrollarán dogmas como «No me está permitido defenderme», «Está prohibido que me enfade», «Debo adaptarme a la situación» o «No tengo permiso para contar con una voluntad propia». Pero también sucede otra cosa; en una etapa posterior, generalmente en la pubertad, se estructura un programa totalmente opuesto, que combatirá esa presión para adaptarse y se rebelará contra los padres. Aun así, la persona quedará atrapada por la programación de los padres, ya que la postura contraria es tan rígida y carente de libertad como la postura de sumisión total.

El niño de las sombras de este joven, que luego será adulto, se caracteriza por la experiencia de haber estado absolutamente dominado por los progenitores. Esta configuración constituye un prisma, a través del cual esa persona contemplará a los demás y de inmediato sentirá que son dominantes y superiores, ante lo cual reaccionará adaptándose y sometiéndose o rebelándose. No podrá sentirse en un plano de igualdad con las personas que hay a su alrededor hasta que descubra a su niño interior de las sombras y corrija las profundas improntas y dogmas que le atenazan.

«¡Mamá sí que me entiende!»
La empatía materna y paterna

Los padres que muestran escasa empatía por las necesidades de sus hijos se encuentran con dificultades para percibir correctamente sus necesidades y sentimientos. Por este motivo, a menudo los niños experimentan que «Lo que siento y pienso está mal, es incorrecto», aunque en el fondo sí se sientan bien. Los padres con dificultades para empatizar con sus hijos también sufren dificultades para acceder a sus propios sentimientos, ya que precisamente para tener empatía y compasión, es imprescindible antes estar en contacto con los sentimientos propios. Por ejemplo, si el niño está triste porque un amiguito no quiere jugar con él, para que la madre comprenda cómo se siente el crío en esa situación, es imprescindible que esté en contacto con su propio sentimiento personal de tristeza. Ahora bien, si la madre se limita a contrarrestar su propia tristeza arrinconando la emoción o haciéndole caso omiso, actuará exactamente igual frente a la tristeza de su hijo. Por pura impotencia, quizá haga algún comentario afilado y le contestará al niño que no se ponga así, porque su amigo es un tonto, nada más. Lo que el niño aprende de esto es que no es aceptable sentirse triste y que se equivoca al elegir a sus amigos. Si la madre (u otra figura de apego) aceptase y supiese lidiar con su propia tristeza, hubiese aceptado la pena del niño y sabría cómo actuar. Por ejemplo, podría responderle que «Vaya, yo te entiendo, estás apenado porque Jonas hoy no quiere jugar contigo». A continuación, dialogaría con él para aclararle cuáles son los posibles motivos de la actitud de Jonas y también investigaría junto al niño para ver si él mismo podría haber contribuido al problema de alguna manera. Con una intervención así, el niño aprende cómo se llama la emoción que siente, es decir, la tristeza. Aprende que cuando necesite comprensión no estará solo, no le abandonarán. Y también aprende que es posible buscar una solución para este problema.

Cuando los padres actúan con empatía, el niño aprende a diferenciar y ponerles nombre a sus sentimientos. Además, puesto que los padres le indican que sentir esas emociones no está mal en principio, también aprende a convivir con ellas y a regularlas de una forma apropiada.

> La capacidad de empatía de papá y mamá constituye por tanto el criterio más importante para la competencia educadora. Podríamos afirmar que se trata del medio que nos transmite las improntas positivas o negativas que nos marcan.

De la genética al carácter: otros factores que influyen sobre el niño interior

En la década de los 60, en el campo de la psicología y la pedagogía se defendía que los niños nacían casi como una *tabula rasa*, que llegaban al mundo como una hoja en blanco. Los expertos estaban convencidos de que el carácter y el proceso del desarrollo de la persona estaban únicamente condicionados por los factores ambientales de su entorno. Sin embargo, las investigaciones que se llevaron a cabo durante los años posteriores de la mano de la genética y la neurobiología han modificado decisivamente este panorama. Hoy sabemos que los genes ejercen una influencia determinante sobre los rasgos del carácter y también sobre la inteligencia de los seres humanos. Para ilustrar este punto, me gustaría profundizar un poco en la predisposición genética respecto a un rasgo como la tendencia a la extroversión o la introversión de un individuo.

Estos rasgos de la personalidad están correlacionados con una larga serie de facultades: por ejemplo, las personas introvertidas recargan sus baterías cuando se encuentran a solas, ya que el contacto interpersonal les agota más rápidamente que a la población extrovertida y se distinguen, además, por no sentir una necesidad tan acusada de mantener ese contacto social. Cuando se les dirige una pregunta, lo primero que hacen es recluirse en sí mismos brevemente para buscar la respuesta y, a continuación, tomar la palabra. En la vertiente opuesta, las personas extrovertidas son capaces de pensar mientras hablan y por eso a veces (para bien y para mal) se sorprenden incluso a sí mismas con las propuestas que brotan de ellas. Para recargar sus baterías prefieren una compañía agradable y no les gusta demasiado la soledad. En general, requieren un mayor caudal de información en forma de estímulos externos, para sentirse estimuladas y lograr que se despierte su interés. Por su parte, las personas introvertidas reaccionan de una manera más sensible ante los estímulos del exterior y suelen notar que les sobrecargan mucho antes que a las personas extrovertidas.

Debido a las diferencias que existen entre sus necesidades de contacto, los introvertidos y los extrovertidos se distinguen también por su modo de trabajo, hecho que a su vez puede repercutir sobre la elección de un oficio o una carrera profesional. En líneas generales, cabe afirmar que las personas introvertidas prefieren los puestos o lugares de trabajo tranquilos, con pocas distracciones, donde puedan concentrarse por completo en su labor (durante horas y días enteros). Las personas extrovertidas adoran mantener contacto con el mundo que les rodea, de ahí que suelan escoger profesiones que satisfagan esa necesidad *per se,* o bien, si se dedican a otros empleos, tras cada fase de concentración, necesitan un breve contacto interpersonal, sea real y en directo o mediante otros canales, como Internet. Eso les permite cargar las pilas.

Si una persona está condicionada para ser extrovertida, ese factor provoca que, cuando esté sola, se sienta aislada y se aburra más rápidamente que alguien introvertido. Esto sucede independientemente de qué educación haya recibido y de qué improntas hayan marcado a su niño de la luz o su niño de las sombras.

Eso sí, también la propensión a sentir miedo y la sensibilidad están condicionadas por la herencia genética e influyen sobre el modo en que se desarrolla el sentimiento de autoestima. Hay niños que nacen con un humor y un temperamento mucho más robustos que otros. De acuerdo con distintos estudios de investigación, existe hasta un 10 por ciento de lo que se conoce como «niños invulnerables», que incluso pueden superar una infancia muy difícil prácticamente sin secuelas o solo con secuelas leves, además de conservar una autoestima virtualmente intacta.

Qué improntas se quedan grabadas dentro del niño tras la infancia depende de la dinámica que se conforme como resultado de sus propias facultades y las de sus padres. En este punto, los psicólogos hablan de adaptación, de un encaje entre padres e hijo o hija. Por ejemplo, si un niño dotado de una gran sensibilidad innata se topa con una madre cuya capacidad de sentir empatía es reducida, es posible que esa madre cause más perjuicios a la criatura que si se tratase de un niño equipado con una piel más dura. Asimismo, a los padres de niños hiperactivos o con tendencia a chillar mucho les costará más trabajo reaccionar de forma emocional y pedagógicamente mesurada y apropiada que los padres cuyos niños son más «fáciles» de cuidar.

Los niños propensos a la hiperactividad por su genética se enfrentan a graves dificultades para regular el exceso de energías que albergan, lo que provoca que con frecuencia irriten o molesten a las personas que les rodean. Por ese motivo, a menudo reciben de otros niños o de sus profesores este mensaje: «¡A ti te pasa algo raro!». Como consecuencia, la mayoría desarrolla un sentimiento de autoestima muy limitado, aunque cuenten con unos padres atentos y cariñosos. Naturalmente, los padres no son las únicas figuras que pueden incidir en el desarrollo de un niño, sino también otras personas importantes para ellos, como profesores, compañeros de estudios o los abuelos.

Las improntas que se quedan grabadas durante la infancia no solo dependen, por tanto, del estilo educativo de nuestros progenitores, sino que siempre se trata de una interacción entre muchos factores. Es verdad que los padres ponen los cimientos, una base importantísima, ya que cuanto más débil y maleable sea un niño por causa de las condiciones del hogar en que vive, más fácil será que resulte herido por las acciones de otras figuras relevantes con quienes se relacione. Al mismo tiempo, un niño que tenga unos padres atentos y sensibles, se verá afectado por las acciones de esas otras personas (por ejemplo, si sus compañeros de clase se burlan de él) de una manera distinta a un niño cuyos padres sientan poca empatía por sus sentimientos.

El niño de las sombras y sus dogmas

Si aspiramos a resolver los problemas que nos amargan en la actualidad, tenemos que comprendernos en un plano mucho más profundo, conocer el espacio donde radican nuestros auténticos problemas. Para eso es importante que dejemos tomar la palabra al niño de las sombras que anida en nuestro seno, para que pueda contarnos dónde están nuestros puntos débiles, dónde se encuentran esos mecanismos desencadenantes. Muchas personas no tienen ganas de entrar en contacto con esa parte de su personalidad. No desean sentir sus heridas y miedos internos. Se trata de un mecanismo de protección muy natural y un deseo perfectamente comprensible. A fin de cuentas, ¿a quién le apetece sentirse triste, atemorizado, impotente o confuso?

A todos nos interesa y mucho evitar esas emociones en la medida de lo posible y disfrutar solamente de las positivas, como la felicidad, la alegría y el amor. Por eso muchos intentan arrinconar o expulsar esas heridas internas. Dicho de otra forma: apartar al niño de las sombras, ningunearlo cada vez que trate de alzar la voz. Lo problemático en este caso es que sucede lo mismo con el niño de las sombras que con los niños en el mundo real: cuanta menos atención le prestemos, más apremiantemente exigirán que les escuchemos. Por el contrario, cuando un niño consigue llamar la atención acerca de lo que le preocupa, puede volver a recluirse en sí mismo y jugar solo durante un largo rato.

Con el niño de las sombras pasa algo muy similar: si impedimos que su miedo, su vergüenza o su ira se manifiesten de veras, esas emociones continuarán actuando sobre nuestra consciencia. Allí generarán un malestar sin que lo perciba el yo adulto. A continuación acontecerá justamente lo que Michael ha experimentado tantas veces: el niño de las sombras, indeseable, reprimido y antipático, estallará de vez en cuando, se saldrá de sus casillas y verterá toda su furia sobre algún asunto secundario.

En la literatura especializada y los manuales de psicología, al componente de la personalidad del «niño interior» se le asignan mayoritariamente los sentimientos. Lo que quiero decir es que el niño interior (con sus dos integrantes, el niño de la luz y el de las sombras) también está marcado por dogmas internos, que a menudo sirven como precursores de los sentimientos. Como ya he explicado, un dogma es una creencia profundamente arraigada, que expresa algo sobre nuestra autoestima y nuestras relaciones con los demás. Por ejemplo, cuando un niño se siente aceptado y querido por sus padres, desarrolla dogmas como «Soy bienvenido», «Me quieren» o «Soy importante», que fortalecen a su niño de la luz. Frente a esto, si los padres se muestran fríos y reservados, con cierto rechazo, pueden madurar dentro del niño dogmas como «No soy bienvenido», «Soy una carga para ellos» o «No soy suficientemente bueno», que dejarán su marca en el niño de las sombras. Es cierto que los dogmas se crean en la niñez, pero se anclan a gran profundidad en el subconsciente. Así que cuando alcanzamos la edad adulta, los adoptamos sin saberlo como parte de la programación psíquica. Ejercen una notoria influencia sobre cómo percibimos, sentimos, pensamos y actuamos.

Me gustaría regresar a Michael y Sabine para exponer de qué manera actúan los dogmas. Como ya hemos citado, la madre de Michael no prestaba demasiada atención a los deseos de este, ni a él mismo como persona. Michael tiene también otros dos hermanos menores y sus padres gestionaban juntos una panadería. Sencillamente, su madre estaba demasiado estresada, sobrepasada por el trabajo, para prestarle a cada niño la atención y la devoción que merecía y necesitaba. Su padre fue incapaz de suplir esa carencia materna, ya que trabajaba sin descanso. Debido a la ausencia física y emocional de sus progenitores, Michael vio frustrada a menudo su necesidad de apego y también su necesidad de elevar la autoestima. Por esa razón desarrolló, entre otros, dogmas del tipo «No soy importante» y «No valgo para nada». Esas creencias continúan condicionando hoy su percepción, aunque lo hagan inconscientemente. Cada vez que no se siente aceptado o respetado, su niño interior protesta a gritos: «¡Ya estamos otra vez! ¡No soy lo suficientemente bueno para nadie!». Esos dogmas constituyen la verdadera causa de su facilidad para caer en la ira en cuanto Sabine, supuestamente, le presta poca atención a él o sus anhelos.

Por su parte, los padres de Sabine sí que se preocuparon muchísimo por ella, pero tenían unas expectativas muy elevadas. Le impusieron unos límites muy estrechos respecto a qué está bien y qué está mal. Frecuentemente, le parecía que sería imposible cumplir tal y como esperaban sus padres. Lo cierto es que la criticaban mucho más de lo que la alababan. Por ese motivo, su necesidad de reconocimiento y elevación de la autoestima sufrió mucho a causa de sus padres, como también sufrió su necesidad de ser autónoma y desarrollarse en libertad. De ahí que el niño de las sombras de Sabine sea portador de dogmas como «No soy suficientemente buena» y «Tengo que adaptarme». Con estas premisas, no es difícil imaginar cómo interactúan los niños de las sombras de Sabine y Michael. La irritabilidad de Michael (o sea, la de su niño de las sombras) y sus críticas desmedidas hacia los pequeños despistes de Sabine afectan e hieren profundamente al niño de las sombras de esta última, que se siente poca cosa, desamparado e inútil ante esa condescendencia. Ante esas emociones, el niño de las sombras de Sabine reacciona oponiéndose con rabia, lloros y reproches. Así es como se retroalimentan e intensifican tan ágilmente las disputas entre los dos.

Nuestros dogmas funcionan casi, casi, como si fuesen nuestro sistema operativo psíquico. De acuerdo, son muy simplones y extremistas, pero ejercen un poder desmedido sobre nosotros, para bien y para mal. Es decir, sobre el niño de la luz y sobre el niño de las sombras. *Los dogmas son las gafas a través de las que observamos la realidad*. Por eso es crucial que los abordemos en profundidad.

El niño de las sombras, mimado y malcriado

Ahora bien, los dogmas negativos no surgen solamente por efecto de las privaciones, la desatención o la sobreprotección de los padres. Los padres demasiado permisivos y que acceden a concederles a sus hijos todos los caprichos pueden provocar que estos últimos acaben convencidos de que todo se rige por su voluntad y que para conseguir lo que ansían apenas es preciso esforzarse. Así que pueden desarrollar dogmas que no impliquen minusvalorar su importancia como personas, sino todo lo contrario, que la exageren. Así que dan por supuesto con toda naturalidad que deben conseguir lo que desean y cuando no sucede así, reaccionan con fuertes manifestaciones de ira, ofendidos por la afrenta que sufren. Los niños demasiado mimados desarrollan una tolerancia muy baja a la frustración. Ni siquiera soportan de buen grado las pequeñas frustraciones que a veces imposibilitan satisfacer sus necesidades. Mientras que la predisposición a adaptarse de los niños que han crecido sometidos a ciertas privaciones suele ser muy amplia, la de los niños mimados tiende a destacar porque es demasiado limitada. No han aprendido del todo cómo adaptarse y encajar dentro de una comunidad, ya que con papá y mamá siempre eran la reina o el rey de la casa. Sus dogmas podrían ser algo como «¡Soy una persona muy importante!», «¡A mí siempre me aceptan de maravilla!», «Consigo todo lo que quiero», «Para mí no hay prohibiciones, todo está permitido» o «¡Soy más fuerte que nadie, no hay nadie mejor que yo!». Esto puede provocar que en la guardería, en el colegio o en la vida adulta posterior se tope con dificultades para encajar y a menudo incomodan o fastidian a quienes les rodean. Además, es necesario que aprendan que en la vida las cosas no se consiguen por su cara bonita sin más, sino que hay que esforzarse. Como resultado, a algunos esto les provoca crisis durante el aprendizaje y la educación, llegando a veces a abandonar la escuela, por ejemplo. En los casos menos graves, finalmente consiguen hacerse un hueco en la sociedad sin grandes dificultades y son capaces de convivir y funcionar normalmente, pero es posible que les cueste muchísimo aceptar las derrotas o los fracasos. Por ejemplo, en materia amorosa, sufrir un rechazo les puede conducir a la desesperación absoluta, ya que no están acostumbrados a que se les niegue nada que deseen con tanta vehemencia.

¿Criticar a tus padres? ¡Es más difícil de lo que parece!

Para mucha gente, abordar y analizar la infancia y el papel de los progenitores supone una tarea repleta de obstáculos y barreras, ya que conllevaría hacer responsables a los padres de los problemas propios. Yo me encuentro una y otra vez con que, cuando los clientes deben contemplar a sus padres con espíritu crítico, se enfrentan a un conflicto de lealtades. Les aman y les están muy agradecidos, así que cuando les digo que deben relatarme qué conductas o actos de sus padres quizá no fuesen tan maravillosas, se sienten culpables. Entonces tienen la sensación de que, de algún modo, están traicionándoles. Por eso, llegados a este punto, me gustaría subrayar que la cuestión no estriba en poner en tela de juicio los empeños que dedicaron nuestros padres y atribuirles la responsabilidad de todos los problemas que experimentamos en la vida adulta, sino que sencillamente se trata de entender mejor qué rasgos o marcas llevamos en nuestro interior, impresas desde casa. Atención, no olvidemos que esto no se restringe a las marcas negativas; es preciso observar también las positivas por las que deberíamos darles las gracias a papá y mamá. Asimismo, nunca deberíamos perder de vista que nuestros padres a su vez quedaron marcados por la educación que les proporcionaron los abuelos, así que a fin de cuentas, también fueron víctimas suyas, por expresarlo de algún modo. Hablaré de mis padres: eran muy cariñosos y yo era la hijita que siempre habían anhelado. Los recuerdos que guardo de mi infancia son muy felices, mayoritariamente. Pero resulta que a mi madre le costaba muchísimo admitir ciertos sentimientos de debilidad. Era la mayor de nueve hermanos y cuando tenía 11 años estalló la Segunda Guerra Mundial. Fue una época donde la debilidad no se toleraba de buena gana, estaba poco menos que prohibida, había que ser fuertes, seguir adelante. Y precisamente como ella no estaba tan habituada a lidiar con emociones como la tristeza, a veces se sentía un poco impotente cuando a mí algo me apenaba. Fruto de todo esto, dentro de mí se desarrollaron dogmas como «¡Tengo que ser fuerte!» y «Llorar es una vergüenza». Así que ya lo ves, incluso los mejores padres cometen algún error.

Hay otra cuestión muy importante: qué ejemplo nos han ofrecido nuestros padres. Por ejemplo, si una chica se ha criado con una madre muy amable y cariñosa pero también algo débil, que se plegase constantemente a la figura de un padre dominante, por medio de la identificación con su madre podría conformar dogmas del tipo «Las mujeres son seres débiles», «Tengo que adaptarme y someterme», «No tengo permiso para contradecir nada». O bien podría optar por distanciarse y marcar diferencias con su madre, con dogmas como «Tengo que defenderme», «Jamás debo subordinarme a nadie» o «Los hombres son peligrosos».

Las normas y los valores que rigen en el hogar familiar desempeñan igualmente un papel de gran peso. Por ejemplo, imaginemos la casa de unos padres que en líneas generales son atentos y benevolentes, pero que imponen unas normas de conducta sexual muy rígidas. Esta situación podría marcar a un niño de manera que, posteriormente, quizá sufriría problemas para aceptar la relación con su propio cuerpo y con la sexualidad. Por tanto, pensemos que incluso quienes han de agradecer una labor maravillosa a sus padres también habrán desarrollado algún que otro dogma que actualmente les esté causando dificultades.

Sin embargo, para algunas personas resulta muy difícil dibujarse una imagen realista de sus padres. Esto puede acontecer, pongamos por caso, si la perspectiva de uno de sus progenitores está muy condicionada debido a la manipulación del otro progenitor. Si una madre se queja asiduamente de que el padre (su pareja) es una mala persona, el hijo o hija de ambos percibirá a su padre mediatizado por la mirada materna. Mis años de experiencia como asesora y perito en los tribunales de familia me han enseñado que este género de marcas pueden llegar a ser tan persistentes que empujen a los hijos a mantener una muy mala relación o a cortar completamente los lazos con su padre. Naturalmente, también sucede cuando son los padres quienes censuran, menosprecian o hablan mal de las madres.

Pero todavía existe otro motivo más que justifica que a algunas personas les suponga tantas dificultades hacerse una imagen realista de sus padres y depende de la tendencia que tienen los niños a idealizarlos. Por su propia esencia, los niños son propensos a contemplarlos como seres benignos, que actúan según es debido, y tienen tendencia a confiar en ellos. Es preciso que los idealicen; de lo contrario, se enfrentarían al temor insuperable que supondría estar sometidos a padres incapaces o incluso malintencionados. Pues resulta que a algunas personas esa idealización les acompaña hasta la vida adulta, lo que a veces dificulta la tarea de contemplarles con una óptica realista, que tome en consideración sus fortalezas y fragilidades. Sin embargo, cuando yo, como persona adulta, observo a mis padres a través del prisma de la idealización, también soy capaz, de alguna forma, de retirar ese prisma que deforma la imagen real. Y si no lo soy, lo tendré complicado para encontrar mi propia senda en la vida. Si quiero conocerme a mí misma, cosa que constituye un requisito previo para continuar desarrollándome personalmente, es necesario que cree una imagen lo más realista posible de mis padres. Esa imagen realista no tiene por qué oponerse a la honda devoción que sienta por ellos. Puedo amar profundamente a mis padres y saber valorar de forma adecuada cómo y qué fueron y son. No tienen por qué ser perfectos ni infalibles. En definitiva, pasa algo similar a lo que sucede con el amor en nuestras vidas: si para amar algo es imprescindible que sea absolutamente perfecto, es que el amor que sentimos no es genuino.

Un pequeño inciso: ¿Condiciona la genética el mal genio?

En lo que atañe a las improntas negativas que albergamos, bastan apenas unos pocos sucesos adversos para dejar huella en la memoria. Por desgracia, con las vivencias de carácter positivo no pasa lo mismo, ya que estamos condicionados genéticamente para prestar más atención a las malas noticias que a las buenas, así como para que los recuerdos de las primeras perduren más y con más fuerza. ¿Por qué? Pues porque para sobrevivir es imprescindible prestar más atención a los peligros que a las cosas que marchan bien.

Por ejemplo, pensemos en una familia de la Edad de Piedra que se está entreteniendo con un juego divertido cuando, de repente, un tigre de dientes de sable irrumpe en su campamento: si nos ponemos técnicos y pensamos en el cerebro, sería importante que las emociones agradables asociadas al juego dejasen paso de inmediato al terror. Así que el cerebro debería mudar su programa de inmediato y en lugar de los circuitos de placer ligados a la actividad lúdica activar los mecanismos del miedo, para que la familia huya de la bestia y tenga una oportunidad de sobrevivir. Por tanto, para los primeros seres humanos era crucial distinguir qué plantas eran venenosas y cuáles no; los errores en este ámbito podrían ser letales. Por eso nuestro cerebro está configurado para mantener la vigilancia sobre errores y problemas. Lamentablemente, demasiado a menudo eso provoca que nos quedemos atrapados en la percepción de los problemas, especialmente cuando nos encontramos bajo el dominio del niño de las sombras. Esto también justifica que recordemos con más facilidad los sucesos dolorosos que los gozosos. De ahí que aún años después nos acordemos y avergoncemos de situaciones desagradables como si hubiesen tenido lugar ayer mismo, mientras que la alegría de un suceso feliz parece desvanecerse mucho más rápidamente.

Un efecto secundario perverso de esta programación genética consiste en que una sola experiencia negativa compartida con otra persona puede borrar de un plumazo docenas de experiencias positivas anteriores. Así que la próxima vez que te enfades con una amistad o cualquier otra persona, antes de dar rienda suelta a tu indignación, reflexiona un momento detenidamente y piensa en cuántas ocasiones has compartido vivencias positivas con ese ser humano.

Cómo condicionan la percepción los dogmas

Antes de que te enseñe a detectar y averiguar cuáles son tus dogmas personales, me gustaría explicarte hasta qué punto influyen sobre nuestras vidas.

Los dogmas inconscientes y profundamente anclados que nos acompañan actúan como filtros para la percepción, como hemos constatado en los anteriores ejemplos protagonizados por Michael y Sabine. A su vez, la manera en que percibimos cada situación condiciona nuestros sentimientos, pensamientos y acciones. Y viceversa: los sentimientos, los pensamientos y las acciones también influyen sobre la percepción. Así, puede ocurrir que una persona a quien yo considere superior desencadene en mi interior sentimientos de inferioridad. No obstante, si tengo un buen día, me siento fuerte y con fortuna, también puede ocurrir que considere a esa persona como mi igual o incluso como inferior a mí.

Cuanto más conscientes seamos de estos procesos y relaciones, más fácil nos resultará modificar nuestra perspectiva sobre las cosas, sobre nuestros sentimientos y, por último, sobre nuestra conducta. Eso sí, para ello se requiere que nos distanciemos interiormente de los problemas. Mientras nos identifiquemos completamente con los problemas (o sea, con los dogmas, sentimientos y razonamientos negativos), esos problemas continuarán conformando una pesada realidad, de cimientos muy sólidos, de la cual nos es imposible escapar. Lo voy a explicar tomando a Sabine como ejemplo: cuando Michael le grita, su percepción cae en las manos de la niña de las sombras, de forma inconsciente. A ojos de esa niña de las sombras, Michael es un gigante, con el poder de juzgarla, dominarla y decidir sobre su vida. La niña de las sombras de Sabine proyecta (sin que Sabine sea consciente) una figura paternal autoritaria y superior, arrogante. Sus dogmas «No soy suficientemente buena» y «Tengo que adaptarme y someterme» provocan que la niña de las sombras de Sabine se sienta empequeñecida e indefensa. Dado que en esta situación la pobre Sabine se identifica incondicionalmente con la niña de las sombras, le embarga la sensación de que ella misma es insignificante e impotente. Las críticas de Michael vierten sal sobre las heridas abiertas en su autoestima tan frágil.

Si, por el contrario, Sabine conservase la postura de su yo adulto o de su niña de la luz, se mantendría a la misma altura que Michael, de igual a igual. Entonces se percataría de que Michael se ha dejado dominar por su niño de las sombras y la cólera que siente, en realidad, no tiene nada que ver con ella. De esta manera, el acceso de furia de Michael no le provocaría a ella ninguna sensación de inferioridad, sino que seguiría serena. Quizá incluso la irritase el comportamiento inmaduro de Michael. Claro que mientras no se lanzase a tomar parte en la pelea y conservase la calma, Michael acabaría por tranquilizarse en poco tiempo. Eso sí, en cuanto este hubiese recuperado la compostura y retomase la perspectiva de su yo adulto, caería de inmediato en la cuenta de que ha exagerado muchísimo la situación, así que se mostraría dispuesto a disculparse. Si a su vez Sabine siguiese serena, tras cinco minutos como máximo, de las llamas de la furia de Michael no quedarían ni rescoldos.

Seguro que ahora mismo hay lectores y lectoras que están pensando que está clarísimo, porque es Michael el que se pasa de la raya; no hay duda. ¿Por qué tiene que ser Sabine la única que analice y trabaje sobre su conducta? Esta es la clásica pregunta de «quién tiene la culpa», a la que me enfrento con mucha frecuencia en las sesiones de psicoterapia. Sobre todo cuando trabajo con parejas, porque siempre hay una de las dos personas que espera que la otra pueda modificar su comportamiento, porque está «clarísimo» que el problema X siempre surge por su culpa.

Cierto es que Sabine podría alegar precisamente esa misma justificación, pero es que ella realmente no puede influir directamente para que Michael cambie su manera de comportarse o no. Como máximo, se le puede pedir o quizá presionarlo. Pero no está en su mano decidir si tales medidas son fructíferas o no. *La única persona sobre la que podemos influir somos nosotros mismos.* Por tanto, si Sabine desea modificar algún detalle de la situación activamente, debe trabajar sobre sí misma para lograrlo.

Creemos que nuestras experiencias infantiles son casi inalterables

Es casi imposible sobrestimar cómo de profundamente anclados tenemos este tipo de programas y con qué poca frecuencia nos percatamos de que actuamos por influjo de las heridas que lleva consigo nuestro niño de las sombras. Todos los días veo a personas capaces de reflexionar con gran precisión y gracias a su yo adulto sobre las improntas que les marcan... pero que sin embargo, se quedan atascadas y atrapadas en las mismas programaciones. Las experiencias que acumularon junto a sus padres durante la niñez les resultan más genuinas y verdaderas que cualquier deliberación sensata y razonada. En una ocasión, mientras trataba a una de mis clientes, sucedió algo que me impresionó y demostró hasta qué punto puede llegar este problema. Se trataba de la señora B, de 58 años de edad, a quien un vecino había agredido sexualmente en su infancia. Ella se lo había contado a su madre, pero la madre se negó a aceptar la realidad y en lugar de ello, le explicó a su hija que «a pesar de todo, tenía que ser amable con ese señor». La señora B. quedó traumatizada por la combinación del abuso sexual y el ninguneo de su familia. Entre otros dogmas, había desarrollado algunos como «Los hombres son peligrosos», «Nadie va a protegerme» y «Me rindo, ni sé ni puedo defenderme». Ya en la etapa adulta, los hombres le daban auténtico pánico, lo que causaba serios trastornos en su vida privada y profesional. Cuando acudió a mi consulta, llevaba ya diez años de psicoterapia y traumaterapia, gracias a lo cual había conseguido dominar muchos de sus problemas. Pero el miedo atroz que sentía ante los hombres persistía y continuaba amargándola, a pesar de los años de trabajo terapéutico.

Lo cierto es que, durante un tiempo, en mi consulta tampoco conseguimos grandes avances en este ámbito. Pero luego sucedió algo inesperado, que me sorprendió muchísimo: en medio de una sesión, de repente, su niña de las sombras comprendió con total claridad que aquella situación era ya cosa del pasado, que su agresor llevaba años muerto, que ella se había hecho mayor y no todos los hombres son unos violadores. Me quedé a cuadros. Yo había asumido como punto de partida que ella ya tenía claros todos estos puntos, que los había aceptado, porque eran hechos consumados, irrefutables, sobre los que habíamos dialogado a menudo y habíamos analizado a lo largo de un montón de sesiones. Pero este mensaje fundamental solamente lo había interiorizado su yo adulto, mientras que su niña de las sombras seguía aferrada a una realidad de 50 años atrás. Aquel día, por primera vez, su niña de las sombras comprendió que el abuso sufrido había quedado atrás, en el pasado, y que ya no debía seguir temiéndolo. Después de esa sesión, la señora B. estaba prácticamente curada.

Nuestros niños interiores se comportan justo como la niña de las sombras de la señora B., que continuaba viviendo en la realidad de su infancia. Esto es igual para las personas que durante su niñez sí adquirieron la confianza primaria, sumaron muchas improntas positivas y disponen de un niño de la luz fuerte y bien desarrollado. Estas personas proyectan sus experiencias positivas sobre los demás y sobre el mundo exterior, lo que a menudo hace la vida más fácil y agradable para todos. Sin embargo, debido a la proyección de su infancia tan extremadamente positiva, a veces pueden ser demasiado crédulos e inocentes. En ciertas ocasiones las personas que han vivido una infancia muy feliz, cuando llegan a la edad adulta tienen que aprender con dolor que el mundo de ahí afuera no siempre es tan benévolo como papá y mamá. Pese a ello, como suelen contar con una autoestima muy saneada, o sea, que adoptan a menudo la postura del niño de la luz, habitualmente superan estos choques con la realidad sin mayores contrariedades. El niño de las sombras causa bastantes más problemas, ya que proyecta mucha negatividad sobre sí mismo y sobre el mundo exterior. Por eso nos vamos a ocuparnos de él en primer lugar.

El niño de las sombras y sus dogmas: sentimientos negativos casi instantáneos

Por fin hemos comprendido que los dogmas que sostiene nuestro niño de las sombras nos originan un montón de problemas, ya que ejercen un notable influjo sobre nuestra percepción, la cual a su vez, influye decisivamente sobre las emociones que sentimos... y viceversa.

Cuando Sabine y Michael se identifican respectivamente como sus niños de las sombras y se enzarzan en una discusión, se dejan guiar principalmente por sus emociones. Estos sentimientos se despiertan e interaccionan en cuestión de milésimas de segundo con los dogmas que inciden sobre la forma en que perciben la realidad, es decir, sobre el modo en que la interpretan. Así que, cuando Sabine se olvida de comprar embutido para Michael, el niño de las sombras de este último, por efecto de dogmas como «No soy importante» o «No valgo para nada», interpreta la situación como sigue: «Sabine no me quiere lo suficiente y no se toma mis deseos en serio». Así es como él percibe lo que ha sucedido, que de inmediato y directamente provoca una sensación de malestar, que a su vez desencadena la indignación, combustible para el fuego de la disputa. Ahora bien, para Michael, la concatenación *dogma* ⇨ *interpretación de la realidad* ⇨ *emoción* ⇨ *conducta* es inconsciente. Su consciencia no se activa hasta que se ha enfurecido, mientras que el elemento profundo desencadenante permanece oculto para él. No sabe nada de sus dogmas y le es también desconocido (por inconsciente) que la ira va precedida por el sentimiento de malestar. Justo aquí estriba el problema: las situaciones y las confrontaciones pueden provocarnos sentimientos instantáneos, que nos atrapan y dirigen nuestros razonamientos y acciones. Da igual si se trata de furia, tristeza, soledad, miedo, envidia o de alegría, felicidad y amor. Este mecanismo puede causar incluso la ausencia de emociones, como esa sensación predominante de vacío interior que notamos en ciertas situaciones. Sobre todo las emociones negativas como la ira, el miedo, la tristeza o la envidia pueden suponer una terrible carga para nosotros y nuestras relaciones.

Naturalmente, es posible que ahora quieras apuntar que también existe la indignación o la tristeza justificada, cuya raíz no esté en las heridas que porta el niño de las sombras, sino en condicionantes externos. Por ejemplo, la tristeza por el fallecimiento de un ser querido o el enfado que sentimos al presenciar una injusticia. Por supuesto, todo esto es correcto. No todas las emociones que sentimos tienen que ver con nuestro niño de las sombras o de la luz. Pero este tipo de emociones habitualmente no nos causan grandes dificultades. Sencillamente, cuando se muere un amigo, nos sentimos tristes. Eso no implica a ninguna otra persona ni luego nos sorprendemos por la vehemencia de nuestras reacciones. Esta misma premisa es válida para muchas de las emociones agradables que sentimos: nos alegramos y estamos contentos. Son emociones naturales para cualquier ser humano y generalmente no originan ningún problema.

Ahora bien, las emociones y sentimientos que surgen entre Michael y Sabine derivadas de sus niños de las sombras y que no son objeto de reflexión, sino que solo sirven para estimularlos a actuar, son agentes que nos acarrean problemas, tanto con nosotros mismos como con las personas con quienes nos relacionamos. Y si queremos solucionarlos, tenemos que actuar exactamente sobre este punto.

El niño de las sombras, el adulto y la autoestima

El niño interior y su dogmas constituyen, por así decirlo, la central de los sentimientos de nuestra autoestima. Dogmas como «Soy una persona valiosa» o «No valgo para nada» nos dejan sentir en un plano muy profundo si somos bienvenidos y aceptados en el mundo o no. Así pues, en definitiva, siempre se trata de emociones que nos elevan el ánimo o nos hunden. La confianza y también la desconfianza primarias son sentimientos profundos, almacenados en la memoria de nuestro organismo. La mayor parte del tiempo, no percibimos estos sentimientos de manera consciente, pero es fácil que se despierten. Sobre todo entre las personas que no han desarrollado su confianza primaria, que se sienten inseguros y menospreciados rápidamente. O sea, que suelen adoptar la postura de su niño de las sombras. Por el contrario, quienes han acumulado muchas marcas positivas y en consonancia han conformado la confianza primaria y disponen de una autoestima relativamente intacta, sienten en un plano muy profundo que están satisfechos con qué son y cómo son. Así que la mayor parte del tiempo adoptan la visión del niño de la luz, lo que no excluye que sufran momentos o etapas en la vida donde duden de sí mismos o experimenten una gran inseguridad. Vaya, momentos en los que se manifiesta su niño de las sombras. Pero son capaces de superar esas fases más rápidamente, ya que a fin de cuentas su niño de la luz, con sus dogmas y sentimientos, es más fuerte que el niño de las sombras. Digámoslo de otro modo: sus heridas suelen sanar tras un corto tiempo, mientras que las personas muy inseguras cargan con una herida duradera, que les causa dolor con tan solo un minúsculo granito de sal.

La parte consciente y «pensada» de nuestro sentimiento de autoestima es nuestro raciocinio, el adulto interior. Gracias a él sabemos, por ejemplo, que hemos alcanzado ya muchas metas en la vida, que podemos estar orgullosos de nosotros mismos y que en el fondo somos seres humanos de valía, que no estamos tan mal, aunque a veces alce la voz el niño de las sombras. Cuando trabajo junto a mis clientes sobre su autoestima, muchas veces afirman algo así: «Ya sé que en realidad debería estar contento conmigo, pero en mi seno más interno, sencillamente, ¡no me siento así!». En el extremo opuesto otros se identifican por completo con su niño de las sombras, sienten y además piensan que no dan la talla. En resumen, les cuesta muchísimo despegarse de esas creencias negativas, incluso con la ayuda de su yo adulto. Otros opinan que no tienen ningún problema relacionado con la autoestima; se aferran con tesón al pensamiento racional y han sepultado en su interior al niño de las sombras. Michael es de los que pertenecen a este último grupo. Si le inquirimos sobre su autoestima, responde que en ese campo no tiene ningún problema. Ha reprimido su vulnerabilidad. Por su parte, Sabine sí analiza mucho sus faltas, tanto reales como supuestas, y es plenamente consciente de que su sentimiento de autoestima es quebradizo.

Todos sabemos perfectamente que pueden existir desacuerdos y contradicciones entre el raciocinio y los sentimientos; de hecho, cometemos esos errores constantemente. ¿Cuántas veces afirmamos cosas como «Tengo muy claro que... pero no consigo cambiar la situación»? O sea, que el yo adulto interno, muy inteligente, sabe con seguridad que sería mejor que siguiese una dieta más saludable, pero cuando el niño interior siente las punzadas del hambre y le apetecen chucherías, a menudo se olvida de la disciplina. Precisamente respecto a los alimentos y otras sustancias adictivas es frecuente que resulte muy difícil darle preferencia al sentido común y la fuerza de voluntad (o sea, al yo adulto) con el fin de dominar la sensación de apetito, de avidez.

Nos encontramos, pues, con que el niño de las sombras y el yo adulto interior no están obligados, ni mucho menos, a compartir la misma opinión, ni respecto a la autoestima ni en lo que atañe a otros temas. Muchas personas experimentan cómo su niño de las sombras, cargado de emociones fuertes, se impone con frecuencia y toma el mando de los pensamientos, los sentimientos y las acciones. Pero cuanto más conscientes seamos del niño de las sombras y las improntas que lo han marcado, más probabilidades tendrá el yo adulto de controlar al niño y asumir la dirección, o bien de adoptar la postura del niño de la luz de forma totalmente consciente.

Descubre a tu niño de las sombras

A lo largo de los próximos apartados, mi objetivo será que analicemos y profundicemos juntos en tu niño (o niña) de las sombras. Probablemente ya tengas claro que es importante si aspiras a modificar tus perspectivas o alguna manera de comportarte que te cause problemas. Así que vamos a tratar de detectar cuáles son las improntas negativas que te han marcado. Después pasaremos a ocuparnos de tu niño (o niña) de la luz y sus marcas positivas. Soy perfectamente consciente de que aún no hemos llegado ni a la mitad del libro y ya te estoy animando para que te enfoques sobre el niño de las sombras y sus sentimientos pesarosos, que intentemos desentrañar sus secretos: te estoy exigiendo mucho, lo sé.

Ciertamente, podríamos dedicarnos primero a practicar ejercicios para que te familiarizases con tus recursos y tus fortalezas, es verdad, todo ello antes de enfrentarte a los auténticos problemas. Pero la lógica psicológica de todo este sistema dicta que primero debemos conocer al niño de las sombras, para posteriormente dar el salto hacia la luz, y no al revés. Si conocemos primero el lado oscuro y aprendemos a entenderlo, podremos usar esos conocimientos como plataforma para desarrollar nuestro lado luminoso, con el fin de que luego este último regule y oriente al niño de las sombras, con cariño y sin brusquedades.

✏️ Ejercicio: *Averigua tus dogmas*

Para realizar el siguiente ejercicio vas a necesitar una hoja de papel, al menos de tamaño DIN A4. Como ayuda y apoyo, hemos incluido un ejemplo en la guarda de la cubierta del libro; te servirá para orientarte durante el ejercicio.

Dibuja en tu folio la silueta de una persona, un chico o una chica, de acuerdo con tu sexo. Esa silueta representará a tu niño de las sombras. Junto a su cabeza, a derecha e izquierda, escribe «Mamá» y «Papá» o «mami» y «papi»... o cualquier otro apelativo con que llamases a tus padres cuando eras pequeño o pequeña. Si no te criaste junto a tus padres, escribe ahí el nombre de las personas que te cuidaron. Debes incluir a las principales figuras que te atendieron durante tus primeros seis años de vida; yo te recomiendo que te pares unos instantes a pensar quiénes han sido las personas más cercanas, en lugar de limitarte a anotar los nombres de todos los familiares hasta el quinto grado.

1. Imagínate como mínimo una situación que hayas vivido en la niñez junto a tu madre y que te pareciese absolutamente estúpida. Quizá fuese porque te sentiste ninguneado, molesto o humillado. Porque ella no te apoyó como debería o porque, de alguna otra forma, sentiste que no se tomaba en serio o no se percataba de cuáles eran tus necesidades y urgencias.
2. A continuación, basándote en esa situación concreta que has identificado, recopila palabras clave. ¿Cómo era tu madre y cómo se comportó? Después puedes hacer lo mismo con tu padre o con otra figura importante y cercana para ti (cuando hablemos del niño de la luz nos ocuparemos de los rasgos positivos).

Estos son algunos ejemplos de cualidades negativas: malhumorado, frío, superado por las circunstancias, inflexible, sobreprotector, desinteresado, débil, demasiado complaciente, dócil, indulgente, incoherente, egoísta, excesivamente dependiente, desequilibrado, caprichoso, voluble, impredecible, dominador, ostentoso, arrogante, nervioso, miedoso, demasiado estricto, sin compasión, poco empático, ausente, gritón, agresivo, sádico, inculto, etc.

3. Ahora piensa en esto por un momento: ¿tú desempeñabas un papel concreto dentro de la familia? Ese papel o función podría ser algo así como un encargo o deber tácito, que no se expresaba con palabras. Por ejemplo, algunos niños sienten que los padres les mandan que se porten siempre de forma que les hagan sentirse orgullosos. Otros perciben que deben actuar como mensajeros y mediadores entre papá y mamá. Algunos incluso cumplen la tarea de servir como una buena amiga para mamá. O de hacer felices a los dos progenitores… hay un sinfín de posibilidades. Medita un poco sobre situaciones concretas de tu infancia en las que no te hayas sentido tan bien y razona sobre qué papel te habían encargado cumplir tus padres.
4. También puedes anotar dichos típicos de tus padres, como, por ejemplo, «Eres igualita que tu tía Elli…», «Perro ladrador, poco mordedor…», «Espera a que llegue papá y verás…», «Mira qué aplicado es Fulanito, mucho más que tú…», «Nunca serás nada en la vida», etc. Apunta todas las afirmaciones claves junto a la persona que te las decía.
4. A continuación, por encima de la cabeza de la silueta infantil, traza una línea que conecte a las otras dos personas (tus padres, cuidadores o tutores) y escribe allí cuáles eran las dificultades más destacadas de su relación. Por ejemplo, «Se peleaban mucho», «Vivían uno de espaldas al otro», «Mamá mandaba y papá se limitaba a obedecer» o «Se separaron y divorciaron».
5. Cuando lo hayas apuntado todo, sentirás que se despierta tu niño de las sombras y podrás comunicarte con él, reviviendo cómo te sentías ante la conducta de tus padres. Ahora la clave es transformar esas creencias tan profundas e inconscientes en forma de dogmas negativos. ¿Qué ideas negativas originó en tu fuero interno el comportamiento de tus padres durante la niñez? No se trata de dilucidar si tus padres querían transmitirte e inocularte conscientemente esas convicciones o no, sino de a qué conclusiones (creencias fijas) llegaste por convencimiento propio cuando eras pequeño. Como ya he explicado en un apartado anterior, a los niños les resulta casi imposible separarse con espíritu crítico de sus padres y el comportamiento que estos mantienen, sea bueno o malo. Veamos, si mamá casi siempre es cariñosa y está de buen humor, le transmite al niño que está contenta

con él. Si está constantemente irritada y estresada, eso le transmitirá al niño que supone una carga. En la mayoría de los casos, el niño se siente responsable de alguna manera por el estado de humor de su madre o padre, que le sirve como punto de partida para desarrollar sus dogmas.

Para ayudarte en la tarea de averiguar tus dogmas personales, te facilitaré un listado de posibles dogmas. Evidentemente, está muy lejos de representar una enumeración exhaustiva, tan solo te la ofrezco para que te inspires de cara a buscar tus propios dogmas personales. Como hemos dicho antes, el primer paso es concentrarnos en los dogmas negativos. Más tarde abordaremos los positivos.

Es importante que los dogmas se formulen de manera concreta, como «Soy…» o «No soy…», «Soy capaz de…» o «Soy incapaz de…», «Tengo la posibilidad de hacer…» o «Está prohibido que haga…». Pero también pueden expresar afirmaciones generales sobre la vida: «Los hombres son débiles», «Las relaciones interpersonales son peligrosas», «Las discusiones acaban en separaciones».

Por el contrario, no consideraremos como dogmas afirmaciones como estas: «Estoy triste…», ya que la tristeza es una emoción, que puede ser resultado de un dogma como «¡No valgo para nada!». Tampoco nos valen intenciones, como «Quiero convertirme en una persona perfecta». Esos propósitos suelen ser programas orientados a combatir algún dogma oculto, como por ejemplo «Siempre fracaso».

A continuación te propongo unos cuantos ejemplos de dogmas, pero insisto, no es un listado completo, ni mucho menos. Solo pretendo estimularte para que encuentres qué dogmas negativos anidan en tu interior. En la mayoría de ocasiones, son exactamente los que saltan espontáneamente ante ti. Cuando leas y repases la siguiente lista, repara en tus sentimientos: ¿cuáles de esos dogmas provocan que se despierte algo dentro de ti? Algunas de las repercusiones de los dogmas ya las hemos escuchado antes a nuestro alrededor. Por ejemplo, «¡Siempre te rindes a las primeras de cambio!» o «¡Siempre tienes que hacerlo todo perfecto!».

Dogmas negativos
que afectan directamente a la autoestima

- ✓ ¡No valgo para nada!
- ✓ ¡Nadie me quiere!
- ✓ ¡No le importo a nadie!
- ✓ ¡No merezco que se preocupen por mí!
- ✓ ¡Soy una persona horrible!
- ✓ ¡Estoy gordo/a!
- ✓ ¡Soy un/una inútil!
- ✓ ¡Tengo la culpa de todo!
- ✓ ¡Soy insignificante!
- ✓ ¡Qué tonto/a soy!
- ✓ ¡Soy irrelevante!
- ✓ ¡No sé hacer nada!
- ✓ ¡Sentir emociones es una debilidad!
- ✓ ¡No soy capaz de gran cosa!
- ✓ ¡Soy tan poca cosa!
- ✓ ¡Soy un fracaso!
- ✓ ¡Siempre me equivoco!
- ✓ Etc.

**Dogmas negativos sobre mi relación
con las figuras de apego que me cuidaron**

- ✓ ¡Soy una carga!
- ✓ ¡Soy responsable de tu estado de humor!
- ✓ ¡No puedo confiar en ti!
- ✓ ¡Siempre tengo que estar alerta!
- ✓ ¡Debo tener muy en cuenta tus sentimientos y no herirlos!
- ✓ ¡Soy inferior a ti!
- ✓ ¡Debo tener cuidado contigo!
- ✓ ¡Soy más fuerte que tú!
- ✓ ¡Me siento impotente!
- ✓ ¡Me siento desamparado/a!
- ✓ ¡Dependo absolutamente de ti!
- ✓ ¡No me quieres!
- ✓ ¡Me odias!
- ✓ ¡Te decepciono!
- ✓ ¡Tú no deseas que sea tu hijo/a!
- ✓ Etc.

Dogmas negativos que ofrecen una solución (estrategia de protección) contra los problemas que sufro con las figuras de apego que me cuidaron

- ✓ Tengo que ser una persona cariñosa y portarme bien.
- ✓ No me puedo defender, está prohibido.
- ✓ Tengo que hacerlo todo bien, siempre.
- ✓ No puedo permitirme tener voluntad propia.
- ✓ Tengo que adaptarme.
- ✓ ¡Tengo que conseguir hacer las cosas bien sin ayuda!
- ✓ ¡Tengo que ser fuerte!
- ✓ No puedo demostrar ninguna debilidad.
- ✓ ¡Tengo que ser el mejor!
- ✓ ¡Es imprescindible que saque buenas notas!
- ✓ Tengo que permanecer siempre junto a ti.
- ✓ Debo satisfacer tus expectativas.
- ✓ ¡No me puedo separar de ti!
- ✓ Etc.

Dogmas negativos en general

- ✓ ¡Las mujeres son débiles!
- ✓ ¡Todos los hombres son malvados!
- ✓ El mundo es un lugar muy peligroso.
- ✓ La vida no regala nada, ¡hay que luchar!
- ✓ ¡Esto acabará saliendo mal, seguro!
- ✓ Hablar no sirve para nada.
- ✓ La confianza está bien, pero es mejor tener el control.
- ✓ Etc.

Debes anotar los dogmas negativos en la barriga del niño que has dibujado (fíjate en la ilustración de la solapa de la cubierta trasera del libro).

Tus dogmas negativos son la causa de los problemas que tienes en la vida, siempre y cuando hablemos de problemas a los que contribuyes con una parte propia, es decir, básicamente, todos los problemas salvo las desgracias que nos depara el destino, como accidentes y así. Por tanto, ya se trate de dificultades en tu puesto de trabajo, en tu relación de pareja o en la perspectiva que tienes de la vida, tanto si te afectan los miedos, te atacan las depresiones o te atenazan las obligaciones, la raíz originaria de esa situación tiene que ver con tus dogmas negativos. Son como un virus en el software del ordenador. Da igual lo distintos o complicados que te parezcan esos problemas en la superficie, porque si los observas de cerca confirmarás que se pueden reducir a una estructura básica muy simple. El objetivo de este libro es que aprendas a detectar esa estructura y a modificarla.

Pues bien, si has tomado nota de tus dogmas más importantes, sean los que sean (la cifra es irrelevante), pasemos a la siguiente fase.

✐ Ejercicio: *Siente a tu niño de las sombras*

En el próximo ejercicio vamos a intentar desencadenar las sensaciones que te provocan tus dogmas negativos, percibirlas y sentirlas, pero de forma plenamente consciente. Se trata de esas emociones capaces de empujarnos hacia un callejón sin salida, de forma fulgurante o con tenacidad e insistencia. Por tanto, cuando has adoptado la postura del niño de las sombras y tienes activado un dogma como, por ejemplo «¡No lo conseguiré, voy a fracasar!», este origina una emoción específica, que te hunde anímicamente. Cuanto más rápidamente y con más precisión detectemos las emociones, mejor podremos regularlas o luchar para que estallen con una frecuencia mucho menor.

Todas nuestras emociones, tanto la alegría como el amor, la vergüenza, el miedo o la tristeza, tienen un plano de sensibilidad corporal. Especialmente en lo que concierne a las sensaciones de miedo, seguramente puedas reproducirlas de forma intencionada: probablemente ya hayas experimentado alguna vez cómo el corazón te da un vuelco y se echa a galopar como loco, cómo las rodillas se te aflojan o cómo te tiemblan las manos por culpa del miedo. Pero también otras emociones, menos intensas que el miedo, se manifiestan mediante sensaciones corporales; de lo contrario, no sabrías ni que existen. Piensa en la tristeza, que para muchas personas provoca la sensación de estar encerrados en un espacio estrecho o les lastra con un gran peso encima del pecho. La alegría, por su parte, parece que nos hace cosquillas. De esta manera, cada emoción imprime su huella en el plano físico, aunque no siempre la percibamos con claridad y a menudo no nos la tomemos en serio, porque no estamos acostumbrados a prestar atención a estos detalles. Puedes tomar consciencia del plano corporal y físico que ocupan tus emociones; para ello, busca un recuerdo agradable, una situación en la que fueses completamente feliz. Ahora, con la mente, sumérgete a fondo en esos pensamientos, cierra los ojos e imagínate la situación para revivirla con los cinco sentidos (vista, oído, olfato, tacto y gusto). Mientras lo haces, fíjate en qué sensaciones se registran en tu tronco, en el pecho, en el vientre. Me refiero a una sensación corporal como que sientas calor en el pecho, tensión en la barriga o un acelerón del corazón, por ejemplo.

Busca tu dogma principal

Ahora me gustaría pedirte que retomases un momento la lista de tus dogmas negativos. Repásala frase por frase; lo mejor es que las leas en voz alta, una por una. Identifica entre una y tres de esas frases, las que más te afecten y más te hundan el ánimo. Estos los denominaremos tus «dogmas clave» o principales. Para identificarlos también puedes preguntarte qué situaciones te sacan de quicio de inmediato, te enervan, te amargan o provocan que pases más vergüenza. Si Michael, el protagonista de nuestros primeros ejemplos, tuviese que responder a las preguntas «¿Cuándo pierdes los papeles y te comportas de manera desagradable incluso para ti?» y «¿Cuál es la noción básica que provoca que te irrites y explotes?», sabría la respuesta al instante.

Su respuesta sería: «Cuando ella (Sabine) no me toma en serio». Ese sería su dogma clave.

Los dogmas clave son los más importantes de todos o el más importante, si es que solamente has localizado uno. A menudo sucede que los demás dogmas solamente son variaciones del dogma clave.

Si has encontrado esos dogmas clave, te ruego que ahora cierres los ojos y prestes toda tu atención a tu interior, hacia la zona del tronco, el pecho y el vientre. Intenta percibir qué sensaciones despiertan en ti esas frases. Ahora estamos buscando sensaciones físicas, que percibas en tu organismo en forma de presión, tensión, cosquilleo, palpitaciones, etc.

Es probable que notes sensaciones que ya conoces desde hace mucho. Y tal vez percibas que, como les pasa a Michael y Sabine, siempre acabas en este estado anímico, que te bloquea, te fatiga y te impide recuperarte, descansar, escapar de la situación o hacer cualquier otra cosa. Es posible que al practicar este ejercicio te sientas bastante mal y muy triste, porque tomas consciencia con fuerza de las improntas negativas que llevas encima. Da rienda suelta a esos sentimientos durante unos instantes; son importantes para el proceso de curación. También será suficiente si percibes y contemplas, tan solo brevemente, tus sentimientos y luego te evades y sales del pozo. Se ha demostrado que es incorrecta la idea de que es imprescindible vivir a fondo los sentimientos para analizarlos y trabajar con ellos. Todo lo contrario: no es bueno abandonarse durante demasiado tiempo a los estados dominados por sentimientos negativos.

El motivo por el que te solicito que te sumerjas en ese sentimiento es que tienes que ser bien consciente de su existencia, para que después te percates lo más pronto posible de cuándo te empieza a envolver en su amargo abrazo. Cuanto antes nos demos cuenta de que los sentimientos negativos están cobrando fuerza en nuestro interior, mejor podremos regularlos. Por el contrario, si ya nos hemos enrabietado a fondo o hemos perdido nuestra sensación de seguridad por completo, los sentimientos serán ya muy fuertes y difícilmente controlables. Así que la «detección temprana» no solo es importante en medicina, sino también en la psicología. Es la madre de todas las medidas de prevención.

Te sugiero que tomes nota de los sentimientos y emociones que hayas percibido durante este ejercicio. Apúntalos en la barriga de la silueta infantil que dibujaste antes (fíjate en la ilustración de la solapa de la cubierta delantera).

¿Cómo salir de los sentimientos y emociones negativos?

Si tienes problemas para dejar a un lado ese sentimiento, procura distraerte con otras cosas. Aunque suene muy banal, distraerse es uno de los métodos más eficaces para salir de un estado dominado por las emociones negativas. Lo cierto es que el cerebro es incapaz de hacer varias cosas simultáneamente. Así que si permites que otra cosa capte y atrape tu atención, no podrás sentir dolor al mismo tiempo. Puedes distraerte, por ejemplo, obligándote a centrar la atención en el entorno que te rodea. Por ejemplo, prueba a contar diez objetos de tu entorno que sean de color rojo o azul, o puedes elaborar una lista de países que empiecen por cada letra del alfabeto.

Asimismo, puedes librarte de las emociones mediante el ejercicio físico; prueba a darte palmadas o toquecitos con las manos por todo el cuerpo. Nuestros cuerpos y nuestros sentimientos están muy estrechamente relacionados. La postura y la actividad del cuerpo nos permiten influir sobre las emociones. En adelante hablaré con más frecuencia de esta relación.

Todavía hay otro ejercicio muy bonito para regular los sentimientos propios: concéntrate profundamente en el aspecto corporal de tus sentimientos. Pongamos por caso que sientes miedo y el corazón se te acelera, o que sientes tristeza y parece que se te encoge el pecho. Entonces expulsa de tu mente todas las imágenes y los recuerdos asociados a ese sentimiento. Bórralos, táchalos. Concéntrate exclusivamente en las sensaciones físicas y quédate ahí. Pronto verás o notarás que desaparecen con notable rapidez. Este pequeño ejercicio de la imaginación te ayudará a controlar tus emociones, incluso si sufres penas por amor.

También es posible que no sientas absolutamente nada cuando te hundas en los sentimientos negativos. Eso quizá se deba a que en ese instante estés bajo cierto bloqueo o algo desconcentrado. Repite el ejercicio en otro momento. Tal vez sea preciso que lo repitas más a menudo para terminar sintiendo algo. Quizá sea que el hilo que te une a tus sentimientos tiene algún defecto. Dentro de dos apartados investigaremos este problema al detalle.

✎ Ejercicio: *El puente de los sentimientos*

El puente de los sentimientos o puente de los afectos (según la denominación de John Watkins) es otro ejercicio que nos ayuda a comprender cómo se despiertan una y otra vez en el presente sentimientos y emociones que realmente pertenecen al pasado, pero que nos siguen causando dificultades.

1. Para realizar el ejercicio, elige una situación típica de tu vida adulta que se distinga porque implica la activación de uno de los dogmas clave (o cualquier otro dogma). Debe ser una situación en la que caigas a menudo, a pesar de que existan pequeñas variaciones en el lugar y las condiciones. Una situación en la que ese dogma negativo se manifieste y alce la voz. Por ejemplo, sentirse rechazado, lo que confirma la veracidad de tu dogma «No hago nada bien, soy un desastre». O una situación en la que no te sientas suficientemente respetado y active el dogma «Soy poca cosa».
2. Una vez hayas identificado esa situación, pon todos tus sentidos al servicio de la imaginación y sumérgete en ella. Si es demasiado grave, más de lo que te gustaría experimentar, basta con que te la dibujes mentalmente manteniendo cierta distancia o te imagines solamente una parte de la misma. Lo importante es dejar que surja la emoción que corresponde a esa situación, que puedas sentirla, aunque sea algo suavizada.
3. Cuando se manifieste el sentimiento acorde con la situación, como el miedo o la tristeza, agárrate a él y viaja en su compañía hacia el pasado, hasta el momento más antiguo de tus recuerdos. El objeto del ejercicio es que intentes descubrir cuánto tiempo hace que conoces ese sentimiento y qué situaciones de tu infancia marcó. Analiza qué conductas de tus padres u otras personas pudieron provocar que te sintieses de esa manera.

La meta de este ejercicio y del anterior es alcanzar una comprensión profunda y amplia de las huellas que tienes en tu interior e identificar un patrón para que el proceso no se repita de forma automática, como les pasa a Sabine y Michael. No, queremos tomar conciencia del problema para disponer de la oportunidad de controlarlo. Cuanto más consciente seas de tus sentimientos, más rápidamente podrás detectarlos y actuar en consecuencia.

Un pequeño inciso:
Personas insensibles o que aplazan los problemas

A las personas que disfrutan de un buen acceso a sus sentimientos les resulta mucho más sencillo reflexionar sobre sí mismas y resolver sus problemas que a quienes expulsan o entierran muchas de sus emociones. Las personas que optan por la estrategia de aplazar o arrinconar sus sentimientos no solo actúan así con las emociones, sino que además, en muchos casos, piensan poco en los procesos psicológicos que se desarrollan en su interior. No les gusta reflexionar sobre sí mismas ni sobre su vida, primordialmente porque temen que se despierten demasiados sentimientos negativos. Mantienen un distanciamiento casi perceptible consigo mismas. En el extremo opuesto hay personas que piensan mucho sobre sí mismas, pero no se mueven más allá de reflexiones teóricas y no consiguen acceder al mundo de los sentimientos de sus niños de las sombras.

Son especialmente los hombres, condicionados por sus circunstancias y también por la educación recibida, quienes tienden a identificarse por completo con el pensamiento racional, con lo cual es posible que sus sentimientos se topen con limitaciones para expresarse. Naturalmente, esto no afecta a todos los hombres, ni mucho menos, y también hay mujeres que apenas mantienen contacto con sus sentimientos. Pero los hombres son más propensos a empujar lejos de sí emociones, sobre todo las caracterizadas por la «debilidad», como la tristeza, la impotencia o el miedo. Al contrario, la mayoría de los hombres sí son perfectamente capaces de percibir emociones de «fuerza» como la alegría o la ira. Eso mismo sucede con Michael: su malestar interno es un «signo de debilidad», que percibe como resultado del olvido de Sabine, pero del que no se percata. En lugar de ello lo único que percibe es su furia, la cual a su vez es consecuencia de sus problemas de autoestima. La ira siempre surge cuando una de nuestras necesidades básicas físicas o psíquicas sufre una frustración.

Durante milenios la socialización masculina sostuvo que a los hombres les estaba vetado mostrar emociones que fuesen signo de debilidad. El panorama ha cambiado desde hace relativamente pocos años: ahora ya no se considera malo que un chico joven se sienta triste o tenga miedo y dichos ridículos como «¡Los hombres no lloran» van desapareciendo paulatinamente del repertorio de los padres.

Ahora bien, además de los influjos educativos, los hombres también acarrean cierto condicionamiento evolutivo para ser capaces de silenciar sus sentimientos. Este rasgo tiene que ver con el reparto de roles y tareas entre hombres y mujeres durante la Edad de Piedra. Para ser cazadores de valía, era preciso saber dejar a un lado emociones y debilidades. Había que ser valientes, intrépidos. Las mujeres también necesitaban y siguen necesitando coraje, sí, pero gran parte de las tareas que les estaban reservadas entonces y ahora estaban dentro del ámbito familiar. En ese entorno es más útil la empatía que el arrojo.

De ahí que todavía hoy los hombres vengan al mundo con cierta disposición genética a objetivarlo todo, mientras que a las mujeres les resulta más fácil empatizar con quienes las rodean.

La inclinación de muchos hombres a arrinconar y acallar los sentimientos negativos también conlleva ventajas, especialmente cuando se trata de solucionar problemas prácticos concretos. Sin embargo, en el espacio de las relaciones interpersonales, la dificultad para percibir y manifestar sentimientos puede causar otros problemas. En mis seminarios y en las sesiones de psicoterapia a menudo me encuentro con hombres que dan vueltas alrededor de sus problemas para las relaciones interpersonales como si fuesen un buque sin brújula, ya que carecen de una vía de acceso a sus sentimientos. En realidad, los sentimientos son necesarios para poder evaluar y valorar una situación problemática. Nos indican el nivel de importancia de cada cosa, alto o bajo. El miedo nos avisa de los peligros y nos anima a evitarlos, la tristeza nos informa de que hemos perdido algo importante o no hemos sabido conservarlo, la vergüenza es señal de que hemos transgredido alguna norma social o personal y la alegría nos anuncia qué cosas nos apetece hacer o disfrutar.

Cuando una persona tiene limitado el contacto con sus sentimientos y emociones, también tiene alterado el contacto con sus necesidades. Por ese motivo, no son pocas las personas que se quejan porque no saben qué es lo que quieren. Yo conozco a unos cuantos hombres que son inteligentísimos en cuestiones de pensamiento abstracto, pero que nunca han logrado tomar las riendas y encauzar sus vidas satisfactoriamente. En el plano profesional están por debajo de sus capacidades y en el personal, sufren problemas en sus relaciones. Gracias a sus tremendas facultades intelectuales, algunos avanzan muchísimo en la carrera profesional, pero su vida amorosa y familiar se queda atrás. Cuando hay que tomar una decisión emocionalmente importante o formular objetivos personales, se enredan en reflexiones abstractas y se pierden enumerando pros y contras. Les falta entrar en contacto con sus sentimientos, que podrían contribuir junto a la razón para proporcionarles orientación. De hecho, también las decisiones que fundamentamos con la razón nos *sientan* bien. Y ese sentimiento, aunque solo sea subliminal, aporta el empujón definitivo para tomar la decisión.

Algunas personas se encuentran dominadas por un sentimiento preponderante, que está en primer plano. Puede ser el miedo, la depresión o la agresividad. Generalmente, detrás de esas «emociones guía» se ocultan otras, que no se perciben, como le pasa a Michael, dominado por la ira, pero que no repara en su malestar interior.

Si deseas conocer mejor el mundo emocional de los hombres, te recomiendo el libro *Männerseelen* de Björn Süfke.

¿Cómo puedo conectarme mejor con mis sentimientos?

Si eres una de esas personas a las que les cuesta mucho trabajo conectar con sus sentimientos y no has sentido nada al poner en práctica los ejercicios anteriores, te pido que ahora cierres los ojos y te concentres en el espacio del tronco, en tu pecho y vientre. Primero: ¿notas cómo fluye la respiración? ¿Llega hasta el fondo del vientre? ¿O se queda atascada en otro punto? A menudo suprimimos nuestras emociones respirando de forma superficial. Por eso ahora tienes que procurar respirar profundamente, con todo el vientre. Lo mejor será que te tumbes y después te concentres para percibir cómo te sientes por dentro, físicamente. Si con la respiración profunda tampoco logras sentir nada, permanece en esa postura, con la atención concentrada entre el pecho y el vientre e intenta observar al detalle cómo se siente ahí dentro esa «nada». ¿Qué te parece compartir el cuerpo con ella? Fíjate en cómo la percibe el organismo. ¿Tienes la barriga relajada o tensa? ¿El corazón te late con calma? ¿Respiras hondo? ¿Cómo se percibe esa sensación de «nada»? Ahora intenta percibir si hay algo más detrás de la nada, si hay otro espacio, otra sensación.

De hecho, concentrar la atención te ayuda a elevar la sensibilidad. Ese no sentir nada suele ser un mecanismo de autoprotección que las personas afectadas han desarrollado durante la infancia, de forma inconsciente, para evitar sentir las emociones y los dolores que sus padres les han ocasionado. Han aprendido a desvincularse de sus sentimientos, pero es posible recorrer la senda al revés y volver a vincular la atención con los sentimientos.

A menudo, para conseguirlo basta con hacer varias pausas cada día y reflexionar para dirigir la atención hacia nuestro seno interno, con esta pregunta: ¿cómo me siento en estos momentos? Escucha qué sucede entre el pecho y el vientre, trata de apreciar las sensaciones que se manifiestan ahí. Si notas un cosquilleo, una tensión, presión o estrechez, centra la atención en esa zona. Piensa en qué palabra se ajustaría mejor para describir la sensación: ¿miedo, tristeza, vergüenza, ira... o alegría, amor, alivio? Después puedes plantearle una cuestión a esa sensación física, concretamente esta: *¿qué hay en mi vida que pueda provocar esto...?* Qué puede causar las cosquillas, la presión o lo que sea. Arrójale la pregunta a ese sentimiento para interpelarlo y deja que te devuelva una respuesta. No tienes que buscar la respuesta en tu cabeza, con el yo adulto. Normalmente, la primera respuesta, la que brota espontánea, es la correcta, aunque a primera vista quizá te resulte un poco absurda. Podría adoptar la forma de un recuerdo o una imagen. Procede del subconsciente, de tu niño interior, el de las sombras o el de la luz. De esta manera puedes comunicarte directamente con ellos. Esta manera de enfocar los sentimientos deriva de un método psicológico denominado «focusing», ideado por Eugen Gendlin.

Comprobarás que cuanto más a menudo centres la atención en los procesos que se desarrollan dentro de ti, los percibirás con más claridad. A algunas personas también les ayuda meditar sobre esto.

Nuestra proyección es nuestra realidad

Todo cuanto debes comprender es que tus dogmas negativos no representan la realidad auténtica, sino que tan solo son la expresión de una realidad subjetiva que has interiorizado como consecuencia de los errores y fracasos (al menos parciales) de tus padres al educarte. Contemplas a los demás y a ti mismo o misma a través de un cristal formado por esos dogmas, que provoca una deformación personal de la realidad. Es tu modo de proyectar la realidad, influido por la educación que has recibido. Así que ahora se trata de disolver esa proyección y sustituirla por una mejor, más ajustada a la auténtica realidad, para lo cual obligatoriamente tendrás que separar dentro de ti al niño de las sombras y al yo adulto racional. No pueden entrometerse y fundirse en la percepción constantemente, como han estado haciendo hasta ahora. Ahora has de servirte de tu racionalidad adulta para entender que aquí se reflejan las marcas o improntas del niño de las sombras. Con la ayuda de tu yo adulto debes comprender que, si tus padres te hubiesen educado de otra manera o hubieses tenido otros padres distintos, las marcas que llevas en tu interior serían diferentes. Es preciso que tu racionalidad adulta vea que todas esas frasecitas miserables no dicen nada sobre ti ni sobre tu valía, sino que hablan únicamente del estilo educativo de tus progenitores.

Por ejemplo, si tienes un dogma que exprese que «No sirvo para nada», el raciocinio adulto debería reconocer que esto es un disparate, ya que eres capaz de muchas cosas y has logrado dar grandes pasos en la vida, aunque también hayas cometido tu ración de errores. La mayoría de las meteduras de pata que encadenamos en la vida son resultado de esos mismos dogmas negativos. Si detectas en ti un dogma como «No valgo nada de nada», tu raciocinio adulto lo deberías considerar una tontería, ya que toda persona tiene un valor intrínseco por sí misma. Además, como mínimo existe una persona en el mundo para quien tú vales e importas mucho.

Esencialmente, los niños llegan al mundo siendo completamente inocentes, y cuando sus padres les transmiten (aunque sea de manera no intencionada) que no valen para nada, los niños no pueden contestar, les resulta imposible.

No es culpa suya. Más adelante, en la página 141, en el apartado titulado «Fortalece tu yo adulto interior», me adentraré en este tema y te explicaré cómo puedes reforzar a tu yo adulto interno con la ayuda de buenos argumentos.

El famoso psicólogo y *coach* Jens Corssen afirma que «Desde que naces, eres una estrella que brilla». Es una manera muy bonita de formularlo, que tomaré prestada. Así que, desde tu mismo nacimiento, eres una estrella luminosa, aunque a veces algún nubarrón apague tu fulgor. Sí, claro, todos tenemos nubarrones pasajeros. Vamos a considerarlos así, como nubecitas, que en el fondo son ligeras y vaporosas. Nada de problemas que pesan como una losa.

Pues bien, si tu yo adulto tiene claro de verdad que eres una estrella que brilla con luz propia, sin culpa alguna por el comportamiento de tus padres, tendrás que aclarárselo al niño de las sombras, para que también lo entienda. De lo contrario, seguirás viviendo en una realidad duplicada, lo que significa que el niño interior seguirá creyendo que eres una criatura infantil y que el mundo exterior representa a papá y mamá, mientras que tu yo adulto sostiene que todo cuanto él piensa y siente es real y verdadero. Esto les sucede a todas las personas que no analizan y borran su programación interna. ¿Te acuerdas de la clienta cuya niña de las sombras no se convenció hasta cumplir más de 50 años que su maltratador llevaba años muerto y ella se había convertido en una persona adulta? Pues su niña interior, al igual que puede pasarle a tu niño (o niña interior), se quedó atrapada en una edad de desarrollo muy temprana. Por ejemplo, en el caso de esta señora, su niña de las sombras se comportaba como si aún tuviese cinco años. ¿Puedes escuchar a tu niño de las sombras para adivinar qué edad piensa que tiene? Te lo ruego, más vale que me creas: tu niño de las sombras también está atrapado en su realidad del pasado y eso influye enormemente sobre tu manera de pensar, sentir y actuar. Es imposible exagerar con qué fuerza te influyen tus dogmas, hay que tomárselos muy, muy en serio.

Con la proyección pasa algo así; proyectamos la imagen que tenemos de nosotros mismos dirigiéndola a la cabeza de los demás, básicamente condicionada por los dogmas que nos acompañan. Si nos encontramos bien, pensamos que quienes nos rodean también tendrían que verlo. Si nos encontramos mal, proyectamos esa sentencia también sobre las cabezas de los demás. Por un momento, concéntrate al máximo y reconoce con qué frecuencia piensas que los demás opinan de ti (esto es una proyección hacia otras personas) que estás demasiado gordo, demasiado feo, demasiado torpe, demasiado aburrido, etc., y hasta qué punto crees tú que lo que piensan esas otras personas te desanima y desalienta. Ahora imagínate que vivieses en una isla desierta: ¿cómo de grave sería ese mismo problema? En una isla desierta, a la mayoría nos daría igual estar gordos, ser feos o aburridos, porque nadie se fijaría en ello. De alguna forma, lo que más nos preocupa a la mayoría es qué opinan los demás sobre nosotros. Nosotros mismos nos machacamos con las proyecciones que hacemos sobre las ideas de quienes nos rodean. Detrás de todo ello está el mecanismo de la autoestima reflejada, que ya describí en la página 47.

Para combatir todo esto, un entrenamiento magnífico consiste en contemplar el entorno que nos rodea, observar todo cuanto haya que ver y dejar de mirarnos a nosotros mismos con los ojos de otras personas. O sea, usar los nuestros. Así veremos mucho más y percibiremos mucho mejor qué pasa alrededor.

Más adelante, en dos capítulos, te propondré varios ejercicios para ayudarte a firmar la paz y trabar amistad con tu niño de las sombras, en el apartado «Cómo sanar al niño de las sombras»*. Ahora me gustaría que nos ocupásemos de las estrategias de protección que adopta ese niño. Se trata de conductas con las que, de forma generalmente inconsciente, tratamos de arrinconar y arrebatarle el poder al niño de las sombras. En este punto ya damos por asumido que la mayor parte de la furia que sentimos no es consecuencia directa de los dogmas negativos, sino más bien efecto de las medidas de autoprotección que instalamos como reacción ante los estímulos que originan esos mismos dogmas.

---

* Pero ya puedes descargarte el viaje fantástico «Trance del niño de las sombras» y escucharlo tantas veces como quieras.

Las estrategias de protección del niño de las sombras

Si creemos con firmeza en las improntas que nos han marcado internamente; es decir, si nos identificamos con nuestro niño de las sombras (inconsciente y por tanto, completamente), como consecuencia estamos obligados a luchar por reprimirlo o contenerlo y comportarnos de manera que sintamos lo menos posible los efectos de sus dogmas negativos. Sobre todo nos esforzamos para que los demás no se den cuenta de cómo nos sentimos en realidad. Por tanto, desarrollamos estrategias de protección que deberían defendernos de los pensamientos y sentimientos negativos del niño de las sombras. Muchas de esas estrategias de protección ya las hemos desarrollado durante la infancia, pero otras no las adquirimos hasta la edad adulta, como por ejemplo la práctica de huir y buscar refugio en una adicción. Es importante que comprendas que, normalmente, guardamos en nuestro interior una larga serie de dogmas, los cuales, en la mayoría de casos, son resultado de heridas sufridas sobre varias de las cuatro necesidades psíquicas básicas. Por consiguiente, la mayoría de personas también dispone de varias estrategias distintas de protección. La mayoría de ellas inciden sobre el plano del comportamiento, así que se manifiestan en nuestra manera de actuar.

En este apartado me gustaría explicarte cuál es la funcionalidad esencial y de qué modo actúan las estrategias de protección. En los siguientes apartados observaremos pormenorizadamente las estrategias de protección más empleadas habitualmente.

Cuando una persona lleva consigo un dogma secreto como «No hago nada bien, soy un desastre», entonces, o hará todo lo posible (inconscientemente) para invalidar los poderes del niño de las sombras, o se resignará y hará cuanto pueda (inconscientemente también) para reafirmar su postura. Una estrategia típica para anular los efectos de este dogma y de otros similares, que atacan directamente a la autoestima, consiste en ansiar la perfección. En contadas ocasiones, el deseo de lograr la perfección es fruto de la entrega apasionada a una actividad, pero en la mayor parte de los casos es signo del miedo subliminal a fracasar y ser rechazados. Debido a los dogmas negativos y como respuesta a ellos, muchas personas se esfuerzan denodadamente por hacerlo todo bien. Los errores y fracasos desencadenan en su seno unos profundos sentimientos de vergüenza, que no son más que la deplorable confirmación de los sentimientos de insuficiencia. Otras personas, en el extremo opuesto, ya se han rendido. Durante la niñez, con frecuencia, experimentaron que no merece la pena esforzarse. Se repiten constantemente que sus dogmas son correctos. En materia amorosa, se comportan de manera que todas sus relaciones fracasan, y en el mundo laboral, jamás progresan. Por ejemplo, buscan parejas que no se implican a fondo en la relación o se comportan de una manera tan compleja que a su pareja le resulta muy difícil soportarlo. En el ámbito profesional, su temor a fracasar puede llevarles a aplazar tareas importantes y dispersar demasiado su atención. O se quedan muy por debajo de sus posibilidades porque tienen miedo de no triunfar. Pero algunas de estas personas han desarrollado una estrategia de protección que en lenguaje técnico se conoce como «narcisista». Es decir, que sobrecompensan la fragilidad de su niño de las sombras con una prepotencia y arrogancia notorias, con lo que se presentan ante sí mismos y ante los demás como figuras de referencia, los mejores. Sobre este punto y también sobre el ansia de perfección volveré más tarde.

Cuando un crío ha visto muy frustrado su deseo de autonomía y control, puede haber desarrollado dogmas como «Estoy totalmente bajo tu control» o «No puedo hacer nada, soy impotente». Para acallar esos sentimientos y notarlos lo menos posible, el adulto podría luchar con fuerza por asumir el control y el poder, dado que el niño interior está siempre tratando de ocupar una posición inferior. Las personas con una fuerte motivación por conseguir el poder siempre quieren tener las cosas por el mango: en cualquier conversación, en la pareja, en el trabajo, etc. No son pocas las que sufren de temor al apego, ya que su niño interior asocia la cercanía y el cariño con la rendición e inferioridad. Esquivan las relaciones amorosas o restauran la distancia hacia su pareja inmediatamente tras cada aproximación. Sin embargo, cuando el niño de las sombras de estas personas ya se ha rendido y resignado, se une a personas que percibe como poderosas y dominantes, para subordinarse a ellas voluntariamente. Así que repite las penosas experiencias que ya había vivido junto a sus padres. Un ejemplo típico podría ser una mujer que se une a un hombre que la domina por completo o incluso la maltrata. O bien un hombre que se subordina absolutamente a una mujer dominante.

Por el contrario, si un niño ha visto frustrada su necesidad de apego, de modo que uno de sus dogmas es «¡Estoy solo!», podría adquirir como estrategia de protección la conducta de aferrarse excesivamente a las personas. Como resultado, siempre estaría preocupado por conservar la armonía y el equilibrio, a fin de no poner en riesgo la proximidad respecto a otras personas. También puede suceder que el niño de las sombras combata su miedo al abandono evitando las relaciones estrechas o íntimas. Se atendería a que «lo que no se tiene, no se puede perder» y así mantendría el control sobre la situación. En este caso, el niño de las sombras aprende que la opción más segura es permanecer solo.

Un dogma que se refiere a la necesidad psíquica básica de experimentar placer y evitar el desagrado o la desgana podría ser este, por ejemplo: «¡No me está permitido disfrutar!». Las personas que están marcadas por esa idea suelen refugiarse en el trabajo, ya que no pueden hacer nada con el tiempo libre. Algunas siguen rutinas obligatorias forzosas y muestran una autodisciplina implacable. Por el contrario, otras sobrecompensan las experiencias que sufrieron de pequeñas con un consumo desaforado, sin límites. Les falta disciplina y a menudo se dejan gobernar por sus impulsos.

Esto no eran más que un par de ejemplos para explicar cómo nos afectan las principales estrategias de protección. En un nivel jerárquico más alto, agruparíamos las estrategias de protección en las clases Adaptación, Retirada o Sobrecompensación.

Es imposible encajar cada estrategia de protección y cada dogma con una sola necesidad básica, como yo misma más o menos he intentado antes. Un mismo dogma, como «Yo no importo» surge parcialmente de la frustración de las necesidades de apego, control, autoestima y placer, todas al mismo tiempo. Del mismo modo, una estrategia de protección como el ansia de poder o de perfección, puede haberse implantado como consecuencia de las heridas sufridas en varias necesidades básicas. Además, muchas estrategias de protección se caracterizan por las intersecciones: el ansia de control y el ansia de perfección están estrechamente relacionadas, como también lo están el ansia de armonía y el síndrome de ayudante.

Como ya hemos dicho, la mayoría de veces, la auténtica causa de nuestros problemas son las estrategias de protección. Cuando una persona tiene un dogma como «No merezco que me quiera nadie» y con motivo de ello se mantiene alejada de los demás y evita las relaciones íntimas, el verdadero problema es la soledad que sufre por apartarse. Si se mantuviese en contacto con otras personas y les contase que cree que no se merece que nadie la aprecie, no estaría sola, sino conectada a los demás. Por tanto, no son los dogmas negativos en sí los que dificultan las relaciones interpersonales o perjudican nuestra manera de vivir la vida, sino las estrategias de protección que elegimos y adoptamos para combatir esos dogmas. *En última instancia, la mayoría de problemas que sufrimos son resultado de nuestros mecanismos de autoprotección.*

Es crucial que valores tus medidas de autoprotección y reconozcas su eficacia. Durante tu niñez fueron apropiadas, tenían mucha lógica. Mientras eras niño o niña te adaptaste a tus padres lo mejor que pudiste o te rebelaste por completo; en cualquier caso, tenías buenos motivos para hacerlo. Hoy todavía te esfuerzas para aclararte contigo mismo y con los demás, con la ayuda de esas estrategias de protección. Y esos esfuerzos merecen el máximo reconocimiento. Tan solo hay un problema: el niño de las sombras todavía no ha comprendido que ahora ya eres una persona adulta. Sigue viviendo en la realidad del pasado. Lo cierto es que hoy, tanto el niño de las sombras como tu yo adulto son libres y ya pueden apañarse por su cuenta. Ya no dependen de papá y mamá. El adulto se podría defender y autoafirmarse con medios mucho mejores que con las viejas estrategias de protección. Naturalmente, luego te presentaré esos medios, concretamente en el capítulo «De las estrategias de protección a las de conservación». Sin embargo, en primer lugar es preciso que reconozcas y entiendas tus estrategias infantiles, para después poder atribuirles el mérito que corresponde y poderlas modificar positivamente.

A continuación voy a presentar las metaestrategias, en cuyas categorías se pueden clasificar las estrategias individuales y especiales. Por ejemplo, si para autoprotegerte tienes preferencia por dedicarte en cuerpo y alma a los videojuegos con el fin de huir de la realidad, puedes incluir esta estrategia dentro de la categoría de «Huida y refugio». Si cuando debieras sostener y expresar tu punto de vista ante los superiores te decantas por marear la perdiz y evitas la confrontación, podrías asignar esa estrategia a la categoría «Búsqueda de la armonía». Así que te ruego que, al seguir leyendo, te mantengas alerta para identificar qué estrategias aplicas individualmente y no están comprendidas entre las que citaré de forma explícita.

Autoprotección: Represión de la realidad

Reprimir y arrinconar las realidades desagradables o insoportables constituye un mecanismo de protección básico sin el cual apenas podríamos funcionar. Si yo misma fuese consciente permanentemente, en todo momento, de todas las cosas horribles que suceden en el mundo, incluida mi propia vulnerabilidad y mi mortalidad, probablemente me asaltarían un miedo y una impotencia tan abrumadores que apenas podría seguir viviendo. Por tanto, en primera instancia, la represión es un mecanismo de autoprotección saludable y valioso.

Cuando reprimo algo, se queda fuera de mi percepción. Y si no percibo algo, tampoco puedo desarrollar (de forma consciente) sentimientos, pensamientos y acciones relacionados con lo que he reprimido. Por ese motivo, en el plano psicológico, solamente reprimimos aquellas realidades que desencadenan en nuestro interior sentimientos desagradables como miedo, tristeza o impotencia. A fin de cuentas, prácticamente no existe ningún motivo para reprimir algo que nos provoca un gran disfrute o alegría… salvo si nos empujase a un conflicto grave, como sería traicionar con una infidelidad a nuestra pareja. Esta es la razón por la cual las personas que vivieron una infancia muy feliz la recuerdan con gran facilidad, mientras que quienes sufrieron penurias tienen su memoria mucho más fragmentada.

En el fondo, la represión constituye «la madre de todas las estrategias de protección», ya que en última instancia, todo el sistema de autoprotección está orientado a reprimir y arrinconar aquellas cosas que no nos apetece sentir o percibir. Todas las demás estrategias de protección, como el ansia de poder o de perfección y la búsqueda de la armonía, se ponen finalmente al servicio de la represión.

Sin embargo, si reprimo y arrincono mis problemas, no puedo trabajar sobre ellos. Y si los reprimo durante demasiado tiempo, entonces podría originar una acumulación de problemas excesiva, a la que finalmente no me quedaría más remedio que hacer caso. Por ejemplo, de esta manera, la estrategia de protección «Ansia de perfección» puede desembocar en el agotamiento total, hasta llegar al síndrome del quemado o *burnout*, cuando acabamos quemados. Y este síndrome de *burnout* no es más que una de las consecuencias que, en la mayoría de casos, solamente ataca a la persona afectada y a su entorno más próximo. La situación puede ser más problemática cuando una persona intenta reprimir su propio sentimiento de impotencia sobrecompensándolo con un ansia desmesurada de poder, especialmente si tiene una gran influencia sobre la sociedad.

Autoprotección: Proyección y victimización

Al igual que la represión es una estrategia de protección universal y por tanto, supone la base para todas las demás, también lo es para la autoprotección de la proyección. «Proyección» es un término técnico de la psicología para referirse a que yo percibo a las demás personas a través del prisma de mis propias necesidades y sentimientos. Por ejemplo, si me siento insegura e inferior, es fácil que me pase esto: que yo proyecte sobre otras personas una fortaleza y dominación especiales. Muy a menudo sucede también que proyectamos sobre nuestra pareja o la persona con quien nos relacionamos experiencias que hemos vivido anteriormente junto a nuestro padre o nuestra madre. Por ejemplo, si mamá era muy controladora, es posible que en seguida nos sintamos muy controlados por nuestra pareja, ya que de manera inconsciente, le achacamos que se comporta igual que nuestra madre. O bien, si yo misma me caracterizo por ser codiciosa o avariciosa, tengo propensión a asignarles a otras personas esos mismos adjetivos. Pero también podemos proyectar motivos y sentimientos positivos. Por ejemplo, si me he criado en un entorno bastante sano, puede pasar que haya desarrollado cierta inocencia y crea que todas las demás personas son igual de bondadosas y dignas de confianza que mis padres.

La represión y la proyección afectan a la función psíquica de la percepción. A su vez, la percepción es el pilar maestro que sustenta todas las demás funciones psíquicas como pensar, sentir y actuar. Todo se construye y asienta sobre la percepción, es casi equiparable a la consciencia. Por eso, en el momento en que se produce una deformación de la percepción, no es apreciable para la persona a quien afecta. En el mejor de los casos, se puede reflexionar retrospectivamente sobre la distorsión de la percepción. Entonces, podría ser que se me cayese la venda de los ojos y descubriese que estoy viviendo una película distinta. Como contraste, en el contexto de otras estrategias de protección, más situadas en el plano de la conducta y la acción, disponemos de mejores oportunidades para percatarnos de cuándo las estamos aplicando.

A diferencia de los animales, los seres humanos estamos dotados de la capacidad de reflexionar sobre nosotros mismos. Eso sí, hay infinidad de diferencias respecto hasta qué punto utiliza cada persona esa facultad. Algunas se preocupan constantemente por reflexionar sobre sí mismas y sobre su desarrollo y crecimiento personales, mientras que otras lo hacen pocas veces o sencillamente nunca. Aquellas personas que evitan reflexionar y conocerse mejor a sí mismas suelen tener auténtico pavor a entrar en contacto con su niño de las sombras. Pensemos por ejemplo en el caso de Petra, cuya niña de las sombras opina que ella es mala persona y nadie la va a querer. Sin embargo, ese sentimiento de inferioridad apenas es soportable para Petra y por eso debe defenderse del mismo. Pero, como consecuencia de este panorama, le resulta imposible trabajar sobre el problema. Ahora imaginemos que Petra se encuentra con Julia, a quien considera una persona mejor y más fuerte que ella misma. Petra asume, de forma automática aunque inconsciente, que Julia la va a despreciar y juzgar inferior. Así que, por sus propios medios, ella se percibe como una víctima potencial de Julia. Tampoco reflexiona sobre este proceso interno; en vez de eso, su niña de las sombras y su yo adulto cooperan para poner en práctica un truquito psíquico: sostienen que Julia no es de fiar y es antipática, la rechazan. Así que los defectos que Petra siente como propios la empujan a sentir una pretendida animosidad hacia su contraria, quien parece más fuerte.

Las personas que, como le sucede a Petra, presentan una fuerte inclinación a mantener alejado de sí el autoconocimiento cuando resulta doloroso o desagradable, son muy propensas a proyectar sobre otras personas sus propios sentimientos indeseables. Acusan y atacan a los demás, especialmente a quienes perciben como superiores por algún motivo, conjeturan constantemente que esas personas albergan motivos, sentimientos e intenciones que, en realidad, son fruto de sus propios mecanismos psíquicos. Este sistema sirve también para repeler los sentimientos de culpa. No nos apetece reconocer que nos hemos portado mal y por eso proyectamos la culpa que nos corresponde sobre un chivo expiatorio. Funciona con la misma eficacia tanto en las disputas vecinales como en la arena política.

Nadie está a salvo de las distorsiones de la percepción y las proyecciones. Nos afectan a todos, constantemente. Pero hay personas que se defienden con demasiado empeño del autoconocimiento, hasta de forma agresiva. Con estas personas a menudo resulta muy difícil (y a veces imposible) mantener un diálogo constructivo con el fin de solucionar un problema. Dado que se niegan rotundamente a acceder a la autorreflexión, tenemos la batalla perdida. Su autoestima es tan frágil que es incapaz de admitir la propia culpa. No deja de sorprenderme lo distorsionados e injustos que pueden llegar a ser los pensamientos y las acciones de personas completamente normales cuando no están preparadas para reflexionar sobre la parte que les corresponde en una situación problemática. Naturalmente, la cosa se pone especialmente fea y peligrosa cuando grupos enteros de personas se convierten en víctimas de esas proyecciones, ya que este fenómeno acelera y mucho la legitimación de los tratos injustos y la violencia. Si la persona B percibe a la persona A de una forma extremadamente deformada y negativa, a menudo la única opción que le queda es trazar un gran arco para evitar el contacto con la persona A. Siempre y cuando B no mantenga una relación de dependencia con A, claro.

Mientras que la represión y la proyección son mecanismos de protección, que poseemos todos y que actúan sobre la función psíquica básica de la percepción, las siguientes estrategias de protección son algo más específicas e individuales. Fundamentalmente inciden sobre el plano de la acción y por eso son mucho más fáciles de reconocer y, por tanto, de modificar.

Autoprotección: Búsqueda de la perfección, obsesión por la belleza y ansia de reconocimiento

Dogmas típicos: *¡No valgo para nada, soy un desastre! ¡No puedo cometer ni un error! ¡Qué torpe soy! ¡Soy feísimo! ¡No me sale nada bien! ¡Soy un fracaso!*

La mayoría de personas que sienten inseguridad acerca de su autoestima conducen sus vidas a la defensiva. Su objetivo es no ofrecer un solo flanco débil para evitar cualquier ataque. La perfección es sinónimo de «cero errores». Los perfeccionistas corren el peligro de sacrificar todas sus fuerzas: pensemos en que, vista desde dentro, la rueda en la que corren los hámsteres parece la escalera ascendente de una brillante carrera profesional. El problema que conlleva esta estrategia es que, hablando claro, no existe un nivel «suficiente». Siempre se puede llegar más alto, más lejos, ser mejor. Las personas a quienes afecta este problema no cesan de correr nunca, siempre en persecución de sus ambiciones. Nada más poner sus manos sobre un trofeo, clavan ya su vista en el siguiente. Los éxitos cosechados tan solo apaciguan temporalmente sus ansias. Lo cierto es que contentan principalmente a su yo adulto, mientras que el niño de las sombras se mantiene al margen, casi indiferente. El éxito que se percibe por fuera no basta para sanar las profundas heridas que sufre el niño de las sombras, quien permanece atrapado en su realidad del pasado y está convencido tozudamente de que, en realidad, todo eso no es suficiente. He ahí el motivo por el que muchas personas adolecen de una gran inseguridad y una autoestima débil, que les hace infelices consigo mismas, aunque objetivamente hayan triunfado en la vida. A menudo consideran que sus logros han sido en realidad mera cuestión de suerte y que no se merecían triunfar.

Una variante de la búsqueda de la perfección es la obsesión por la belleza. Cuando alguien se propone perfeccionar y limar su aspecto exterior, tiene un montón de opciones sobre las que trabajar. Las calorías y los kilos se pueden contar, el cabello se puede teñir y siempre hay cremas nuevas para comprar. Sin embargo, la autoestima profunda que anida en el niño de las sombras es de difícil acceso, con lo cual constituye un problema mucho más complicado de tratar. Por eso muchas personas inseguras proyectan el miedo de su yo sobre su aspecto exterior, ya que para mejorar este último sí es posible adoptar medidas concretas. Pero los resultados que se consiguen con la belleza exterior tan solo reportan un alivio, no suponen una curación a largo plazo. Al contrario: cuanto más envejezca la persona, más difícil le resultará continuar con la estrategia.

Las dos estrategias tienen en común que quienes las aplican se esfuerzan con ahínco para obtener el reconocimiento de sus congéneres. Muchas personas consagran cuantiosos esfuerzos motivados por alcanzar ese reconocimiento. No son pocos los que se guían por esta finalidad para elegir sus aficiones, sus adquisiciones e incluso su pareja. El *hobby*, la propiedad o la pareja se ponen al servicio del incremento de la autoestima. Lo cierto es que casi nadie está a salvo de estas ambiciones. La razón de fondo que justifica todo esto es que somos animales sociales, predispuestos por naturaleza a establecer relaciones entre individuos y unirnos a la comunidad. La necesidad de apego conlleva que suframos un gran temor ante el rechazo. El problema, como sucede tan a menudo, no radica en el hecho de que todos nos alegremos al gozar del reconocimiento ajeno y nos avergoncemos un poco cuando nos rechazan... sino en hasta qué punto necesitamos ese reconocimiento. Las personas genuinamente adictas al reconocimiento orientan sus actos para conquistarlo, llevándolo todo al extremo. Así es como pierden el contacto con sus auténticos deseos y, parcialmente, también con sus valores morales.

Valoración de esta estrategia: Si peleas por alcanzar la perfección, es porque eres de naturaleza luchadora. En ti abundan las fuerzas, el empeño y la disciplina. Todas características sólidas, robustas. Por eso has avanzado tanto ya con la ayuda de esta estrategia. Deberías sentir orgullo por eso, desde luego.

Primeros auxilios: Has tomado la decisión de proteger a tu niño de las sombras y para ello no le ofrecerás a nadie una sola posibilidad de criticarte. Es cierto que esta estrategia te depara grandes éxitos, pero corres el riesgo de agotarte. Además, de la mano de esta estrategia jamás llegarás a contactar realmente con el niño de las sombras. Por eso te pregunto si no podrías transitar por otras vías para consolar al niño de las sombras. Vías más cortas y menos estresantes. Con la ayuda de tu yo adulto interior, debes tomar plena consciencia de que todo eso de los éxitos y el reconocimiento, en gran parte, solo sucede en tu mente. La verdad es que quizá hasta resultases una persona más simpática si te relajases un poco de vez en cuando. Y también tienes que ser consciente de que, si sigues igual, tu niño de las sombras necesitará una dosis nueva y más fuerte cada vez. Con esta estrategia no hallarás la paz a largo plazo. ¿Que cómo puedes tranquilizar al niño de las sombras con medidas menos estresantes? En este mismo libro te lo enseñaré, un poco más adelante.

Autoprotección: Búsqueda de la armonía y sobreadaptación

Dogmas típicos: *¡Tengo que adaptarme a ti! ¡Soy un desastre! ¡Soy inferior a ti! ¡Tengo que ser bueno y portarme bien, no dar problemas! ¡No me está permitido defenderme!*

Al igual que la búsqueda de la perfección, la búsqueda de la armonía es una estrategia de protección muy utilizada. A menudo se aplican las dos juntas. Ambas estrategias protegen al niño de las sombras del miedo sobredimensionado que siente ante la posibilidad de que las demás personas lo rechacen.

Nada les apetece más a las personas que se esfuerzan por mantener la armonía que satisfacer todas las esperanzas que sus congéneres han depositado en ellas. Cuando eran niños experimentaron que este es el camino más práctico para obtener el reconocimiento y la atención de los demás. Con el fin de adaptarse y encajar lo mejor posible, quienes buscan la armonía aprendieron muy temprano a reprimir sus deseos y sentimientos propios. Ahora bien, si cuenta con una voluntad robusta, supondrá un auténtico problema de cara a la adaptación. También reprimen al instante, como si fuese un acto reflejo, otras emociones como la ira y la agresividad, capaces de infundirle a la voluntad propia un gran impulso. Son presa de una fuerte inhibición en lo que respecta a la agresividad. Ante las violaciones de su espacio personal y las molestias también de carácter personal, son más propensos a reaccionar con tristeza que con irritación. Por esa razón, las personas que aplican esta estrategia de protección corren más riesgo de caer en la depresión que quienes sí disponen de un buen acceso a sus sentimientos de furia. En todo caso, no es que las personas cuya agresividad está totalmente inhibida no alberguen ninguna emoción de furia, sino que esos sentimientos se transforman más bien en una especie de ira fría, que a menudo desemboca en una resistencia pasiva. Así que, en lugar de decir en voz alta qué quieren, prefieren optar por retirarse ofendidos y evitar el contacto para lamentarse. Más adelante, en el apartado titulado «Estrategia de protección: Ansia de poder y control», analizaré pormenorizadamente las variantes de la agresividad pasiva y activa.

Que una persona se sitúe del lado de la resignación y aceptación o del lado de la resistencia no solo depende de las experiencias que haya vivido en la infancia, sino también de su naturaleza innata: las personas que se caracterizan por tener una elevada necesidad de armonía presentan, mayoritariamente, un ánimo más pacífico desde el día en que nacen. Por su parte, los niños que se levantan contra las expectativas paternas, o sea, que se apuntan a la rebelión, están predispuestos genéticamente para una conducta más impulsiva.

Puesto que quienes buscan la armonía a toda costa están tan bien entrenados para reprimir sus propios deseos, a menudo ni siquiera saben qué es lo que quieren. Les cuesta muchísimo definir metas personales y tomar decisiones.

En las relaciones interpersonales, las personas obsesionadas por la armonía resultan muy agradables y simpáticas, si bien es cierto que a veces su estrategia de protección puede influir negativamente sobre las relaciones e incluso malograrlas. Los adictos a la armonía sienten un gran temor a quedar excluidos y por eso huyen de los conflictos. De ahí que, con frecuencia, no expresen con sinceridad qué sienten, piensan y desean… al menos cuando temen que al hacerlo provoquen resistencias. Su niño de las sombras percibe de inmediato a los contrarios como figuras enormes y superiores. Debido a esta distorsión de la realidad, es muy fácil que abracen el rol de víctimas: por puro espanto ante esas figuras, aparentemente más fuertes, se subordinan voluntariamente y aceptan hacer cosas que en realidad no desean para nada. Sin embargo, por efecto de este proceso, es posible que la figura más fuerte se convierta, a sus ojos, en el perpetrador o infractor, ya que en la mayoría de casos el adulto interior no reflexiona y no se percata de que son las proyecciones del niño de las sombras las que conducen a la sumisión voluntaria. En vez de ello, le reprochan al contrario esa aparente dominación. Cuanto más se fortalezca en su interior la sensación de insatisfacción y derrota, de ser dominados por esa otra persona, más proclives serán a huir de esa persona, con el fin de proteger su espacio de libertad personal. Generalmente, la figura más fuerte no tiene ninguna oportunidad de actuar sobre este proceso, ya que la otra persona, que escapa de los conflictos, debería expresarse abiertamente. Pero procurará no hacerlo, precisamente por el terror que siente a ser rechazado. Como consecuencia, surge un efecto psicológico que observamos muy a menudo: la defensa que opone a la sensación de miedo esa persona que parece ser más débil provoca que la otra persona, teóricamente más fuerte, experimente exactamente el mismo fenómeno del cual se quiere proteger la persona débil. Es decir, que se sienta rechazada. Esto se denomina como «perversión víctima-verdugo».

Valoración de esta estrategia: Dedicas una cantidad increíble de energía a encajar entre tus semejantes y evitar herirles. Eso te convierte en alguien simpático y adorable, ya que sueles poneros a ti y a tus necesidades en un segundo plano.

Primeros auxilios: Tu niño de las sombras pretende mantenerse escondido tanto tiempo como pueda y por tanto, no hay forma de saber con claridad qué es lo que pasa contigo. Tienes que hacerle ver que puede mostrarse en público más a menudo, que no hay por qué ponerse nervioso. Tiene todo el permiso que necesita para defender sus deseos y necesidades. Sin olvidar que eso no tiene que provocar que pierdas tu faceta simpática entre los demás, sino que incluso puede aumentar tu simpatía, ya que te mostrarás como una persona más transparente y más accesible para quienes te rodean. Ya no tendrán que romperse la cabeza constantemente para descifrar qué es lo que te sucede por dentro. Ten en cuenta que cuando dices con claridad qué quieres, les facilitas la vida, mucho más que si te muestras distante y huraño. De este modo puedes evitar transformarte de víctima en verdugo (sin temer la más mínima intención).

Autoprotección: El síndrome del ayudante

Dogmas típicos: *¡No valgo para nada! ¡Soy un desastre, un fracaso! ¡Tengo que ayudarte, así me querrás! ¡Soy inferior! ¡Dependo de ti!*

Las personas que sufren el conocido como síndrome del ayudante protegen a su niño de las sombras ofreciéndoles ayuda a otras personas, a quienes perciben como necesitadas. Gracias a sus buenas acciones, se sienten personas de valía, útiles. Hasta este punto, el síndrome del ayudante pertenece a las estrategias de autoprotección socialmente aceptables. Pero el problema estriba en que quienes ofrecen su ayuda tienden a desarrollar un apego por las personas a quienes no pueden ayudar. Corren el riesgo de implicarse en proyectos de ayuda con perspectivas pésimas, especialmente cuando la otra persona es su pareja personal. Muestran preferencia por unirse a parejas que se caracterizan por tener defectos muy visibles. La persona ayudante se imagina entonces como un caballero (o «caballera») enfundado en una brillante armadura, a lomos de un brioso corcel, que parte para rescatar a su pareja amada de la miseria, con lo que será una figura importantísima en la relación. Para esa fantasía son ideales las parejas que sufren de problemas psíquicos o adicciones, personas dependientes o que realmente necesitan cuidados profesionales, incluso personas que están al borde de un abismo financiero.

En contraste, para estos ayudantes, las personas que mantienen una postura sensata y estable en la vida originan sentimientos de inferioridad, ya que no requieren su ayuda. Esta es la ecuación que rige la perspectiva de los ayudantes sobre las relaciones: «Tú me necesitas, así que te quedarás conmigo». El único problema es que esa ecuación pocas veces atina. Los ayudantes pelean reiteradamente, hasta la extenuación en muchos casos, hasta que no les queda más remedio que rendirse. Se resisten a entender que, a fin de cuentas, no tienen tanta influencia sobre el objeto de sus atenciones como les gustaría. Lo cierto es que, si esa persona no asume en absoluto su responsabilidad personal sobre el problema y no quiere cambiar su situación, da igual que se le proporcionen muy buenos consejos, porque no valdrán de nada. De este modo, se invierte la relación de dependencia: la persona ayudante, que aspiraba a que su pareja dependiese de su asistencia, se queda atrapada en la dependencia inversa, ya que es incapaz de ayudar a su pareja, pero tampoco puede separarse de ella.

Por eso es tan complejo encontrar el camino para escapar de esa trampa, ya que el niño de las sombras del ayudante sostiene que es culpa suya que la pareja se comporte así. A fin de cuentas, los problemas de la pareja no solo afectan a esa persona individualmente, sino también a la relación de pareja, y con ello, a la persona que adopta el rol de ayudante. Generalmente, sus parejas no tratan demasiado bien a esos (o esas) ayudantes, así que sus propias necesidades de atención y dedicación sufren de una insatisfacción crónica. De esta manera, el niño de las sombras de la persona ayudante se reafirma en su terror originario: no sirve para nada, es una persona horrorosa. Para demostrarse que la realidad es la contraria, continúa luchando por su pareja, con la inquebrantable esperanza de que esa persona cambiará y terminará por tratarle mejor, en algún momento. Pero claro, al continuar la misión, muerde cada vez con más fuerza el anzuelo de su pareja.

Valoración de esta estrategia: Pones un ahínco prodigioso en ayudar y en portarte como un ser humano bondadoso. Eso te granjea un tremendo respeto. No podemos olvidar que habrás ayudado de verdad a ciertas personas y ellas te lo agradecen de corazón.

Primeros auxilios: El punto negro de tu estrategia consiste en que sientes predilección por embarcarte en proyectos desesperados. Por eso tienes que recordarle insistentemente a tu niño de las sombras que no es imprescindible ni obligatorio salir corriendo en auxilio de todo el mundo. Debes decirle con claridad que existen personas a quienes tú no puedes ayudar. Y explícale que además de él (tu niño de las sombras) y de tu yo adulto interior, los demás seres humanos son responsables de su propia felicidad. Naturalmente, eso no significa que haya que dejar de lado la ayuda por completo. Al contrario, sigue con ello tranquilamente, es una cualidad maravillosa. Pero fíjate bien en qué proyectos eliges, cuáles se ajustan a la medida de tus capacidades y cuáles no. El niño de las sombras debe comprender que utiliza a las personas a quienes ayuda como apoyos, muletas, para ayudarse él a sí mismo. Dentro de este mismo libro, más adelante, veremos cómo puedes alcanzar un equilibrio interior más saludable, en lugar de abandonarte a este síndrome, que te empujará a ayudar a todo, absolutamente todo el mundo.

Autoprotección: Ansia de poder

Dogmas típicos: *¡No puedo hacer nada, me rindo ante ti! ¡Me siento impotente! ¡No tengo permiso para defenderme! ¡Soy un desastre! ¡No puedo cometer ni un solo error! ¡No se puede confiar en nadie! ¡Necesito tener todo bajo control! ¡Siempre fracaso, nunca me salen las cosas bien!*

El niño de las sombras de las personas que aplican esta estrategia de protección sufre un miedo exagerado a acabar en una posición de inferioridad y debilidad, a ser atacado y aniquilado. En su infancia, estas personas se sentían con frecuencia a merced del poder superior de sus padres. De la misma manera que hacen las personas obsesionadas por mantener la armonía, los niños de las sombras de quienes ansían el poder a toda costa proyectan sobre sus congéneres dominancia y una superioridad potencial. Pero no se enfrentan a esta situación mediante la adaptación, sino con rechazo. Las personas adscritas a este patrón procuran conservar siempre la posición dominante en los contactos interpersonales. Para ello pueden elegir (inconscientemente) entre dos estrategias básicas: la resistencia activa o la resistencia pasiva. La mayoría optan por aplicar las dos. La resistencia activa y la resistencia pasiva son tipos de conducta que no emplean solamente quienes se obsesionan con el poder, sino que todos utilizamos (a veces por pura necesidad) para defender las fronteras personales. Eso sí, son especialmente importantes para las personas obsesionadas con ostentar el poder y mantener el control; por eso quiero resaltarlas en estos momentos.

Si pretendo oponer resistencia, necesito cierta dosis de agresividad: por eso también se habla de agresividad activa y pasiva. Las agresiones activas son fáciles de reconocer. La persona que aplica esa estrategia se aferra a sus derechos, reclama, discute, pelea, ataca.

La agresividad pasiva o resistencia pasiva es más fácil que pase inadvertida a simple vista. Una persona con comportamiento pasivo-agresivo no le comunica a su oponente abiertamente cuál es su voluntad, sino que se niega a seguirle la corriente mediante pequeños y grandes actos de sabotaje. El resultado de todos ellos, en esencia, es que la persona no cumple aquello que se espera de ella. Por ejemplo: acepta encargarse de una tarea, pero luego «se olvida» o sencillamente, no respeta la palabra dada. O bien se limita a llevar a cabo la tarea con una lentitud exasperante y quejas continuas.

Una forma típica de la resistencia pasiva son lo que conocemos como murallas: dejamos que los demás choquen y encallen, sin atender a ruegos ni a súplicas. Tras la muralla se oculta el niño de las sombras, quien opina que la relación con la persona B conlleva demasiadas renuncias y compromisos. Uno de mis clientes, por ejemplo, se había mudado a la ciudad alemana de Tréveris «contra su voluntad» debido a que su compañera sentimental vivía allí, aunque él hubiese preferido permanecer en su localidad natal. Esto le había provocado un malestar inconsciente tan acusado que, a partir de aquel momento, había perdido por completo su apetito sexual. La inapetencia sexual es una forma bastante corriente de que se exprese la agresividad pasiva, entre hombres y mujeres por igual. Este pequeño ejemplo sirve como muestra de qué importante es asumir la responsabilidad de nuestras propias decisiones. El cliente, de forma inconsciente, se había considerado la víctima de una pareja aparentemente dominante y no había caído en la cuenta de que se había subordinado de forma voluntaria a los deseos de su niño de las sombras.

La obstinación o testarudez es un rasgo de carácter que está estrechamente ligado a la resistencia pasiva. Las personas tozudas e intransigentes, que actúan siempre por su cuenta, originan en sus contrarios agresiones muy fuertes, ya que estas otras personas se sienten absolutamente impotentes para influir de ningún modo sobre quienes se niegan a hacerles caso. Naturalmente, las personas que se comportan activamente de una forma agresiva también desatan la ira entre quienes sufren sus agresiones, siempre y cuando no lo impida el miedo. Pero los atacantes o agresores activos, al menos, sí se perciben fácilmente como tales y por tanto, aceptan la responsabilidad de su conducta. Con los pasivo-agresivos es distinto, ya que actúan camuflados bajo cierta tranquilidad externa. Esa conducta puede desatar una furia tan fuerte entre las personas que se relacionan con ellos que acaben pareciendo los culpables de la situación, ya que la rabia de la impotencia les hace explotar. En el lenguaje especializado de la psicología se denomina a esta persona como «paciente identificado». Es decir, la persona que presenta los síntomas de la agresividad y la cólera en este caso, aparece ante los ojos de la otra persona de la relación como un «psicópata». Y no, no es la persona de conducta pasivo-agresiva, que ha boicoteado la convivencia pacífica por medio de su manipulación encubierta.

Las personas que se caracterizan por albergar grandes ansias de poder resultan fatigosas en el trato interpersonal, ya que siempre quieren tener la razón, porque siempre hay que hacer lo que ellas digan o porque se niegan a participar en una cooperación sensata con su actitud pasivo-agresiva. Como en muchos otros casos, aquí se produce también la perversión víctima-verdugo: el niño interior de la persona que detenta el poder, que se percibe a sí como víctima (de sus padres) proyecta sobre sus compañeros una dominancia y una superioridad aparentes, frente a las que está obligado a defenderse. A través de sus estrategias de poder, les inflige precisamente los mismos sentimientos de impotencia que él aspira a evitar a toda costa.

Por cierto, también las personas que son de trato agradable y que fomentan la armonía pueden obsesionarse, al menos en situaciones o momentos concretos, con conseguir el poder. A veces, a su niño de las sombras le apetece ejercer el poder, por ejemplo, hiriendo sin motivo alguno a su pareja. Esto fue lo que me contó una clienta muy simpática y agradable: con bastante frecuencia, cuando su pareja estaba de mejor humor, sentía un impulso irrefrenable de bajarle los ánimos con una batería de indirectas ácidas y reproches cáusticos. A ella misma le parecía que este comportamiento era una barbaridad y no se explicaba por qué razón actuaba así. Cuando analizamos las situaciones vividas, una por una, se desveló que su niña de las sombras disfrutaba ejerciendo el poder, vaya, mangoneando a su pareja. Era su vehículo para vengarse inconscientemente de su padre, que había sido muy dominante.

Uno de los rasgos que delatan al ansia de poder es comportarse con mucha exigencia. Las personas que se muestran exageradamente exigentes, a menudo, guardan un dogma inconsciente que reza así: «¡No me salen las cosas bien!». Como efecto de esa impronta, su niño interior ha decidido defenderse, para que nadie le pise ni un poquito.

Así que demanda y exige de forma autoritaria que se satisfagan sus necesidades, pero es que además, las personas que creen en este dogma piden mucho más de lo que ofrecen. Sin embargo, desde su punto de vista no sucede así, ya que el dogma les empuja a sentirse más bien víctimas. Cuando tratamos con ellas, acabamos con la sensación de que deberíamos tratarlas siempre de «señor» o «señora» y cumplir afablemente todos los favores que nos soliciten, para complacerlas y prevenir su malhumor.

En las variantes más moderadas, sencillamente resultan mezquinas. Se fijan puntillosamente en que todo el mundo respete sus derechos y también respetan los de los demás, pero de algún modo nunca se comportan de forma magnánima ni generosa, ni en asuntos financieros, ni en cuestión de hacer favores o repartir alabanzas. Se ciñen a una especie de contabilidad muy puntillosa. Su niño de las sombras se protege acaparando todo cuanto estima que le corresponde.

Valoración de esta estrategia: Eres una persona fuerte. Sabes defenderte y no rehúyes el enfrentamiento contra quienes consideras tus oponentes. Personificas todo lo contrario a la resignación. En ti anida una fuerza de voluntad tremenda para sobrevivir y autoafirmarte. Esa misma voluntad te ha servido en muchas ocasiones para protegerte y seguir avanzando.

Primeros auxilios: Debes conseguir que tu niño de las sombras acepte que la era de vivir bajo las órdenes de papá y mamá ya se acabó. Hoy sois adultos: él (o ella), tú y tu yo adulto interior. Tenéis los mismos derechos que cualquier otro ser humano, desde luego, y naturalmente también os asiste el derecho a defenderos. El único problema es que a menudo termináis matando moscas a cañonazos. El mundo que os rodea tampoco es un lugar tan perverso como a veces piensas. Relájate y confía un poco más en ti y en los demás. Muchos de los conflictos que pretendes resolver con luchas de poder o que provocas con esas mismas luchas son en realidad innecesarios. Un poco de empatía y de benevolencia te ayudaría a progresar mucho más, sin tanta tensión. ¿Que cómo funciona eso? Luego te lo explicaré.

Autoprotección: Ansia de control

Dogmas típicos: *¡Debo tenerlo todo bajo control! ¡Me pierdo! ¡Dependo absolutamente de ti! ¡No puedo confiar en ti! ¡Siempre me sale todo mal! ¡No sirvo para nada!*

Una de las variantes del ansia de poder es la necesidad exagerada de mantener el control. Igual que el poder, el control responde a nuestra necesidad básica de seguridad y es cierto que para progresar sin grandes complicaciones en la vida necesitamos tener cierto control sobre nosotros mismos y el entorno que nos rodea. No obstante, las personas que destacan por su desmesurada ansia de control necesitan más seguridad y más certidumbres que la media. Detrás de este fenómeno se oculta el miedo del niño de las sombras al fracaso, a la decadencia de la propia persona; el miedo a ser vulnerable y atacable. Ese temor se pretende aplacar aplicando un orden meticuloso y minucioso, un perfeccionismo y un seguimiento estricto de reglas concretas. Pasa algo parecido que con la búsqueda de la perfección (que es una variante del ansia de control): las personas que son así, tienden a obsesionarse y consagrar todas sus energías hasta agotarse... a lo que además hay que sumar que por miedo a perder el control, les resulta muy difícil delegar tareas.

Sin duda, las personas exageradamente controladoras no solo son propensas a vigilarse y perfeccionarse individualmente, sino que también vigilan constantemente por ello a sus parejas y familiares. Los maniáticos del control aspiran a estar siempre bien informados sobre sus acciones, porque no se fían demasiado; confiar en los demás les resulta dificilísimo. En su máxima expresión, esa suspicacia puede crecer hasta transformarse en celos. Más de una relación ha fracasado por la exagerada necesidad de controlarlo todo de una de sus partes integrantes. Igualmente, un exceso de control también condiciona la crianza sana de los descendientes.

Muchas personas controladoras también ponen en práctica una autodisciplina férrea y obligatoria, para conservar el control sobre su salud o su aspecto físico. En este caso, el niño de las sombras proyecta su vulnerabilidad interior sobre el cuerpo. En los casos extremos, en forma de preocupaciones de carácter hipocondríaco. Aquí el cuerpo funciona como superficie en la que se reflejan las proyecciones, algo similar a lo que pasa en la obsesión por la belleza. Esa imagen proyectada es mucho más concreta y, por tanto, más fácil de controlar, que el temor difuso a que la propia persona sucumba.

Otra vía para ejercer el control es rumiar el mismo tema mentalmente una y otra vez, incesantemente. Muchas personas se quejan de que son incapaces de desechar sus pensamientos, de apartarlos de sí. Precisamente por esa incapacidad, sus razonamientos acaban transitando siempre por los mismos caminos. Se puede interpretar que este comportamiento es un intento fallido de solucionar un problema: el cerebro trabaja sin descanso para librarse de una serie de problemas. Pero la mayoría de veces, recorre unos bucles infinitos para plantear cada problema y esos mismos bucles bloquean la solución, en lugar de contribuir a encontrarla.

Valoración de esta estrategia: Destacas porque tienes una disciplina y un control personal asombrosos. La disciplina es un recurso valiosísimo para progresar en la vida y resolver dificultades. También tienes una gran fuerza de voluntad y deberías sentir orgullo por eso.

Primeros auxilios: Tu problema es que te propones hacer demasiadas cosas correctas para proteger a tu niño de las sombras de su miedo originario a verse atacado y herido. A menudo te sientes atenazado por el estrés que te causa esa ansia constante de control y también estresas a quienes te rodean. En tu caso, es extraordinariamente importante conseguir que el niño de las sombras incremente su autoestima. Pero no te vendría mal un poco más de «fe en Dios», de optimismo y confianza en que las dificultades se terminarán arreglando. Deberías intentar vivir la vida con más alegría, disfrutar de los pequeños placeres y procurar relajarte más. Para ello, con la ayuda de tu yo adulto interior tienes que dejarle claro al niño de las sombras que las cosas están bien como están, no siempre tiene que salir todo perfecto. Tendréis que repetírselo una y otra y otra vez. Te recomiendo que te concedas más pausas y te dediques un pequeño premio cada vez que logres culminar algo con éxito.

Si tienes las ideas estancadas, como describí antes, y rumias sin descanso los mismos temas, tómate cada día media hora para analizar y poner por escrito el problema.

Después, reúne todas las fuerzas de tu capacidad de racionamiento y de atención y dedícalas a otras ocupaciones. Tu yo adulto tendrá ya la constancia de que, en caso de duda, todo ha quedado sobre el papel y ningún dato caerá en el olvido.

Autoprotección: Ataques y agresiones

Dogmas típicos: *¡Soy inferior a los demás! ¡No puedo confiar en ti! ¡No me puedo aislar del resto del mundo! ¡El mundo es un lugar malvado! ¡Nunca me sale nada bien! Soy totalmente insignificante.*

Como he citado anteriormente, la ira y la agresividad son dos emociones que tienen sentido en la vida, ya que son precisas para defender las fronteras personales. En estos tiempos, lo malo es que los enemigos no son tan sencillos de reconocer como lo eran en la Edad de Piedra. Debido a nuestras proyecciones y a las distorsiones de la percepción, a veces nos equivocamos y juzgamos que nos enfrentamos a adversarios... cuando en realidad no hay ninguno. Las personas cuyo niño de las sombras se contempla a sí mismo como inferior respecto a otros seres humanos suelen sentirse atacadas rápidamente, de forma muy subjetiva. Por ejemplo, pueden considerar ofensivas observaciones y afirmaciones que en esencia son inocuas, lo que les provoca un gran malestar. A su vez, ese malestar es un sentimiento capaz de despertar una agresividad (activa) muy intensa. Especialmente en aquellas personas que, como las obsesionadas por mantener la armonía, suprimen su cólera casi como un acto reflejo.

Las personas que se han alistado de forma inconsciente en las filas de los rebeldes reaccionan contraatacando ante los ataques, sean estos supuestos o reales. En este libro no querría abordar los casos extremos, como puede ser un marido celoso, cuyo ego está enfermo y genera tal cantidad de odio que termina por apuñalar a su esposa. No, quiero ceñirme a ejemplos corrientes, casos que nos encontramos en la vida cotidiana. Por ejemplo, pensemos en las «malas bichas». Este es un concepto que, por desgracia, se aplica generalmente a mujeres, aunque también haya bastantes «malos bichos» entre los hombres, así que me voy a tomar la libertad de emplearlo para ambos sexos. A todos nos ha pasado alguna vez que, en plena conversación, la otra persona de repente reacciona de forma agresiva y se tira a nuestro cuello (dialécticamente). Entonces nos preguntamos, atónitos, qué hemos dicho y por qué es tan grave para provocar que salte así. En el caso de los malos bichos, la concatenación de estímulo-reacción-acción se produce rápida como un relámpago, como ya vimos antes con el caso de Michael. Ante un supuesto ataque, se desata el sentimiento de malestar, que a su vez libera la ira y provoca que el agitador actúe de manera impulsiva, verbal o físicamente. Eso sí, las agresiones físicas o los ataques verbales brutales ya no se pueden considerar como la simple picadura de un mal bicho, evidentemente.

Las personas propensas a dejarse guiar por la impulsividad también sufren frecuentemente por ello. A más tardar, cuando el nubarrón de la cólera pasa, se despejan los ánimos y se vuelven a situar en la postura del yo adulto, entienden que se han pasado de la raya. El problema es que la furia impulsiva es un animal muy difícil de domar. Si alguien quiere dominar su impulsividad, tendrá que intervenir con la meta de prevenir su aparición: hay que evitar que estalle. O sea, que se debe aplicar la prevención sobre el malestar, lo que supone uno de los propósitos fundamentales de este libro. Pero sobre el malestar interno volveremos más tarde, para profundizar.

Valoración de esta estrategia: No permites que se te escape ni una, eres una persona fuerte y sabes cómo defenderte. Tienes naturaleza guerrera. Tu impulsividad, además, te dota de una gran vivacidad, así que contigo no resulta nada fácil aburrirse.

Primeros auxilios: Tu niño de las sombras es extremadamente sensible, se molesta a las primeras de cambio. Por eso asume con demasiada celeridad que la gente lo trata sin respeto y lo ataca. Debes intentar permanecer en el papel del yo adulto tanto como sea posible, así mirarás a tus congéneres directamente a la cara, al mismo nivel, lo que te ayudará a reaccionar de forma sensata y mesurada. También te puede ayudar mucho prepararte ante situaciones que suelan despertar tu cólera. Tienes que analizar minuciosamente qué parte de tu niño de las sombras afecta a este ámbito con sus distorsiones de la percepción, que te distancian del yo adulto interior. Es este último quien debe conservar las riendas en todo momento. También podría ser muy útil inventar y llevar preparadas de antemano distintas estrategias de respuesta. En el apartado «Una pequeña lección sobre la capacidad de réplica» te daré indicaciones sobre cómo hacerlo.

Autoprotección: Yo sigo siendo un niño

Dogmas típicos: *¡Soy muy débil! ¡Soy tan poca cosa! ¡Dependo de otras personas! ¡Tengo que adaptarme y conformarme! ¡No te puedo decepcionar! ¡No conseguiré hacerlo sin ayuda! ¡No valgo para nada, soy un desastre! ¡No te puedo abandonar!*

Hay personas que se niegan en redondo a crecer, que prefieren seguir siendo niños. Se apoyan en otras personas, con la esperanza de que estas últimas quieran guiarles de la mano para avanzar en la vida. Puede que se apoyen en parejas o en sus propios padres, por ejemplo. Pero lo cierto es que hay más personas que no se han desligado de su dependencia paterno-filial de lo que solemos pensar. Quienes siguen atrapados en la infancia no se atreven a trazar y recorrer su propio camino, sino que dependen de la aprobación de sus padres u otras personas a la hora de tomar decisiones importantes. En su interior albergan un niño de las sombras que carece del valor necesario para organizar y modelar su propia vida. Se siente insignificante, dependiente. Además, cuando se plantea la posibilidad de romper la cadena que lo ata a sus padres o pareja, le embarga un profundo sentimiento de culpa.

Para sentirse dependiente de los padres y de su juicio, no es imprescindible ni obligatorio mantener una buena relación con ellos. Existen incluso personas que no tienen ningún contacto con sus padres, pero sí continúan comportándose según sus preceptos, que han interiorizado. Me acuerdo de un cliente a quien llamaré Harald, que mostraba un rechazo total por sus padres, porque le habían hecho vivir una infancia muy desafortunada. Vivía lejos de ellos, a cientos de kilómetros, y casi nunca los veía.

Pero su niño de las sombras compartía y se identificaba al 100 % con los valores y las opiniones que sus progenitores le habían transmitido, especialmente el padre, un tipo muy autoritario para quien solo contaban los resultados. Desde su punto de vista, la diversión y el tiempo libre no tenían ningún valor. La madre de Harald tenía miedo de su marido y por eso no podía proteger a su hijo de las exigencias rigurosas y los severos castigos. Aunque mi cliente ya detestaba a su padre cuando era un niño, asumió por completo su manía por lograr resultados inmaculados y durante las primeras sesiones de psicoterapia no logró ni una sola vez que su yo adulto se distanciase de esos postulados. Como mandaban los cánones tan estrictos que le había impreso su padre, su carrera profesional fue meteórica, siempre trabajando sin parar. Apenas se permitía disfrutar de la vida y tampoco se imaginaba siquiera que la vida se podría vivir y disfrutar de otra forma. Ahora bien, en su seno sí albergaba el deseo de relajarse y disfrutar. Pero tenía muchísimo miedo a caer en la trampa y acabar en el otro extremo si daba un poco de cancha a sus deseos. Por tanto, una de las estrategias de protección fundamentales era mantener el control y la autodisciplina. Harald es un ejemplo impactante de cómo una persona adulta en realidad sigue siendo un niño (de las sombras), aunque por fuera parezca estar muy distanciado de sus padres, lleve las riendas de su vida y tome sus propias decisiones.

No son pocas las personas a quienes resulta problemático asumir la responsabilidad sobre sí mismas y sus decisiones vitales. Aplazan y retrasan la toma de decisiones hasta confiársela al destino, a su pareja o sus padres, para lo cual aceptan sus preceptos y se amoldan a sus expectativas. Tienen miedo a decepcionarles y fracasar si emprenden su camino en solitario. Además, se caracterizan por tener una baja tolerancia a la frustración, lo que quiere decir que apenas pueden soportar las emociones negativas que surgen cuando cometen un error. Cuando yo asumo la responsabilidad por mis actos, por un lado dispongo de la libertad de elegir, pero por otro lado, también tengo el riesgo de tomar una decisión desacertada, lo que deberé aceptar y digerir como un «fracaso personal». A tenor de todo esto, las personas que rechazan esa responsabilidad consideran que es menos arriesgado pedirles a quienes les protegen que opinen por ellas.

Además, quienes rechazan su propia responsabilidad están acostumbrados desde la infancia a que otros hablen por su boca, ya que la mayoría de veces ni siquiera tienen claro qué es lo que quieren. A menudo se muestran descontentos y malhumorados, ya que están obligados a hacer un montón de cosas que, en realidad, no desean. En la mayoría de ocasiones actúan por un sentimiento de obligación falso, pero no para perseguir sus propias metas y deseos. Es necesario que desarrollen una sensibilidad más clara para saber quiénes son y qué es lo que quieren.

Hay padres que ejercen la presión hasta cruzar los límites del chantaje y le indican a sus hijos que si no cumplen las normas paternas y hacen lo que ellos consideran correcto, poco menos que los expulsarán de la familia. A las personas afectadas no les quedaría más remedio que cortar los lazos familiares si deseasen seguir su propio camino. Pero muchos no se atreven, ya que, después de todo, sienten apego a la familia. Además, para adoptar una medida tan radical, un niño necesitaría justamente lo que sus padres, abusando de su poder, les ha robado: una confianza robusta en sí mismo. Lo cierto es que cuando los padres, para bien o para mal, se inmiscuyen demasiado en las tomas de decisiones vitales de los hijos, en estos últimos brota una duda fundamental: ¿serían capaces de tomar la decisión más recomendable sin la ayuda de los padres?

También hay personas amantes del poder que amenazan a sus parejas con castigarlas o separarse de ellas si no bailan al son que ellas impongan. La pareja se siente demasiado dependiente para resistirse con firmeza o buscar un distanciamiento. En esta clase de situaciones, el niño de las sombras de la pareja dependiente sufre además un gran miedo, que le impide verse capaz de sobrevivir sin la persona dominante. Hay que añadir también que el niño de las sombras de quienes aplican la estrategia de protección «Sigo siendo un niño» se siente culpable con rapidez y facilidad, así que siente cierto grado de culpa por esa situación tan compleja. Una culpa que bastante a menudo le instilan sus propios padres o la pareja. Pero es que aceptar la culpa propia convierte la relación en algo más aceptable para los «torturadores»: esa culpa propia arroja más luz sobre los padres o sobre la pareja, los hace parecer mejores. Gracias a esa idealización de la relación con las personas que supuestamente actúan como protectoras, las personas dependientes pueden mantener esa dependencia. Así es como se blindan ante el terrorífico pronóstico de una separación o una confrontación muy dura. Asimismo, la asunción de tener parte de culpa puede devolverles supuestamente la sensación de control o reducir el sentimiento de impotencia. Por ejemplo, uno de mis clientes consideraba que eran ciertos y fundados casi todos los reproches que le echaba en cara su esposa, una mujer dominante y manipuladora. Lo criticaba constantemente y le echaba la culpa por las depresiones y los ataques de migraña que ella sufría. Al otorgarle él la razón, de forma inconsciente sostenía una cierta ilusión de controlar la situación. La alternativa hubiese consistido en sentirse absolutamente indefenso ante los juicios de su esposa, totalmente injustos y carentes de base.

La concesión y el reconocimiento de una supuesta participación en la culpa es una estrategia muy próxima al mecanismo de protección que consiste en pintar las situaciones de rosa para consumo propio. Las personas que presentan este rasgo prefieren olvidarse de hasta qué punto llega su dependencia y optan por poner a sus parejas y padres bajo su protección. Sienten hacia ellos una gran lealtad, aunque la relación sea complicada. Debido a su intenso deseo de apego y a la dependencia que sienten, borran de su mente las dificultades de la relación que mantienen con su «figura protectora».

En el pasado, lo clásico era que las mujeres se hubiesen puesto bajo la dependencia de un hombre, cosa que todavía ocurre hoy, aunque no sea tan habitual. Eso sí, también hay bastantes hombres que delegan su responsabilidad a sus esposas, esperando que «mami» se ocupe de todo aquello que no está directamente relacionado con su deber principal como maridos, que será ganarse el pan. Y a veces, también esperan que se encargue de esto último. Cada vez son más los hombres que dependen financieramente de su esposa y no porque hayan elegido responsabilizarse de criar a los hijos, sino porque en el ámbito laboral no logran hacerse un hueco y encontrar un puesto de trabajo estable.

Valoración de esta estrategia: Dedicas unos esfuerzos ingentes a defender a tu niño de las sombras y a tratar de hacer todo correctamente. Luchas sin cuartel para ser «un buen chico» o «una buena chica». Desde luego, tus padres deberían sentirse orgullosos por tu labor y tu conducta.

Primeros auxilios: A tu niño de las sombras le da verdadero pánico la posibilidad de meter la pata y decepcionar a la gente. Con la ayuda de tu yo adulto interior, hazle comprender que los errores forman parte de la vida y es imposible no fallar de vez en cuando. Es importante que refuerces a tu yo adulto. Para conseguirlo, puedes ejercitarte argumentando sobre el tema. He aquí un buen argumento: tú eres la única persona responsable de tu propia felicidad en la vida, mientras que tus padres son responsables de sus vidas. No has venido al mundo solo para cumplir las esperanzas de los demás seres humanos. Debes tener absolutamente claro que cada decisión que tomes ha de llevarte un paso más adelante. Si te niegas a avanzar y te quedas clavado en el mismo sitio, seguramente te ahorrarás cometer errores, pero tampoco llegarás a ningún lado. En el apartado «Aprende a lidiar con los conflictos y moldea tus relaciones personales», en la página 209, te demostraré cómo puedes practicar la argumentación.

Autoprotección: Huir, refugiarse y esquivar los problemas

Dogmas típicos: *¡Dependo por completo de ti! ¡Soy muy débil! ¡Estoy indefenso! ¡Soy inferior a ti! ¡No puedo confiar en ti! ¡Se está más seguro solo! ¡No lo conseguiré!*

Huir, retirarse y buscar refugio son estrategias de protección muy apreciadas cuando nuestra intención es librarnos de una confrontación para la cual no nos sentimos preparados. Como ya he citado en varias ocasiones, normalmente aplicamos de forma simultánea varias estrategias de protección e introducimos variaciones en ellas según las condiciones de cada caso. Por eso en una situación podemos optar por defendernos y en otra quizá prefiramos retirarnos. Eso dependerá de cómo evaluemos nuestras posibilidades de éxito. Además, estrategias como atacar o escapar no son problemáticas por sí mismas, sino que se trata de reacciones lógicas y naturales para defendernos de los peligros. El problema estriba en la definición de «peligros». Cuanto más débil y vulnerable se sienta mi niño de las sombras, más fácil será que estime que una situación es peligrosa. Aquellas personas que subestiman sus facultades como consecuencia de los dogmas que tienen marcados, pueden acabar viviendo siempre a la fuga. No solo huyen de la confrontación con sus propios miedos y sus presuntas debilidades, sino que también escapan de la confrontación con otras personas que, a su vez, podrían enfrentarse a sus propias debilidades.

Las personas cuya primera línea de defensa consiste en retirarse a su refugio, a su hogar, suelen tener interiorizado por efecto de la infancia que vivieron un dogma que expresa de algún modo que permanecer solos es una opción más segura que involucrarse en el contacto interpersonal. Cuando están solas, no solo se sienten seguras, sino también libres, porque únicamente entonces sienten que tienen permiso para actuar y tomar decisiones con total libertad. En cuanto alguna otra persona aparece en sus cercanías, se activa de inmediato su programación infantil, cuyas supuestas expectativas es imperativo cumplir. En el próximo apartado veremos cómo sucede.

En cualquier caso, no es necesario refugiarse permanentemente en la soledad para huir de uno mismo o de nuestros congéneres. También podemos evadirnos con actividades como el trabajo, distintas aficiones o las posibilidades de Internet. Este tipo de huida alimenta la oportunidad de desviarnos y rodear el problema que nos inquieta, sin que tan siquiera la persona que huye deba ser consciente de ello. Y precisamente por eso, porque refugiarse en estas actividades sirve justo para arrinconar y postergar las necesidades subyacentes del niño de las sombras. Mantenerse ocupados sin respiro es un excelente método para pasar por alto las dudas sobre sí mismo y los miedos del niño de las sombras. Millones de personas son incapaces de estarse quietos, ya que en estado de reposo, los dogmas negativos son más fáciles de percibir. Se estresan ellas y estresan a quienes las rodean con tanto ajetreo, con su ir y venir incesante. Además, en este contexto, el fiel de la balanza se mueve en un terreno muy pequeño para señalar el equilibrio entre qué es saludable y qué no. Así que esa «distracción» puede ser una medida muy sensata para liberarnos de un estado de negatividad. Sin embargo, si en lugar de combatir el problema nos limitamos a agrandarlo procurando no hacerle caso manteniéndonos distraídos, la táctica no sirve para nada. Más valdría agarrar el toro por los cuernos y abordar el problema directamente. Claro que, para ello, el primer paso sería reconocer que tenemos un problema. Se trata del paso más importante, imprescindible para arreglar la situación.

La estrategia de huir y buscar refugio se complementa con otra táctica de autoprotección: esquivar los problemas. No hay excepciones: a todos nos gusta evitar de vez en cuando tareas o situaciones desagradables. Nada raro, pero una vez más, la cuestión está en la medida; ¿hasta dónde es razonable llegar? Especialmente cuando nos vemos forzados a afrontar situaciones y tareas que nos provocan temor o un profundo desagrado, tendemos a esquivarlas según sea posible. Lo malo de esto es que al evitarnos la confrontación, el desagrado y los sentimientos de temor no se debilitan, sino que cobran más fuerza. Así que apilamos uno tras otro todos los deberes que no tenemos ganas de ejecutar y el montón crece y crece, con lo cual la desgana aumenta a la par. El temor aumenta y se intensifica cada vez que esquivamos las tareas pendientes. En definitiva, gracias a la táctica de la esquiva, acabamos por creernos completamente incapaces de poner la situación bajo control. Esa actitud evasiva le confirma al cerebro que los sentimientos de desagrado y miedo eran fundados. Además, nos impide experimentar que sí somos capaces de resolver la situación. En sentido inverso, resulta que nos sentimos orgullosísimos cuando conseguimos superar un reto a pesar del temor. La próxima vez que luchemos contra una dificultad similar, ya no nos causará tanto pavor.

Una forma especial de huida y esquiva es «hacerse el muerto» o hacernos los suecos: en esta variante, las personas afectadas huyen del problema ensimismándose, casi «refugiándose» en sí mismas, desconectando internamente. En la mayoría de casos, este es un procedimiento que no se controla voluntariamente, sino que se dispara automáticamente, como un acto reflejo.

Esta estrategia de protección se origina en los primeros años de vida, cuando los niños todavía no pueden escapar corriendo ni defenderse, con lo cual solamente les resta la posibilidad de perder interiormente el contacto con el exterior y limitar al mínimo lo que sienten a través de los sentidos. En el lenguaje técnico denominamos a esta técnica de autoprotección «disociación».

Cuando las personas que se sirven de este recurso se sienten sobrepasadas por el contacto con otros seres humanos, se resguardan dentro de sí y desconectan con el mundo de alrededor. Sus interlocutores notan con perfecta claridad que la persona está ausente, ensimismada. Quienes son propensos a la disociación tienen dificultades para fijar y mantener unos límites claros entre exterior e interior. Es decir, que toman las vibraciones y los estados de humor que perciben en los demás y los interiorizan con fuerza, hasta sentirse responsables por ellos. O sea, que tienen las antenas siempre desplegadas para percibirlo todo y eso puede provocarles un notable estrés como fruto del contacto interpersonal. La proximidad de otras personas sobrepasa enseguida sus barreras personales, que ya están muy agujereadas, así que no tardan en sentirse amenazados. No obstante, los individuos de estas características no solo acostumbran a defenderse huyendo hacia dentro, sino también mediante la retirada externa. Tan solo se sienten verdaderamente seguros cuando están a solas. Su niño interior sabe por experiencia propia que el contacto interpersonal es sinónimo de estrés y tensión, quizá porque su madre o padre eran débiles y necesitados y no aprendió a trazar una barrera entre ellos y él, o tal vez porque sus progenitores le parecían amenazadores. Los individuos que han quedado traumatizados (también en la edad adulta) suelen presentar también trastornos disociativos con frecuencia.

Valoración de esta estrategia: Aspirar a proteger a tu niño de las sombras huyendo y buscando refugio es una táctica muy lógica cuando te sientes sobrepasado por los acontecimientos. Así te procurarás más seguridad y repartirás bien tus fuerzas.

Primeros auxilios: Aunque buscar refugio es una estrategia de protección muy sensata, piensa que solo estás escapando de fantasmas. No tienes por qué esconderte, en absoluto. Con la ayuda de los ejercicios que te propondré en este libro, déjale bien claro al niño de las sombras que tienes todos los recursos necesarios para superar el problema, las veces que haga falta. Y muy importante: indícale que tiene todo el derecho a autoafirmarse y defenderse, sin ninguna duda. Cuando empieces a luchar por tus propios derechos, deseos y necesidades, constatarás que sientes más libertad y confianza en ti al trabar contacto con otras personas.

Un pequeño inciso: El miedo del niño de las sombras a la cercanía y la subordinación

Cuando un niño no tiene más remedio que subordinarse totalmente a las expectativas de sus padres, le resulta imposible autoafirmarse como necesita. En lugar de ello, se acostumbra a orientar sus antenas para percibir constantemente cuáles son los deseos y opiniones de sus progenitores, reaccionando y amoldándose a ellos lo antes posible. Al niño le resulta especialmente difícil en aquellos casos en que los padres no imponen sus normas con autoridad y severidad, sino que le indican que están decepcionados porque no se comporta como ellos desearían. Un niño cuya madre responde con tristeza porque ha incumplido sus esperanzas no tiene ninguna oportunidad de distanciarse de ella. Esto se debe a que siente compasión por su madre, tan dolida, y se siente culpable y responsable de esa preocupación. Por eso opta por hacer «voluntariamente» todo cuanto mamá desea o exige, para que siga contenta y satisfecha. Por el contrario, un niño cuya madre reaccione con enfado cuando sus expectativas queden incumplidas tiene más posibilidades de acabar pensando que mamá es tonta, con lo cual al menos podrá distanciarse de ella interiormente.

A menudo acuden a mi consulta de psicoterapia personas que sufren de miedo al apego. Se trata de personas a quienes les cuesta mucho autoafirmarse de forma saludable y por eso se sienten fácilmente oprimidos por la proximidad de su pareja. En bastantes ocasiones, durante su infancia han experimentado que uno de sus progenitores (habitualmente la madre) era muy exigente. Por eso, por ejemplo, se disgustaba o entristecía cuando observaba que el niño prefería ir a jugar con sus amiguitos en lugar de quedarse en casa con ella.

Thomas (39 años) es un buen ejemplo: su madre sufría mucho bajo el dominio de su esposo (el padre de Thomas), que la trataba con poco afecto y la torturaba con sus aventuras extramatrimoniales. Por eso, a menudo se sentía afligida. El pequeño Thomas sentía un deseo imperioso de consolar a mamá, así que asumía cada vez más el rol de sustituto de su pareja sentimental, máxime dado que la madre en su presencia se quejaba y lamentaba de los actos de su malvado marido. El pequeño Thomas sentía que estar junto a mamá era beneficioso para ella, la calmaba. Por eso con frecuencia renunciaba a salir a jugar junto a sus amigos por la tarde, para quedarse en casa y hacer feliz a mamá. Como consecuencia, no aprendió a establecer una distancia sana, autoafirmarse como individuo y dejar a su madre que se responsabilizase de sus propios problemas personales. Como resultado, desarrolló varios dogmas como los siguientes: «Soy responsable de la felicidad de mamá», «Tengo que permanecer siempre a su lado», «No puedo tener una voluntad propia». Debido a esta programación psicológica, cuando se hace mayor y se convierte en adulto, su capacidad para soportar la presencia de su pareja está limitada. Cuando su novia se encontraba en la misma sala que él, enseguida sentía en su seno que se perdía. Solamente se sentía verdaderamente libre y autoafirmado como individuo cuando estaba en soledad. Por ese motivo, tras cada momento de cercanía o intimidad, restauraba de inmediato la distancia que debía separarles. Debido a la tensión que le provocaba la presencia de quien por entonces era su novia, acabaron por cambiar los sentimientos que experimentaba por ella. Al enamoramiento que le embargaba al principio le surgieron grietas y dudas: ¿sería de verdad la persona adecuada? Para escapar de esas cuestiones, se refugiaba en su trabajo muy a menudo. A veces incluso huía de la situación involucrándose en aventuras y relaciones fuera de la pareja, o bien daba la relación por finiquitada y se disponía a buscar una pareja «mejor». Hasta que por fin, un día, comprendió que esa búsqueda incansable de la pareja ideal no tenía tanto que ver con las cualidades de sus exnovias, sino con que él mismo sufría de miedo a establecer vínculos de apego.

En el tratamiento de psicoterapia, Thomas logró borrar la proyección de su madre y aprendió que él mismo tenía la posibilidad de sentirse como un individuo libre dentro de una relación. Para ello fue necesario que aprendiese a autoafirmarse y a expresar sus deseos y necesidades dentro de esa misma relación.

Lo cierto era que su niño interior había interiorizado la idea de que las relaciones nos vienen impuestas y tenemos que amoldarnos a ellas, en lugar de poder contribuir a moldearlas activamente. Cuanto más se convenció Thomas de que él no estaba irremisiblemente entregado a su pareja, sino que tenía sus propios derechos dentro del marco de la relación, más consiguió disfrutar de la cercanía y la intimidad, en lugar de rehuirlas. Si te interesa especialmente el tema del miedo a los vínculos de apego y afecto, puedes informarte más a fondo en mis libros *Jein!* y *Vom Jein zum Ja*.

Un caso especial: La búsqueda de refugio en las adicciones

Comer, consumir bebidas alcohólicas, fumar, tomar drogas o píldoras... todos ellos son hábitos que sirven de consuelo al niño de las sombras, que ansía protección, seguridad, recompensas y relajación. Pero también entrarían en esta lista cosas como ir de compras, el trabajo, los juegos, el sexo o el deporte, actividades que es posible desarrollar como si fuesen una adicción para evadirnos de preocupaciones y problemas. La adicción está directamente relacionada, en primera línea, con la sensación de placer. Las drogas, tanto si están ligadas a las propiedades intrínsecas de ciertas sustancias o se trata de ciertos comportamientos, sirven para liberar la dopamina, un neurotransmisor que conocemos como la «hormona de la felicidad». Cuando nos rendimos y abandonamos a una adicción, esquivamos los sentimientos de desgana e infelicidad y nos sumergimos en sensaciones de placer. Esa sustancia o esa conducta concretas nos aportan una recompensa inmediata y al mismo tiempo, provoca que sintamos disgusto o malestar (el conocido como síndrome de abstinencia) cuando se nos impide disfrutar de sus efectos porque no podemos tomar esa sustancia o incurrir en el comportamiento que tanto nos gusta. Resulta que las sensaciones de placer o insatisfacción conforman la base de nuestra motivación y por eso se nos hace tan cuesta arriba librarnos de una adicción. A fin de cuentas, durante toda la vida es una constante la tendencia a evitar la insatisfacción y aumentar los placeres. Estamos continuamente buscando la felicidad y por ello somos víctimas propicias para las adicciones. Las consecuencias negativas a largo plazo se vislumbran muy lejanas, en el futuro, así que no es difícil ningunearlas o arrinconarlas. También puede ser que la persona adicta ya sufra bajo los efectos de su conducta; por ejemplo, porque tiene el hígado graso o está aquejada de una bronquitis crónica, pero es incapaz de dejar su vicio: la mera idea de vivir sin su droga desencadena en su mente sentimientos fortísimos de miedo y malestar.

La adicción a una sustancia, como puede ser el alcoholismo, se considera actualmente una enfermedad del metabolismo, ya que provoca que se altere el cerebro y por esa vía ejerce un influjo muy negativo sobre la libre voluntad. Las consecuencias del síndrome de abstinencia pueden ser muy graves e intensificar los impulsos para consumir la sustancia hasta el punto de que doblega nuestra fuerza de voluntad.

También existen investigadores como Gene M. Heymann, psicólogo de la Harvard Medical School, que argumentan que la adicción no constituye una enfermedad, sino una «alteración del comportamiento de toma de decisiones voluntarias» (en inglés, *disorder of choice*). Un argumento muy relevante a favor de esta tesis es que, de acuerdo con diversos estudios epidemiológicos, aproximadamente la mitad de las personas drogodependientes consiguen librarse de su adicción en algún momento. Quienes padecen de trastornos de origen metabólico como la esquizofrenia, el Alzheimer o la diabetes carecen de esta capacidad de elegir.

Heymann sostiene que la adicción es una conducta dirigida o regida por sus consecuencias, en oposición a las conductas involuntarias, que se desencadenan debido a estímulos, como puede ser el acto de parpadear. Parpadeamos por acto reflejo, como respuesta a un estímulo, por ejemplo, un destello luminoso. Por el contrario, guiñar los ojos para ver mejor es una conducta voluntaria, dirigida por estructuras cerebrales que evalúan las consecuencias de nuestro comportamiento. Por tanto, un hombre puede sopesar si guiñarle un ojo a la mujer que le atrae podría ser positivo para aproximarse a ella. En este sentido, la adicción está sujeta a las mismas normas que la toma de decisiones y la motivación, las mismas normas que regulan el resto de nuestra forma de comportarnos. Otro argumento a favor de esta suposición es que la mayoría de personas adictas interrumpen y abandonan su conducta en el momento en que los costes de continuar con ella se vuelven demasiado elevados. También funciona al revés: si les parece que el coste de renunciar a la adicción es superior a los beneficios que les reportaría librarse de la adicción, no se librarán de esta última. Esto se apoya sobre otro fenómeno perverso de la adicción, concretamente en que los estímulos de las otras alternativas de comportamiento van perdiendo fuerza y debilitándose a medida que la adicción se vuelve más prolongada.

Justamente en el tema de las adicciones existen notorias discrepancias entre los puntos de vista del adulto interior y los sentimientos del niño de las sombras. El adulto interno generalmente sabe muy bien que su conducta es perjudicial y que debería ponerle fin. Pero el niño de las sombras exige ser satisfecho de inmediato y anhela sentirse bien ya mismo, sin demoras. Aquí destacan las adicciones por vía oral, como son comer, beber o fumar, que causan en el niño de las sombras un efecto increíblemente consolador y tranquilizador. A través de la profunda asociación que une estas adicciones al recuerdo del pecho materno (aunque esa asociación sea inconsciente), las adicciones orales satisfacen especialmente bien las necesidades infantiles de nutrición, atención y protección. Pero atención, porque las adicciones no solo son atractivas para el niño de las sombras que busca consuelo y distracción, sino también para el niño de la luz que desea divertirse, vivir aventuras y conocer nuevas emociones. Por eso no solo caen víctima de las adicciones quienes desean olvidar sus problemas o apaciguar sus preocupaciones, sino también quienes sencillamente quieren darle a sus vidas una pincelada de aventura, de emoción, un poco de chispa. El asunto es que el niño interior, por su propia naturaleza, es propenso a los excesos. Lo único que le apetece, en todo momento, es dedicarse a todo aquello que le aporte más comodidades y disfrute. El problema es que la comodidad y el disfrute también pueden desembocar en la adicción, ya que la persona adicta pierde el control sobre su adicción debido al condicionamiento de las costumbres y del cerebro. Lo más grave de la adicción es que, cuanto más se mantenga y prolongue, cuanto más dure, menos esperanzas le quedarán a la persona afectada de salir de esa jaula: la adicción destruye las esperanzas paulatinamente. Incluso su adulto interior acabará por pensar así: «¡No hay manera, no lo conseguiré!».

En la mayoría de casos, solo se logra dejar atrás una adicción cuando las recompensas a largo plazo son más atractivas para el niño de las sombras que las satisfacciones que obtiene a corto plazo. Por ejemplo, muchos drogodependientes vencen su adicción cuando experimentan un cambio radicalmente positivo en sus vidas, como conseguir un nuevo puesto de trabajo o encontrar un nuevo amor. De ahí que muchos programas de desintoxicación se basen en el principio de minimizar el placer que se experimenta a corto plazo y hacer más atractivos los beneficios que se obtendrán a largo plazo. No son pocos los fumadores que han dejado el hábito porque se enfrentaron al hecho de que, para salir a disfrutar de inmediato de sus cigarrillos, tenían que exponerse al frío y la lluvia, lo que limitaba enormemente la sensación de placer. En mi opinión, el factor decisivo a la hora de romper las cadenas de una adicción es sentir emociones que nos motiven a modificar nuestro comportamiento. Es decir, que nos permitamos sentir el miedo que provocan las consecuencias a largo plazo, en lugar de reprimirlo. En anticipar la sensación de satisfacción y alivio que disfrutaremos cuando consigamos liberarnos de la adicción. En el apartado «Un pequeño inciso: Estrategias de protección contra la adicción» de la página 249 te expondré unas cuantas medidas que pueden servir para motivar a tu niño interior y tu adulto interior para que salgan del círculo vicioso de la adicción.

Valoración de esta estrategia: Sucede que la mayoría de las adicciones, sencillamente, son divertidísimas cuando nos acostumbramos a ellas. Beber, fumar, comer, etc. nos proporcionan una sensación de placer tremenda. Además, las tentaciones nos acechan por todas partes. La verdad es que no es nada sencillo mantener siempre una voluntad de hierro. En el fondo, lo único que tú quieres es que todo te vaya bien.

Primeros auxilios: Por desgracia, el problema es que la mayoría de adicciones también conllevan un precio muy alto y por eso a menudo te sientes culpable del daño que te estás causando. Te encuentras en un grave dilema: por un lado te apetece ceder a la tentación de la adicción, que al menos te hará feliz de inmediato. Por otra parte, está el miedo a sus consecuencias. El primer paso debería ser un poco de comprensión para ti y tu adicción. Ya es suficiente con sufrir la propia adicción, no es preciso que además te tortures con reproches personales para ti. Es tu niño de las sombras quien necesita ayuda. Necesita que le prestes atención y cariño.

Autoprotección: Narcisismo

Dogmas: *¡No valgo para nada! ¡Soy un don nadie! ¡Soy un asco! ¡Soy un fracaso! ¡Tengo que mantener mis sentimientos bajo control total! ¡Tengo que conseguirlo solo! ¡Nunca es suficiente!*

De acuerdo con la antigua fábula griega, el hermoso joven Narciso se enamoró de sí mismo al contemplar el reflejo de su rostro en el agua remansada, motivo por el que pasó el resto de su vida consumido de amor por sí mismo, completamente insaciable. Por tanto, una persona narcisista es aquella que se percibe a sí misma como grandiosa, importantísima, como si estuviese enamorada de sí misma. De hecho, la demostración de las propias grandezas y la infalibilidad personal no es sino una estrategia de protección que la persona desarrolla inconscientemente para, en la medida de lo posible, evitar sentir las emociones que asolan a su niño de las sombras, herido.

Las personas que desarrollan una personalidad narcisista han aprendido a una edad muy temprana a reprimir y ningunear su niño de las sombras, que se siente inútil y miserable. Para tal fin, se construyen un segundo «yo ideal». Ese «yo ideal» se confirma gracias a que el narcisista destina todos los ahíncos que puede a elevarse y sobresalir por encima de la media. Los narcisistas dedican unos esfuerzos inconcebibles a ser personas especiales, porque su niño de las sombras siente justamente lo contrario. Para mantenerlo a raya, se obcecan en alcanzar metas extraordinarias y grandes cotas de poder, belleza, éxito y reconocimiento social. Así pues, el narcisismo está compuesto por un extenso paquete de estrategias de protección. Entre ellas figura, por desgracia, la tendencia a menospreciar a otras personas. De ahí que los narcisistas tengan un olfato muy agudo para percibir las debilidades de sus oponentes, las cuales verbalizan en forma de críticas ácidas y cáusticas. Los narcisistas son incapaces de tolerar sus propias debilidades y por ello tampoco soportan las de sus congéneres. Sin embargo, al centrarse en tales rasgos de debilidad, pierden de vista sus propios puntos débiles. Como consecuencia, las críticas que dirigen a quienes les rodean desencadenan exactamente las mismas emociones que ellos quieren evitar sentir: una sensación de honda inseguridad e inferioridad. Entre los narcisistas, el principio de la perversión y confusión entre víctimas y verdugos se manifiesta con especial claridad.

Algunos narcisistas eligen aplicar una estrategia diametralmente opuesta para mejorar su autovaloración: idealizan a las personas que les son más cercanas. En este caso, presumen hasta límites ridículos de lo maravillosa que es su pareja, de lo fantásticos que son sus hijos y de lo fenomenales e importantes que son sus amigos. Muchas personas aplican ambas estrategias simultáneamente, idealizando a unos y menospreciando a otros al mismo tiempo. No es infrecuente que actúen idealizando en un primer momento a un nuevo amigo o un nuevo amor para posteriormente minusvalorarlo y olvidarse de él.

Independientemente de si los narcisistas se encuadran entre los idealizadores o entre quienes aplican el menosprecio, siempre les gusta fanfarronear de sus capacidades, sus propiedades y proyectos. No es estrictamente imprescindible que lo hagan en voz muy alta ni con mucho autobombo. También existen los narcisistas más discretos, entre ellos muchos de perfil intelectual, que se afanan por demostrar que son únicos y superiores, pero de una manera más callada.

Con todo, los narcisistas también tienen un rostro amable, digno de encomio. Pueden ser excepcionalmente encantadores, simpáticos e interesantes. Algunos tienen, de hecho, personalidades muy carismáticas. El empeño que ponen en su faceta laboral les permite desarrollar grandes carreras profesionales y labrarse una buena reputación. Sus esfuerzos por ser especiales también dan fruto a menudo. Todo ello atrae a otros narcisistas hacia sí, pero también a personas que son de carácter más dependiente. Cuando dos personas narcisistas activas coinciden en una asociación o relación, esta suele convertirse en una montaña rusa de pasión y ataques y agresiones entre ellas. Si una de las dos personas responde al perfil de narcisista dependiente, en la mayor parte de las ocasiones dejará que la otra persona narcisista le ataque verbalmente sin prestarle demasiada atención y sin defenderse demasiado, para concentrar sus esfuerzos en satisfacer las expectativas que su socio o pareja han depositado sobre ella. Lo malo es que este propósito está condenado al fracaso, ya que no importa lo «bien» que se porte y cuánto rinda, ya que esa conducta no alterará la percepción distorsionada del otro narcisista. Esta distorsión de la percepción se debe a que se ocultan de forma generalizada las propias debilidades, combinando esto con poner la lupa sobre las debilidades (aunque sean pequeñas o tan solo meras suposiciones) de la otra persona. Cuando el narcisista cae preso de esa percepción distorsionada, su amplitud de miras se estrecha hasta centrarse únicamente en detalles sin importancia, como la longitud de la nariz de su pareja... mientras que sus puntos fuertes o ventajas se difuminan y quedan desenfocados. Esa supuesta debilidad provoca que el narcisista sienta una furia incontrolable, porque su pareja (o socio) no se ajusta a la finalidad que él tenía previsto: que sirviese para valorarse a sí mismo. Por eso tiene que ser como él, una figura absolutamente perfecta.

Así que las personas narcisistas tienen un zoom para ampliar las debilidades de otras personas (socios, parejas, amigos...). Y esas otras personas no tienen ninguna posibilidad de contrarrestarlo. Sin embargo, cuando se trata de personas dependientes, piensan que si fuesen mejores o más guapas, su compañero o amigo narcisista sí estaría satisfecho. Aquí tenemos una conclusión errónea del niño de las sombras, que no solo despunta en las relaciones caracterizadas por la existencia de una notoria estructura narcisista. Muchas personas tienden a deprimirse ante cualquier crítica, por injusta y alejada de la realidad que sea. Debido a las marcas que llevan en su interior, estas personas llevan siempre consigo la sensación de fondo de ser culpables, de ser incapaces de satisfacer las exigencias. Esto mismo sucede también cuando el adulto interior de la persona afectada ha comprendido ya hace mucho que su pareja es una persona narcisista y no es culpa suya que lo menosprecie constantemente. Pero el niño de las sombras no llega a esta conclusión, sino que sigue atrapado en sus sentimientos de inferioridad, reforzados por las críticas de la persona narcisista. Para sanarse, el niño de las sombras exige por todos los medios que la persona narcisista le otorgue su reconocimiento e intensifica los esfuerzos para congraciarse con ella. Sin embargo, la persona narcisista no cambia; permanece igual. Como consecuencia, la persona dependiente se considera a sí misma impotente e incapaz, lo que a su vez fortalece la dependencia que siente: un círculo vicioso.

Su ambición extrema y su ansia de poder hacen que las personas marcadamente narcisistas sean compañeros de trabajo o supervisores poco agradables. Otro detalle que supone una dificultad añadida para el trato con esas personas es su facilidad para molestarse e irritarse. Desde fuera no resulta nada fácil explicarse por qué motivos totalmente inocuos se puede sentir molesta una persona narcisista, cuanto más si tenemos en cuenta que, por su propia seguridad aparente, ni siquiera da la impresión de ser una persona especialmente sensible. Sin embargo, en su interior alberga a un niño de las sombras inseguro e insatisfecho, que no se entristece cuando algo le hace sentir molesto, sino que desata una furia terrible. La ira y el rencor se cuentan entre las principales emociones que sienten la personas narcisistas. También es verdad que pueden caer en estados depresivos muy profundos, especialmente cada vez que sus estrategias para alcanzar el éxito fallan y experimentan una derrota personal. Entonces, el niño de las sombras cae en un estado de profunda incertidumbre, porque siente con total claridad cuáles son sus defectos y problemas. Para proteger al niño de las sombras, el adulto se esfuerza por regresar a la senda de los éxitos, dedicando a ello sus antiguas estrategias. Pero a veces la presión que sufre es tan fuerte que acaba por suicidarse o por terminar necesitando psicoterapia. En este último caso, si todo sale bien, aprenderá a aceptar y consolar al niño de las sombras, para que se sienta comprendido y valorado sin que para ello sea necesario conseguir ningún logro extraordinario.

En definitiva, el narcisismo es una estrategia de autoprotección que todos aplicamos, aunque en distintos grados. Depende de esa intensidad decidir hasta qué punto una persona es «narcisista». Todos empleamos estrategias narcisistas a pequeña escala: queremos mostrar la mejor apariencia posible y para alcanzar esa meta, a veces también despreciamos un poquito a los demás. También nos gusta presumir una pizca y nadie está completamente libre de tener un buen concepto sobre sí mismo o misma. En algunas ocasiones, también se nos estrecha la perspectiva para enfocarse exclusivamente sobre los puntos débiles de otras personas y nos avergonzamos cuando nuestras parejas, amistades o compañías nos decepcionan. Intentamos omitir los sentimientos de nuestro niño de las sombras en la medida de lo posible y ocultar nuestras debilidades. En correspondencia, cuando recibimos rechazo o críticas, reaccionamos con malestar.

Valoración de esta estrategia: La verdad es que te esfuerzas muchísimo por conseguir grandes resultados y mostrar un aspecto intachable, una apariencia magnífica. Eso requiere muchísima fuerza de voluntad y dedicación. Probablemente hayas alcanzado ya muchos éxitos de los que puedes sentir auténtico orgullo.

Primeros auxilios: Tu estrategia de protección demanda mucha energía y siempre acaba desembocando en situaciones de tensión con otras personas.

Debes ser consciente de que todo ese tesón por ser alguien verdaderamente especial no te ayudará a curar las heridas de tu niño de las sombras. Solamente sanará si se siente aceptado y reconocido por ti. Así que más te vale dejar de luchar contra tus supuestas debilidades y aceptar que no eres más que una persona, tan válida e imperfecta como cualquier otra. Solo así podrás relajarte de verdad... ¡quizá por primera vez en toda tu vida!

Autoprotección: Camuflajes, juegos de rol y mentiras

Dogmas: *¡No puedo ser yo mismo! ¡Tengo que adaptarme! ¡Soy un desastre! ¡No valgo para nada! ¡Nadie me quiere! ¡Tengo muchísimos defectos!*

Todos los seres humanos nos atenemos, más o menos, a unas normas y reglas sociales y nos esforzamos por adaptarnos a la vida en sociedad. La convivencia cotidiana está condicionada por una larga serie de rituales sociales que respetamos sin pensar mucho en ello. Ni podemos ni queremos comportarnos de una forma completamente abierta y auténtica en todas las ocasiones. Mantener cierta reserva y protegernos bajo un «camuflaje» son recursos sanos, naturales y socialmente aceptables. Sin embargo, algunas personas representan auténticos papeles teatrales y se esconden tras una máscara. Son aquellas personas que tienen un contacto difícil con sus sentimientos y su niño de las sombras quienes a la hora de mantener contactos sociales se perciben a sí mismas como si estuviesen envueltas en una suerte de vaina o capa exterior. Uno de mis clientes que sufría de este problema me explicó un día que, cuando iba por las mañanas al trabajo, lo vivía así: «Un hombre trajeado entra en la empresa». Este cliente apenas tenía contacto con sus sentimientos y llegó a denominarse en una ocasión como «un actor que representa a una persona». Su niño de las sombras estaba absolutamente obsesionado con amoldarse al entorno y satisfacer las expectativas de otras personas. A menudo, las personas afectadas por este problema dicen de sí mismas que, en lo que respeta al contacto interpersonal, «se limitan a funcionar, sin más». Lo único que hacen es aplicar un programa de conducta, desempeñar su papel, ocultos tras una máscara. No se atreven a ser auténticos. Les aterra ser rechazados y quedar a merced de los ataques de sus congéneres. Eso sí: a ojos de los demás, no suelen parecer personas inseguras, en absoluto.

Pero también las personas que tienen un mejor contacto consigo mismas y sus sentimientos que en este caso que acabo de describir opinan, a menudo, que están obligadas a representar un cierto papel en las relaciones sociales con otros seres humanos. Esconden sus verdaderas necesidades y se rigen por los deseos de los demás. Algunas personas ni se atreven a salir de casa cuando tienen un mal día, ya que se sienten demasiado vulnerables. Lo que desean es presentarle al mundo únicamente su cara fuerte y alegre. Esta estrategia de protección también conlleva grandes dosis de perfeccionismo y búsqueda de la armonía a toda costa.

Las personas que solamente se atreven a salir de casa bajo un disfraz notan que ese camuflaje que les oculta es una carga y les provoca tensión. Pero el miedo a enfrentarse con el rechazo si muestran su verdadero yo es más fuerte que la dificultad de respirar bajo esa capa protectora. Su niño de las sombras domina a la perfección el arte de adaptarse y acomodarse. Lo cierto es que no son pocas las personas que ni siquiera se atreven a comportarse de forma auténtica con sus parejas sentimentales; según su opinión, siempre tienen algo que deben ocultar, se desvelan por mostrarle a la pareja solamente su «yo presentable». Piensan que si actuasen de forma auténtica y luchasen por sus deseos y necesidades, afectarían negativamente a la relación. Y en realidad sucede justo lo contrario: la autenticidad es un ingrediente esencial para que la relación sea interesante y tenga vida. Por el contrario, hay relaciones que encallan, atascadas en ese juego de rol perpetuo. También contribuye a esto último el miedo a los conflictos de las personas afectadas. Debido a la gran presión que sienten por adaptarse, no se aventuran a formular sus necesidades. A largo plazo, desarrollan la sensación de que la relación sufre una insuficiencia crónica, lo que les provoca frustración. Pero se tragan esa frustración, otra vez por miedo a los conflictos. De esta manera, acumulan una ira gélida en proporciones cada vez mayores, que también puede causar que se enfríen sus sentimientos por la pareja sentimental, así que la relación se petrifica, se vuelve rígida y aburrida, yerma, hasta que llega un momento en que se extingue la llama y las dos personas a quienes afecta el problema dan por finalizada la relación. Eso sí: hasta que llega ese momento, apenas habrán dicho ni una palabra malsonante.

Las personas que se esfuerzan por encajar al milímetro y se comportan según unos determinados roles no pueden ser al mismo tiempo sinceras y honestas. Para ello tendrían que prescindir de su coraza defensiva y expresar sus deseos y necesidades a pecho descubierto. Aunque no mientan de forma consciente, lo cierto es que a menudo sus interlocutores tienen dificultades para entender cuál es su postura realmente. Ahora bien, cuando se alejan del contacto amistoso o de pareja sin aducir motivos claros para ello, pueden crear una situación injusta. Como tampoco es justo presentarle a su pareja al final de la relación una especie de «liquidación final», mientras que durante la relación de amor o amistad apenas han formulado quejas. Respecto a este punto, a menudo me he llevado una sorpresa al contemplar con qué fervor se consideran honestas y francas algunas personas que, por otro lado, no se atreven a hablar claro con sus parejas o amistades.

Valoración de esta estrategia: Das lo mejor de ti para ser una persona querida y reconocida por los demás. Te esfuerzas hasta límites inconcebibles para mostrar siempre tu cara amable, tu lado bueno. Dispones de una gran capacidad de adaptación y un extraordinario autocontrol.

Primeros auxilios: Tu niño de las sombras se siente bastante descorazonado. Opina que él mismo debería ser distinto, cambiar de alguna forma para que los demás lo quisiesen. Debes dejarle claro que eso es una tontería. Tu adulto interior debe tratarle de una forma especialmente cariñosa y bondadosa, para que se atreva finalmente a sostenerse por sus propios medios. Puedes practicar escenarios sencillos en los que defiendas mejor tu opinión, tus deseos, tu propia postura. Te sorprenderá con qué agrado reciben esta novedad los demás.

Hasta aquí, un breve repaso a las estrategias de protección más importantes. Como ya te indiqué al empezar, es fundamental que aprendas a reconocer una por una tus estrategias individuales que quizá no formen parte de esta enumeración. Además, tendría que estar claro que, con frecuencia, las propias estrategias de protección son el auténtico origen de nuestros problemas. Para ello, te propongo el siguiente ejercicio:

✎ Ejercicio: *Descubre cuáles son tus estrategias de protección personales*

Es posible que tus estrategias de protección varíen según cada ámbito de la vida. Tal vez en el entorno laboral, para defenderte de las agresiones, optes por responder a la perfección (dentro de tus posibilidades) a todas las exigencias... mientras en tus relaciones personales a menudo seas quien rompe las hostilidades y abre fuego en las disputas. Es frecuente que tengamos en nuestro arsenal estrategias de protección típicas que aplicamos para todo tipo de situaciones y problemas difíciles. Por eso las personas con tendencias perfeccionistas suelen tender a buscar la máxima perfección alcanzable en todos los ámbitos de su vida. Por el contrario, otras personas reaccionan ante la mayoría de problemas retrocediendo y tratando de evitarlos. Por consiguiente, consideramos nuestras estrategias de protección y las de otras personas como una especie de rasgos de la personalidad. Por ejemplo, si alguien se protege adoptando distintos roles y rehuyendo los problemas, decimos que se trata de una persona cerrada. O asociamos una estrategia de protección narcisista con la personalidad de la persona afectada.

La mayoría de personas también lleva consigo algún que otro dogma que, en sí mismo, constituye una estrategia de protección por derecho propio. Por ejemplo, «Debo portarme siempre bien y mostrarme como una persona cariñosa» o «¡No me puedo permitir cometer errores!».

Para reconocer rápidamente cuáles son tus principales estrategias de protección, bastará con que te imagines dos o tres situaciones de las últimas semanas en las que has sentido cierto malestar y has pensado «Aquí tengo un problema». Puede tratarse de conflictos laborales o bien circunstancias difíciles porque tu pareja te ha hecho enfadar o te ha sacado de tus casillas. Con este pequeño ejercicio de memoria, enseguida te darás cuenta de qué situaciones complicadas son más típicas para ti y suelen acarrearte dificultades. Teniendo en cuenta tales situaciones, podrás ver con gran claridad cuáles son las estrategias de protección. ¿Eres de las personas que pasan al ataque? ¿O de las que se retraen y retroceden? ¿O de las que procuran adaptarse?

Tienes que tomar nota de tus estrategias de protección personal, en el dibujo de los niños, debajo de sus pies (fíjate en la ilustración en la solapa de la cubierta delantera del libro). Debes formularlas en forma de frases completas, lo más concretas posibles. Vaya, que no sirve con anotar sin más «Retirada», sino algo como «Trato de esquivar los conflictos». O bien: «Doy muchos rodeos e intento ocultar mis opiniones». O también: «Huyo de la realidad y me refugio en Internet». La verdad es que, en la mayor parte de casos, las estrategias de protección se pueden describir como modos de conducta. Forman parte de nuestra manera de actuar. Por eso es necesario que formules tus estrategias de protección de manera completamente individual, como por ejemplo «Me voy al taller y me pongo a revisar la mecánica del coche». O bien: «Me voy de compras». O también: «Me invento historias, cuento mentiras».

Después de apuntar las estrategias de protección en la plantilla con la silueta del niño, tendrás ante ti esa parte de tu programación psíquica que te causa problemas una y otra vez: el niño de las sombras.

El niño de las sombras, un compañero inseparable

Como he dicho antes, todos los problemas que nos atormentan en la vida y en los que tenemos participación directa tienen su raíz en el niño de las sombras. No hay más, así son las cosas. Siempre se trata de un mismo tema, con sus variaciones. Lo cierto es que a la mayoría nos resulta difícil creerlo. De hecho, ni siquiera es fácil de entender que detrás de nuestros problemas, que parecen tan diferentes y complicados, se encuentra oculto en la mayoría de los casos el niño de las sombras con sus dogmas tan simplones. A eso me enfrento con mis clientes, una y otra y otra vez.

Por ejemplo, pienso en Billy, que tiene 27 años y en su décima hora de terapia me cuenta un problema que le sucedió la semana anterior con su mejor amiga. Cuando le respondo que todo eso está reflejado en su plantilla con la silueta del niño, ella reacciona con una gran sorpresa. Así que repasamos de nuevo sus dogmas y estrategias de protección y una vez más, se le cae la venda de los ojos y se percata de que en realidad todo son variaciones de un mismo tema de fondo. En su caso, la cuestión es que debido a los sentimientos de inferioridad de su niña interior, que entre otros dogmas sostiene el consabido «No valgo para nada», se siente afectadísima incluso por la crítica más mínima y reacciona con retraimiento.

Incluso después de entablar una relación de amistad con mi niña de las sombras, es fácil que durante el día a día me olvide de todo esto y no me percate cuando estoy percibiendo el mundo que me rodea a través de sus ojos y termine actuando según los viejos patrones. Por así decirlo, nos perdemos de vista a nosotros mismos. Tanto que caemos en nuestras propias proyecciones.

Tú eres quien construye tu propia realidad

Si quieres salir del cerco que te impone la programación mental que has heredado de tu infancia y ser más feliz, tendrás que reconocer este hecho: eres tú quien construye tu propia realidad, con la ayuda de tu niño de las sombras y sus dogmas. Es decir, que tus problemas (salvo los golpes de infortunio que nos depara el destino) son resultado de la percepción subjetiva que tienes de ti y del entorno que te rodea. *Lo único que tienes que entender es que tienes libertad para dar forma a tu propia percepción, tus pensamientos y sentimientos.* Probablemente no me creas. La verdad es que a menudo sentimos nuestras emociones con tanta fuerza que parecen inalterables. Y desde la niñez nos hemos acostumbrado a pensar que solo existe una realidad. Por eso ahora te pido que observes de forma plenamente consciente hasta qué punto tus dogmas negativos influyen sobre esas emociones y hasta qué punto tus estrategias de protección afectan a tu vida cotidiana.

El motivo por el cual estos programas heredados de la infancia nos afectan a un nivel tan profundo y actúan como unas gafas que tiñen cualquier perspectiva de subjetividad se debe a que el cerebro aprende por condicionamiento: cuanto más a menudo mentalicemos un pensamiento, ejecutemos una acción o sintamos una emoción, más verdadero y real parecerá, más profundamente se incrustará y condicionará las conexiones neuronales de estímulo-reacción del cerebro, de nuestra consciencia. Las conexiones neuronales del cerebro se van transformando paulatinamente en autopistas de datos, con una capacidad creciente, a medida que nos acostumbramos a repetir pensamientos, sentimientos y hechos. Mientras tanto, para los razonamientos, las emociones y actuaciones que podrían ser una alternativa solamente hay disponibles senderos tortuosos.

Una vez más: tú eres quien construye tu realidad, con tus propias herramientas, y este proceso es automático e inconsciente durante mucho tiempo hasta que por fin te das cuenta. Cuando te percatas, tienes la posibilidad de modificar la realidad y con ella, los pensamientos, los sentimientos y tus maneras de actuar. Olvídate de teorías esotéricas: estos son los postulados actuales de la investigación del cerebro. En los próximos capítulos veremos cómo se puede abordar esa modificación y moldear la propia realidad de forma adecuada y constructiva. Pero antes de centrarnos en el niño de la luz y sus estrategias de conservación, nos conviene prestarle atención al niño de las sombras, que se siente miserable y afligido, abandonado. Tenemos que darle consuelo y quizá incluso podamos curarlo.

Además de los ejercicios que presentaré en los siguientes apartados, puedes descargarte el viaje fantástico imaginario «Trance del niño de las sombras» de Internet.

Cómo sanar al niño de las sombras

Lo que más nos preocupa en esta vida es tomar decisiones incorrectas y cometer errores. Ponemos un enorme afán en hacer lo correcto y comportarnos como es debido. Nos cuesta muchísimo perdonarnos las equivocaciones. Sin embargo, son muchas las personas que no solo se afligen por sus propias decisiones erróneas, sino que también consideran que ellas mismas constituyen un error, de algún modo. Sienten la sensación subliminal de que son incapaces, inútiles, que deberían cambiar o ser de otra manera. Esa sensación es resultado del niño de las sombras y de sus dogmas negativos, ¡pobrecillo! Ahí va tirando, en su misteriosa existencia, pensando que siempre está equivocado, que nadie le quiere. Se siente incomprendido y excluido por los mayores, es decir: por tu yo adulto interior. Quizá ya en la niñez consideraba que mamá y papá (o los demás niños) no le comprendían. Claro que, cuanto menos aceptado y bienvenido se juzgue, peor se sentirá. Es urgente ofrecerle consuelo y comprensión.

A lo largo de los siguientes apartados quiero enseñarte un par de ejercicios prácticos con los que podrás curar a tu niño de las sombras de su aflicción, o al menos, darle consuelo. Como he dicho antes, es importantísimo que le dejes absolutamente claro a tu yo adulto interior, tantas veces como haga falta, que estos dogmas y sentimientos tan mezquinos son exclusivamente el resultado de las improntas que te marcaron durante la infancia. No son la realidad, para nada. Tal vez por el momento no te lo creas del todo, pero yo pondré todo mi empeño en que lo veas cada vez más claro a medida que sigas leyendo.

Hasta ahora hemos comprendido ya que, debido a nuestro niño de las sombras y a sus estrategias de protección, a veces nos autolesionamos y herimos a otras personas. Por eso es esencial que aprendamos a distinguir el niño de las sombras del yo adulto interior, para podernos regular y controlar mejor. Eso exige que nos vigilemos y sorprendamos *in fraganti* una y otra vez, cada vez que el niño de las sombras domina nuestros sentimientos y actos. Solo así podremos escapar de su influjo y adoptar el papel del yo adulto interior. Así pues, los siguientes ejercicios giran en torno a la regulación de nuestra percepción, nuestro razonamiento y nuestros sentimientos. Dicho de otra manera: de nuestra autogestión.

Lo importante es que tomes personalmente las riendas del proceso de cambio. Y eso implica que participes activamente haciendo los ejercicios y que practiques también en tu rutina cotidiana. Cuanto más practiques, mejor grabarás en el cerebro los nuevos programas y las emociones positivas. Es como si aprendieses a bailar; al principio es necesario concentrarse al máximo, pero con el paso del tiempo, te saldrá de forma natural, sin esfuerzo. Con el tiempo, los movimientos irán almacenándose en la memoria del cuerpo, hasta que será todo absolutamente automático.

✎ Ejercicio: *Encuentra ayudantes en tu interior*

En uno de mis seminarios, un participante nos contó que le costaba horrores realizar los ejercicios en solitario. Cuando afrontaba una situación delicada, deseaba con toda su alma que alguien estuviese a su lado. A lo que mi buena amiga Karin, que actúa como ayudante en los cursillos de formación, replicó que no era necesario que dominase esas situaciones por sí solo. A continuación, le explicó el caso de su amiga Rahmée, que había nacido en Camerún y se había mudado de pequeña a Alemania junto con su familia. Hoy es una mujer de negocios con una fantástica carrera profesional. Cuando aborda una negociación con sus socios empresariales alemanes e internacionales, no lo hace nunca en solitario. A su lado están su abuela, que es la auténtica cabeza de familia, su abuelo, el más anciano de la tribu, y su tío, el chamán o curandero de su aldea natal. Imaginárselos junto a ella le aporta las fuerzas que necesita para armarse por dentro frente a los prejuicios que, por desgracia, mantienen algunos de sus socios debido al color de su piel.

Este procedimiento de autorrefuerzo no solo me parece encantador, sino también muy ilustrativo. Por eso te lo cuento y recomiendo: deberías buscar en tu fuero interno a ayudantes y figuras de apoyo que se sumen a tu causa en las situaciones complejas. Puede tratarse de una sola persona o quizá de un equipo completo, como en el caso de Rahmée. Puedes imaginarte a personas completamente reales, aunque ya hayan fallecido. Pero también puedes recurrir a personajes fantásticos, como un hada madrina o un superhéroe que acudan en tu socorro. Deja que tus ayudantes broten de tu fantasía. Tal vez te venga bien buscar ángeles de la guarda diferentes para distintas situaciones, según sus facultades y tus necesidades.

Siempre que necesites una mano amiga, imagínate que aparecen a tu lado y te acompañan. Naturalmente, esto también vale para los siguientes ejercicios.

Ejercicio: *Fortalece tu yo adulto interior*

Para sanar a tu niño de las sombras te hará falta contar con un adulto interno robusto, que te aporte firmeza. Desde luego, esta figura puede comprender que tus dogmas negativos solamente son resultado de las improntas acumuladas durante la niñez. Nuestro sentido común está dotado de la capacidad de pensar en argumentos lógicos. Los argumentos son como un andamio de refuerzo que nos facilita un sostén más sólido y nos procura más seguridad. A lo largo del libro volveré a menudo sobre este punto. Pero, en primer lugar, te daré un par de argumentos y hechos que no deberías perder de vista para mantener una pequeña distancia de separación entre el niño de las sombras y el adulto interior:

- Ningún niño nace maldito ni atado a ninguna sombra. Los niños son incapaces de ser malas personas.
- Los niños pueden ponernos de los nervios y ser fastidiosos, pero eso no altera en absoluto su valor. Es responsabilidad de los padres reflexionar (especialmente antes de convertirse en padres) sobre si realmente desean asumir la carga que supone la paternidad.
- En realidad, incluso es necesario que los niños pongan a prueba nuestros nervios, ya que verdaderamente son seres impotentes y están obligados a empujar a los adultos a actuar para que satisfagan sus necesidades más importantes. Su programación se resume así: ¡hay que sobrevivir! ¡Y aprenderlo todo!
- Cuando los padres se ven sobrepasados por la labor de educar a sus vástagos, deben buscar ayuda. Los niños no pueden solventarles esa papeleta.

- Todo niño tiene derecho a que se satisfagan sus necesidades físicas y mentales. Sus padres son responsables de ello.
- Los sentimientos y las necesidades son absolutamente normales y no hay nada incorrecto en ellos, aunque el niño deba aprender que no es posible expresar cada deseo y exigir que se responda a sus necesidades en todo momento.
- Los progenitores tienen el deber de entender los sentimientos y las necesidades de sus hijos. Pero los niños no tienen la responsabilidad de entender y satisfacer los sentimientos y las necesidades de sus padres.
- Los progenitores tienen la obligación de amar a sus hijos y darles la bienvenida al mundo. Los niños no tienen la obligación de comportarse de la forma más adecuada para que los padres los amen.
- Muchas de los rasgos infantiles que nos resultan agotadores (como sus distintos intereses, el ansia de imponer su voluntad, etc.) son perfectamente aceptables entre los adultos e incluso son rasgos importantes. Por tanto, es obligación de los padres soportar estas cualidades un poquito y encauzarlas por la buena vía. Quien se oponga y se obceque por anularlas, se estará buscando un problema, garantizado.

Tienes total libertad para llegar a razonamientos como estos que estén adaptados a tu situación, de acuerdo con tu biografía y tus dogmas personales. Así que te recomiendo que ejercites la argumentación. Como hemos dicho, los argumentos alimentan al yo adulto interno con fuerza y apoyo.

Un buen consejo: cuando reflexiones o hables sobre ti, trata de acostumbrarte siempre a mantener cierto distanciamiento con tus problemas. Para ello, evita siempre los razonamientos de este carácter: «Yo tengo miedo a ser objeto de rechazo, abandono, burla, etc.». En lugar de ello, piensa así: «Mi niño interior de las sombras tiene miedo a ser objeto de...». Este es un ejercicio que practico a menudo con mis clientes y realmente es muy eficaz. Es preciso guardar cierta distancia entre uno mismo y sus problemas. Esta fórmula impide que me identifique total y completamente con mi niña de las sombras.

✏️ Ejercicio: *Acepta al niño de las sombras*

Aquí va una regla psicológica básica: cuanto más estrés y más cargas llevemos a cuestas, más lucharemos contra nosotros mismos. Muchas personas fundamentan su existencia en una lucha permanente consigo mismas. Se trata de una estrategia fatigosa y estéril. La autoaceptación es un requisito previo para relajarse y para avanzar en nuestro desarrollo de manera eficaz. Para evitar malentendidos: aceptarme a mí mismo no es sinónimo de considerar que todos mis rasgos son positivos. La autoaceptación significa que digo «sí» a todo lo que encuentro en mí. En definitiva, es lo contrario del autoodio y del autoengaño. La autoaceptación implica que acepto como míos y propios mis sentimientos, tanto los positivos como los negativos. Acepto que no están prohibidos, que es posible sentirlos.

Y la autoaceptación también implica que reconozco mis puntos fuertes, así como mis limitaciones. Reconocer todo esto es un paso imprescindible para aceptarlos y, si quiero, seguir trabajando sobre ellos. Por último, la autoaceptación no es sinónimo de paralización.

Para el siguiente ejercicio, te pido que cierres los ojos y te conectes con tu niño de las sombras. Lo conseguirás si repites por dentro tus dogmas negativos y te permites sentirlos. A lo mejor también puedes convocar al niño de las sombras de una forma más sencilla: plantéate un escenario en el que estuviese (o está) presente y muy activo. Quizá te sirva una situación de la infancia en la que te sintieses avergonzado, incomprendido, solo o tratado injustamente. Tal vez también te valga una situación de la vida adulta en la que el niño de las sombras se sienta fatal. Déjate llevar, que esas sensaciones se expresen. Es posible que hagan acto de presencia viejos conocidos como el miedo, la inseguridad, la tristeza, la presión o la ira. Entra en contacto con tus sentimientos y respira profundamente, con todo el vientre, toma aire y pronuncia estas palabras para ti: *Sí, eso es, este es mi niño de las sombras. Así es, querido niño. Tienes todo el permiso del mundo para estar ahí, sinceramente. Que seas bienvenido.*

Verás que, cuanto más lo aceptes, más se tranquilizará. Ya no se sentirá invisible, sino aceptado y comprendido.

✏️ Ejercicio: *El yo adulto consuela al niño de las sombras*

En el siguiente ejercicio daremos un paso más allá. Ahora se trata de que el yo adulto haga comprender al niño de las sombras que sus dogmas y los sentimientos negativos son errores de programación.

En este ejercicio, el yo adulto interior adoptará frente al niño de las sombras una postura benigna, casi paternal, como figura sólida y de apoyo. Quizá te sirva de ayuda observar una foto vieja de cuando tu niñez. Si te resulta demasiado difícil mantener una postura de serenidad y dominio ante tu niño de las sombras imagínate que un niño estuviese triste y asustado. Puede que sienta miedo de que los demás niños no quieran jugar con él. ¿Cómo lo consolarías? ¿Le soltarías algo como «¡No te pongas así, cagón!»? ¿O le darías ánimos, lo tomarías de la mano y lo acompañarías hasta el lugar donde estén jugando los demás? Sospecho que harías esto último. Esa es la actitud benevolente y afable que puedes aplicar también al tratar con tu niño de las sombras. Así que practica cómo actuar de buen corazón, practícalo contigo mismo. Querer el bien para alguien no solo es la esencia de todas las relaciones humanas, sino también un ingrediente imprescindible para hacer las paces con tu niño de las sombras.

Desde esa postura interior inundada de benevolencia, debes hablarle al niño de las sombras con la voz más amistosa que puedas. Puedes hablar en voz alta, desde luego, en la mayoría de casos así es más eficaz. Pero si te resulta incómodo o te parece estúpido, también puedes mantener este diálogo en forma de reflexión interior.

1. Ahora el adulto interior tiene que explicarle al niño de las sombras cómo eran las cosas con mamá y papá hace años. Por ejemplo, así (por supuesto, tendrás que usar material propio): ¡Ay, tesoro mío, pobrecillo! Convivir con mamá y papá no fue nada fácil, es verdad. Mamá siempre estaba tan cansada, tan estresada. Y muchas veces, además, estaba enferma. Siempre tenías la sensación de que todo aquello la superaba, era demasiado. Por eso siempre te portabas tan bien, por eso eras tan cariñoso, para no suponer otra carga más para mamá. Pero en el fondo, no conseguías hacer completamente feliz a mamá, nunca lo lograbas. La mayor parte del tiempo estaba triste. Y papá no era de gran ayuda, sinceramente. Siempre estaba quejándose delante de ella y contigo también, en muchísimas ocasiones. Eso sí, cuando estaba de buen humor, también sabía ser un tipo muy divertido. En esos momentos tú sí

que eras verdaderamente feliz y deseabas que siempre conservase aquel buen humor. Por desgracia, no solía durar demasiado y al poco, se volvían a pelear entre los dos. Y como papá y mamá eran tan infelices entre ellos y les afectaba tanto el estrés y les superaban los problemas, pues tú has llegado a unas conclusiones completamente ridículas. Piensas cosas como que «no valgo para nada», «tengo que portarme bien siempre y ser cariñoso», «soy una carga»... (aquí deberías leer los principales dogmas que hayas encontrado al analizarte).

2. Te ruego que cuando hables con tu niño interior utilices un vocabulario típico de los niños, para que sienta que realmente le estás hablando a él (o ella). Por ejemplo, si tu madre era una figura muy dominante, piensa que la palabra «dominante» pertenece al vocabulario de los adultos. Tienes que traducirlo al lenguaje infantil. Podrías decir que mamá era muy «mandona». Cuidado con palabras como «depresivo» o «agresivo», ya que tampoco son típicas del vocabulario infantil, así que mejor que optes por términos como «triste» o «enfadado».

3. En el siguiente paso deberás transmitirle al niño interior el mensaje crucial, el más importante: que todo eso no era culpa suya y que, si papá y mamá no se hubiesen visto tan superados por las circunstancias, él habría llegado a unas conclusiones o creencias muy distintas. Aquí va un ejemplo de cómo se lo puedes explicar: Es muy importante para mí que entiendas que todo eso no era culpa tuya, ¡para nada! Mamá y papá estaban equivocados. Ellos eran los que metían la pata, ¡no tú! Y si no fuese todo tan difícil para ellos o quizá si hubieses tenido otros papás, tendrías muy claro que sí que vales, vales mucho, desde luego. Entonces sabrías que deben sentirse muy orgullosos de ti. Ellos te quieren mucho, aunque a veces seas un poco descarado o travieso y hagas lo que te dé la gana, sin obedecer. Está claro que a veces puedes ser muy pesado, pero no pasa nada, porque ellos te cuidarán y te ayudarán. Estarán siempre a tu lado cuando los necesites.

Puedes reformular estas mismas frases para adaptarlas a tus problemas y dogmas negativos. Mi intención no es que copies el texto del ejemplo al pie de la letra, sino que comprendas la esencia. Es decir, que te apoyes en tu yo adulto interior para hacerle entender al niño de las sombras que sus dogmas son caprichosos, un fruto del destino. Que puede tener cualquier creencia negativa, pero en el fondo no dicen nada, absolutamente nada, sobre su auténtica valía como persona.

Naturalmente, también puedes aplicar este ejercicio aunque hayas vivido una infancia totalmente feliz y sea evidente que tus padres cometieron pocos errores. También puedes empezar la conversación explicándole la situación al niño de las sombras: Querido niño, mamá y papá hicieron muchas cosas bien y éramos muy felices con ellos, pero la verdad es que había un detalle que sí que podrían haber manejado más... o menos...

Es importantísimo que, a partir de ahora, prestes atención y tengas cuidado de que el niño de las sombras no asuma el puesto de director. Puede que se sienta atemorizado y desanimado, quizá se sienta herido o lo que más le apetezca sea salir corriendo para alejarse. Pero es el adulto quien debe decidir cómo actuar. Es lo mismo que sucede en la vida real con los niños pequeños. Por ejemplo, si al niño le da pavor ir al dentista, es su padre o madre quien le conforta, le da la mano y le ayuda a superar el temor de esa visita médica. Pero no le deja al niño coger las riendas ni le permite cancelar la cita con el dentista. Asimismo, también le está prohibido que se salte las clases sencillamente porque no le apetezca lo más mínimo ir al colegio. Imagínatelo con tu propio hijo: ¿verdad que le escucharías si te quisiera contar sus miedos y preocupaciones? Claro que sí, pero serías tú finalmente quien toma decisiones, con sentido común, para ver cómo actuar.

Esta conversación con el niño de las sombras deberías repetirla muy a menudo, hasta que por fin cale en él el mensaje. Para eso no es obligatorio que sea siempre un diálogo muy prolongado. Imagínate que en el día a día surge una situación desafiante que debes superar y de repente te percatas de que te estás aferrando a tus dogmas negativos o estás cayendo en los sentimientos de miedo, ira o inseguridad. Entonces podría bastar con que le hicieses unas caricias mentales al niño de las sombras para apaciguarlo y consolarlo, para infundirle valor. También lo puedes consolar y animar con unas palabras amables. Estos gestos te permitirán respetar cierta distancia respecto a tu programación mental infantil y tu realidad adulta. De esta manera, esa programación no se aplicará sin más, de forma automática. Gracias a la pequeña separación que mantienes entre la percepción de tu niño de las sombras y la del yo adulto interior, gozas de la posibilidad de reflexionar sobre tus propios patrones de conducta. Como fruto, tendrás la oportunidad de tomar decisiones nuevas sobre tu comportamiento.

✎ Ejercicio: *Cómo tachar y sobrescribir viejos recuerdos*

Ahora sabemos que las experiencias que hemos vivido junto a nuestros padres u otras personas importantes dejan huella en nuestra memoria. Conforman una película de tu vida que está codificada en el cerebro por medio de las conexiones de las sinapsis nerviosas. A veces es suficiente con un estímulo casi insignificante para vernos catapultados al pasado y sumergirnos en los recuerdos, aunque no suceda de forma plenamente consciente: acuérdate de Michael y del olvido de las salchichas. Algunos recuerdos están tan incrustados en la memoria que nos empujan a caer una y otra vez en viejos patrones de conducta, instantáneamente. Pero sí tenemos la posibilidad de cambiar esa película y darle nueva forma. La verdad es que el cerebro no distingue tan bien como creemos entre lo imaginario y lo real. Por eso basta que nos imaginemos una situación estresante (como un examen inminente) para sentir el abrazo del miedo. Correspondientemente, también puedes aprovechar tu capacidad imaginativa para modificar recuerdos negativos. Es decir, el cerebro nos ofrece la posibilidad técnica de sobrescribir los antiguos recuerdos. Supone un recurso muy útil para la autocuración de viejas heridas. Gracias a esa sobrescritura, cambiamos un pedacito del pasado y con él, los sentimientos negativos que puede provocarnos. Como ya dijo el escritor alemán Erich Kästner: «Nunca es tarde para vivir una infancia feliz».

El siguiente ejercicio procede de la terapia de esquemas y lo he tomado prestado de un libro publicado por Gitta Jacob y Arnoud Arntz que tiene precisamente ese título. Seguro que eres capaz de recordar, como mínimo, una situación de tu infancia (y probablemente más de una) que podríamos describir al menos como peliaguda, cuando no como genuinamente aterradora, acuciante o, en el peor de los casos, traumática. Me refiero a escenarios que tal vez fuesen típicos productos de la actitud que mantenían tus padres o las personas que te cuidaban sobre tu educación.

1. Busca en tu memoria y localiza una situación concreta de tu niñez que esté relacionada con las improntas y marcas de tu niño de las sombras. Este recuerdo provocará que te acuerdes también de sentimientos muy negativos, pero no es necesario que te dejes hundir en ellos. Por ejemplo, si has sufrido malos tratos por parte de tu padre o madre, será suficiente con que te imagines cómo levantaba la mano para agredirte, nada más. No es necesario que revivas toda la escena. En

todo caso, tienes que contemplarlo todo con una perspectiva en primera persona, es decir: presenciar la escena a través de los ojos del niño o la niña que tú eras, no en tercera persona.
2. Debes ser consciente exactamente de cómo te sentiste en aquella situación, pero sin dejar que te atrapen demasiado hondo esas emociones. Por tanto, si sentiste miedo, bastará con que sientas un ligero temor al recordar la escena.
3. Aplica tu imaginación para pensar en cómo podrías recibir ayuda en esa situación. Puedes imaginar que alguien acude para ayudarte y, naturalmente, tienes total libertad para elegir quién será ese personaje: puede ser un ser humano real, como tu querida tía o tu abuelita, pero también un personaje de ficción como Superman o tu hada madrina. En este ejercicio no hay límites para la fantasía. Incluso puedes convocar a tu yo adulto para que intervenga en el problema. A continuación te doy un par de pistas sobre cómo puedes sobrescribir esta situación dramática:

- Si la persona que te cuidaba estaba demasiado estresada o excitada, puedes imaginarte que aparece otra persona para ayudarte y le aclara a tu agresor que no puede portarse así contigo. La figura que te atormentaba se va a recibir ayuda psicoterapéutica y a partir de ahí, contarás siempre con un hada protectora a tu lado, que te protegerá.
- Si la persona que en teoría debía cuidarte te amenazaba, puedes imaginarte que la policía o un héroe de acción entran en escena para librarte de ella y encerrarla.
- Si a menudo estaba triste y deprimida, tanto que te provocaba preocupación a ti como niño, puedes imaginar que un asistente social de la oficina de ayuda a la infancia hace acto de presencia y se encarga de que puedas irte a jugar, mientras que él se ocupa de ayudar a tu padre o madre. Además, se podría buscar a una persona querida de confianza que asuma la tarea de cuidarte a ti, como niño. Puede ser una persona real o fruto de tu fantasía, por supuesto.
- Si tu padre, madre o la persona que era responsable de ti era demasiado estricta y exigente, la figura que acuda en tu auxilio tendrá que explicarle que a los niños también hay que elogiarlos y demostrarle cómo se consigue confortar a un niño. Quizá tus cuidadores reciban ayuda profesional, alguien que esté a su lado y actúe para protegerte.

En resumen, debes explotar todas las capacidades de tu fantasía para escribir un final feliz. Evidentemente, este ejercicio también resulta muy adecuado para aquellos recuerdos dolorosos que no tengan ninguna relación con tus padres.

✎ Ejercicio: *Lazos de apego y seguridad para el niño de las sombras*

El objetivo de este ejercicio son las necesidades de amor y apego que tienen tanto los niños como los adultos. Por medio del mismo reforzarás en tu imaginación las experiencias de apego positivas que hayas experimentado con tus padres o parientes cercanos. Así que debes sumergirte una vez más en tu interior en esos momentos especialmente bonitos, íntimos, llenos de cariño y ternura, que hayas vivido junto a quienes te cuidaban. Tírate de cabeza al escenario, deja que te rodee y abrace, dale rienda suelta a las sensaciones de protección, seguridad y ánimo positivo. Emociónate con el cariño de la relación, siente que en ese momento eras una personita muy querida y absolutamente aceptada.

Si por desgracia no tienes almacenado en la memoria ningún momento de cercanía con tus padres o parientes más próximos, puedes inventarte unos padres imaginarios. Deja que tu fantasía te regale los padres que realmente necesitabas durante la niñez; pueden ser personas reales, como los padres de una buena amiga, por ejemplo. O personajes ilusorios. Cierra los ojos y deja que tu subconsciente elija los padres ideales.

Visualiza la ternura y el cariño con que te agasajan tus padres. Permite que se comporten justo como hubieses deseado cuando eras pequeño. Regálate un hogar completamente nuevo. Puedes llamar a tus nuevos padres y reclamar su ayuda en cualquier situación donde los necesites.

✎ Ejercicio: *Escríbele una carta a tu niño de las sombras*

Para este ejercicio sería útil que consiguieses una foto de tu infancia y la tuvieses a mano. A continuación, le escribiremos a tu niño de las sombras una carta. Una carta como la que le enviarían un papá o una mamá cariñosos, preocupándose por él y ofreciéndole consuelo. Algo así, por ejemplo:

Queridísima Rikki:

Eres una chica estupenda, de verdad, estoy muy orgullosa de ti. Me da mucha pena que siempre te preocupes tanto por mí. Yo no necesito que seas perfecta en todo. Yo te quiero tal y como eres. ¡Y tienes tantas cosas buenas! Yo te veo como la niña más dulce de todo el mundo, no conozco a nadie más cariñosa. Así que, por favor, deja de compararte con las modelos que salen por la tele y en las revistas, te lo ruego. En vez de eso, ¿por qué no bajas a jugar a la calle o te vas a divertirte a la piscina? Cuando estés allí, fíjate y verás que, en realidad, hay muy pocas mujeres que se parezcan a las que se ven en las revistas de moda. Así que no le des tanta importancia al tema, no te vuelvas loca.

Firmado: La Rikki adulta, que te quiere muchísimo

Vamos con otra carta de muestra:

Querido Jürgen:

¡Hay que ver cuánto te preocupas por todo! Siempre tienes demasiado miedo a fallar, a fracasar, a meter la pata y que los demás te lo echen en cara. En el trabajo siempre lo das todo, te esfuerzas al máximo. Y luego en tu tiempo libre, también haces lo mismo. Mira, quería decirte algo: no hace falta que te exprimas tanto constantemente, ¡no es necesario! Sé tal y como tú eres, eso será más que suficiente. Haz las cosas bien, sin descuidarte, pero piensa que es humano cometer errores y si se te escapa algún fallito, tampoco es el fin del mundo. ¡Tienes que relajarte un poco más! Todos esos dogmas ridículos como «no valgo para nada» o «tengo que conseguirlo yo solo, sin ayuda» son una herencia del pasado, de cuando estabas con mamá y papá. A ver, es cierto que entonces las cosas eran un poco más difíciles, con mamá siempre tan estresada y papá siempre fuera de casa. Te agobiabas un montón y hacías todo lo posible para contentar a mamá. Pero nunca lo conseguías por completo. Siempre estaba tan cansada, se sentía tan infeliz. Entonces pensabas que debías portarte aún mejor y por eso ponías tanto empeño en destacar en los estudios. Pero mira, que mamá se sintiese tan desgraciada no era culpa tuya. Ella tendría que haber buscado ayuda. Lo mejor hubiese sido que acudiese a un psicólogo. A fin de cuentas, estaba tan superada por las circunstancias porque su propia niña de las sombras creía que ella era mala persona, que era un fracaso. ¡Pero contra eso tú no podías hacer nada! Hoy el mundo ha cambiado mucho, es totalmente distinto. Ahora somos los dos adultos, ¡somos libres! Así que por fin podemos disfrutar un poco de la vida, ¡naturalmente! No estás obligado a ser siempre el mejor en todo cuanto hagas. Relájate, tómate las cosas con calma. Y vete al estadio, a ver el fútbol, que eso siempre te ha gustado muchísimo. Tienes que procurar divertirte más. Eso le sentará mucho mejor a tu estado de ánimo que trabajar como una mula sin descanso.

Con cariño,
Jürgen

✎ Ejercicio: *Comprende a tu niño de las sombras*

Este otro ejercicio también pondrá su granito de arena para que diferencies mejor la percepción de tu niño de las sombras de la del adulto interior. Así gozarás de más libertad para tomar decisiones y actuar.

1. Para este ejercicio, tienes que elegir y plantearte un problema que tengas con otra persona o contigo mismo. Agarra dos sillas y colócalas frente a frente. A continuación, toma asiento en una y toma contacto de forma totalmente consciente con tu niño de las sombras. Háblale acerca del problema y para ello, cíñete a relatar la situación exclusivamente desde la perspectiva del niño de las sombras. Déjale que se pronuncie y manifieste cuáles son sus sentimientos y sus dogmas relacionados con este problema. Tienes que percibir de manera plenamente consciente cómo se presenta el problema y cómo provoca que te sientas al escucharlo según el punto de vista del niño de las sombras.
2. A continuación, abandona la postura del niño de las sombras y adopta conscientemente la posición del adulto interior. Para «librarte» del

niño de las sombras y dejarlo atrás, puedes darte palmadas por todo el cuerpo o prueba a dar saltitos. Una vez que estés situado como adulto interior, siéntate en la otra silla. Desde esta posición debes contemplar al niño de las sombras, que ha permanecido sentado en la silla de enfrente. Analiza el problema ayudándote de tu sentido crítico.

Aquí tienes un ejemplo: Babsi sufre de ataques de pánico. Tiene miedo de ir de A hasta B, ya sea a pie o en coche. La aterra el riesgo de perder el control y sentirse impotente. Le pido que asuma completamente el papel de su niña de las sombras y me explique qué problema le afecta según esta perspectiva.

La niña de las sombras: «Cuando me imagino a mí misma caminando sola por la calle, me entra el pánico de inmediato. Me siento pequeña, insignificante, impotente.

Siento un miedo atroz a caerme, a lastimarme, ¡sería una catástrofe! Incluso me podría morir. Nadie acude en mi ayuda. Debería aparecer mamá por lo menos y acompañarme. ¡Sola soy incapaz de afrontar la situación!».

Ahora le ruego a Babsi que cambie de silla y se identifique por completo con su yo adulto interior.

Su yo adulto interior: «Lo que yo veo es una chica, una niña pequeña que ni siquiera se atreve a sostenerse sobre sus propios pies. Si observamos la situación de forma objetiva, en el fondo no puede ocurrirle nada malo, aunque de repente cayese inconsciente, cosa que es absolutamente improbable. Pues incluso en ese caso, la gente que pasa por la misma calle se preocuparía por ella, seguro. La verdad, pienso que el auténtico problema de esta chiquilla es que está convencida de que sin su mamá no sabrá encontrar su camino en la vida. Basándome en esta situación, me queda claro que no ha sabido despegarse de sus padres. Quiere que alguien se preocupe por ella, la cuide y asuma las responsabilidades que en realidad le corresponden. No se siente una persona autónoma, todavía no ha madurado para llevar las riendas de su propia vida. Me parece que debería preocuparme más por ella, prestarle atención más a menudo, escucharla para saber cómo se siente…».

Así que gracias al diálogo de las dos sillas, Babsi se convence de que detrás del miedo que siente a tener que salir de casa sola en realidad se ocultan temores infantiles. De esta manera, se hace consciente de que ha pasado por alto las necesidades y los deseos de su niña de las sombras, que ansía atención y apoyo. Este descubrimiento le permite reflexionar sobre la relación que mantiene respecto a sus padres, de quienes todavía no se ha independizado mentalmente. Ahora podrá trabajar activamente para ganar autonomía y autoconfianza.

A la mayoría de personas le cuesta separar su niño interior del adulto interior. Así que, por ejemplo, hablan con la voz del adulto cuando se deberían poner en la piel del niño y pronuncian argumentos y palabras que un niño pequeño sería incapaz de formular jamás. O viceversa: hablan como un niño cuando deberían asumir la postura de su adulto interior. Eso mismo le sucedía al principio a Babsi; en realidad el diálogo anterior es una versión resumida y corregida, fruto de mi propia cosecha. Por ejemplo, una vez, Babsi dijo lo siguiente cuando debería representar a su niña de las sombras: «Desde luego, me percato perfectamente de que mis temores son exagerados». Esta es una valoración muy sensata, pero que corresponde más bien a su yo adulto. Por el contrario, desde la postura adulta llegó a afirmar lo siguiente: «Cuando pasa eso, lo que más me apetece es ir a esconderme en casa y no salir jamás». Un deseo que procede realmente de la niña de las sombras. Tal vez ahora quieras poner esta objeción: ¿por qué no puede sentir la Babsi adulta ese mismo deseo de encerrarse en casa? Pues la respuesta es esta: porque este deseo es resultado del miedo que siente su niña de las sombras a no saber desenvolverse bien en el mundo que la rodea. La Babsi adulta se llevaría de maravilla con las personas que la rodean si no fuese por pavor.

Lo cierto es que no es nada fácil saber distinguir siempre qué parte corresponde al niño de las sombras y qué parte al adulto interior. Por ese motivo, cuando asumas la postura del niño, debes prestar especial atención para sentirte y hablar como de verdad lo haría un chiquillo, no un adulto. Y cuando te pongas en la piel del adulto, mantén la concentración para analizar cada problema de forma totalmente mesurada y desapasionada, objetiva.

Naturalmente, también puedes practicar este ejercicio por escrito. A veces eso ayuda a que sea más fácil diferenciar y mantener la distancia entre los dos componentes.

✎ Ejercicio: *Las tres posiciones de la percepción*

Este ejercicio está inspirado en gran medida en el anterior. No obstante, no deberías entenderlo como un «ejercicio», ni mucho menos, sino como una herramienta que te ayudará a estructurar tu realidad. Por decirlo de alguna forma, las tres posiciones de la percepción conforman una plataforma sólida, sobre la que puedes solucionar problemas y regular sentimientos. En primera instancia, puedes ejercitar las tres posiciones modificando realmente la posición que ocupas dentro de la sala o habitación. Después, deberías ir cambiando el procedimiento paulatinamente y desplazarlo, para que todo se desarrolle en tu cabeza. De ese modo, podrás recurrir a este ejercicio o herramienta en cualquier momento y lugar.

Ahora te ruego que te imagines un conflicto típico que tengas con una persona, alguien con quien te encuentres una y otra vez, constantemente. Por ejemplo, puede tratarse de que muchas veces consideres que tu pareja no te aprecia correctamente y no te toma en serio. O que tu superior en el trabajo te encargue una barbaridad de tareas, una cantidad excesiva. O que una compañera acuda a ti constantemente para pedirte consejos y ayuda, aunque estés hasta las cejas de trabajo. O que...

1. Búscate un lugar en la sala donde estés (de pie). Colócate allí y comunícate con tu niño de las sombras, fúndete con él. Ahora observa el problema que tienes con la persona XY, únicamente desde la perspectiva del niño de las sombras. Debes apreciar conscientemente cómo siente el problema el niño de las sombras y qué dogmas se activan.
2. Libérate del niño de las sombras, ya sea dándote palmadas o pegando saltitos. A continuación, muévete hasta ocupar otra posición en la sala y una vez allí, asume la personalidad de la persona que constituye la otra parte del problema. Obsérvate y contempla la situación a través de sus ojos. ¿Cómo se siente esa persona respecto a ti?
3. Pasa a situarte en una tercera posición dentro de la sala y contémplalos a los dos desde fuera: a ti y a la otra persona involucrada en el problema. En definitiva, asume el papel de tu adulto interior y analiza la situación desde la perspectiva de una tercera persona. Tienes que observaros como si fueseis actores sobre un escenario. Ahora, como tu yo adulto, reflexiona sobre cómo aconsejarías actuar a tu niño de las sombras.

Hay algo de lo que es imprescindible que te mentalices: el niño de las sombras pierde la perspectiva al instante. Cuando pierde altura y se queda atrapado en su postura, no tarda en volverse un enemigo, en lugar de un interlocutor. Desde su perspectiva típica, las únicas posibilidades que baraja son defenderse, atacar, justificarse o huir.

Veamos otro ejemplo tomado de mi consulta: Hermann (69 años) mantiene una relación que lo vincula a Miranda (65 años) desde hace un par de años. Su niño de las sombras guarda, entre otros, dogmas como: «¡No tengo permiso para defenderme!», «¡Tengo que aceptar lo que venga!», «¡Tengo que adaptarme a ti y tus deseos!», «¡No puedo ser yo mismo!». Como consecuencia de todo esto, ha desarrollado un tremendo afán por escapar y disfrutar de la libertad, a modo de estrategia de protección. Dicho con otras palabras: Hermann sufre de auténtico miedo al apego. En una sesión de terapia me explicó que se había enfadado (otra vez) con Miranda: resulta que se había ido a una excursión con varios amigos y tenía planeado regresar a casa un domingo por la noche. Pero justo entonces le llamó su hijo adulto, Manuel, para invitarle a que lo visitase, y precisamente se encontraba cerca de su domicilio. Así que allá se fue, tomando una decisión espontánea. Llamó a Miranda y le contó que llegaría un día más tarde. El lunes llegó su otro hijo, Bernd, que acudía a visitar a su hermano. Los dos hijos le pidieron que se quedase una noche más con ellos. A Hermann le pareció buena idea y le comunicó a Miranda que se retrasaría un día más. Pero entonces Miranda empezó a quejarse y protestar. Le puso de los nervios, tanto que lo que más le apetecía en aquel momento era cortar por lo sano y poner punto final a la relación con Miranda (otra vez más).

Con Hermann trabajé las tres posiciones:

1. Posición del niño de las sombras: «¿Pero se puede saber con qué derecho me impone normas ella a mí? ¿Acaso no puedo hacer lo que me dé la gana? ¿Tengo que bailar siempre según la música que elija? ¿Es que no hay espacio para un poquito más de flexibilidad? ¡La verdad es que estoy hasta las narices!».
2. Posición de Miranda (asumida por Hermann): «Me siento decepcionada, me había hecho la ilusión de pasar juntos la noche del domingo y luego de vernos el lunes por la tarde... y ahora tengo que esperar al martes. Siempre hace lo que le da la gana, parece que yo no tengo derecho a opinar. Es él quien decide exclusivamente cuándo quiere que estemos juntos y cuándo no».
3. Posición del yo adulto: «Vaya, pues en realidad no es Miranda quien lo decide todo, ni mucho menos. La persona dominante soy yo, todo sigue los cauces que a mí me apetecen. Cuando cambio mis planes de forma espontánea, Miranda tiene que apechugar con las consecuen-

cias, le guste o no… pero aún así yo me siento como si fuese la víctima. Qué asco».

Por medio de la separación objetiva y clara de estas tres posiciones o posturas de la percepción, Hermann pudo observar su problema desde un ángulo totalmente nuevo y muy apropiado. En su vida cotidiana, él ocupa normalmente la primera posición, así que se identifica en cuerpo y alma con su niño de las sombras. Desde esa postura, no puede mirar qué es lo que sucede más allá de la situación inmediata que le rodea. Así que se compadece de sí mismo y es incapaz de desarrollar cierta empatía por Miranda. Desde la postura del niño de las sombras se considera una víctima desgraciada. Pero la segunda y la tercera posturas le permiten percibir la situación desde otro punto de vista y reconocer que en realidad es él quien detenta más poder, no su pareja. Descubrir este hecho provoca que cambien sus sentimientos y así tiene la oportunidad de adoptar una conducta diferente. En su caso, eso implica que resulte mucho más frecuente llegar a acuerdos y compromisos con Miranda. Para conseguir traducir los resultados de este ejercicio y aplicarlos a su rutina diaria con éxito, se ha puesto de acuerdo con Miranda para tomarse un breve periodo de descanso o de permiso cuando se produzcan situaciones especialmente agudas.

Hermann es de esa clase de personas que tienden a proteger a su niño de las sombras marcando límites y fronteras para los supuestos derechos o pretensiones que a priori pudiesen tener quienes les rodean, rehuyendo el contacto cuando no les queda otro remedio. Por tanto, a menudo se encuentra ocupando la primera de las tres posiciones. Por el contrario, las personas que defienden a sus niños de las sombras mediante la estrategia de adaptación para intentar encajar y fomentar la armonía, frecuentemente se topan con esta dificultad: les resulta muy complicado establecer límites y aislarse o separarse de los demás cuando es necesario. Así que a menudo ocupan la segunda posición de la percepción de las tres enumeradas. Es decir, que se identifican demasiado con los deseos y aspiraciones que los demás les exigen personalmente. Estas personas deben aprender a desarrollar y fortalecer su sensibilidad para saber realmente qué es lo que verdaderamente desean y qué es importante para ellas. Así que tienen que mejorar su facultad para separarse de los demás, para establecer cierta distancia respecto al resto. Este libro ofrece muchos consejos para avanzar en este ámbito.

Descubre al niño de la luz en tu interior

El niño de la luz representa ese sentimiento o sensación internos que todos queremos experimentar. Ahora bien, ¿qué función cumple realmente el niño de la luz en nuestro fuero interno? En primer lugar, supone la facultad de centrarse por completo en el aquí y el ahora. Al niño de la luz le encantan las bromas, la cháchara, la diversión. Es un personaje muy espontáneo y de naturaleza curiosa. Reflexiona sobre sí mismo y se acepta y gusta tal y como es, sin más. No se dedica a compararse con otros niños, porque su mirada no está enfocada sobre sí mismo, sino que se dirige al mundo que le rodea. Puesto que no se pasa todo el tiempo observándose a sí mismo, tampoco pierde el tiempo cavilando sobre qué impresión les habrá causado a los demás niños. Es capaz de romper a reír a carcajadas, de ponerse a pegar brincos, de echar a cantar o bailotear, todo de una forma absolutamente espontánea, se muere de ganas de disfrutar de la vida. Pero también es capaz de concentrarse al máximo para estudiar o trabajar.

Todos nosotros llevamos en nuestro interior el gigantesco potencial para la alegría y la diversión que tiene un niño, solo que ha adoptado la forma de nuestro niño de la luz, aunque tan solo nos comuniquemos con él ocasionalmente. ¿Te acuerdas de tu infancia, de aquellos momentos en que eras perfectamente capaz de jugar y jugar completamente ajeno al resto del mundo, capaz de reír a carcajadas? Recuerda aquella curiosidad infantil, tus ansias de vivir aventuras. Recupera la espontaneidad, la naturalidad y la ingenuidad y repasa esas cualidades, piensa en cómo observabas el mundo a través de ellas. Reflexiona unos instantes, piensa en qué pocas veces te comparabas con los demás niños cuando eras pequeño. Debes tomar conciencia de que las normas que hoy, como persona adulta, respetas y sigues porque indican qué es bonito o feo, qué es correcto o incorrecto, qué es un éxito y qué es un fracaso, son normas que apenas tenían significado ni relevancia para tu forma de pensar en la niñez. Todo era mucho más sencillo: las cosas eran como eran y ya está. Recuerda los instantes de felicidad junto a tu familia y qué bien te lo pasabas junto a tus compañeros de juegos.

Si tenemos la intención de transitar por senderos nuevos, de liberarnos de los patrones de conducta que nos tienen atrapados, de poco servirá que nos propongamos dejar de creer y confiar en nuestros antiguos programas de comportamiento. Lo que nos hace falta es tener una visión que los sustituya, en la que podamos basarnos y creer. Necesitamos contar con una meta final, un estado de las cosas al que apunte nuestra brújula, al que podamos agarrarnos. Algo que nos sirva para reemplazar las viejas ideas, que las sustituya. Con esta finalidad, ahora procederemos a repetir los mismos ejercicios que hemos realizado con el niño de las sombras, pero en esta ocasión te dedicarás a descubrir y conocer a tu niño de la luz. Esta vez buscarás dogmas positivos, que te brinden apoyo, y nos centraremos en tus puntos fuertes. Además, también trataremos de desvelar cuáles son tus valores personales, que funcionarán como sostén y compañía para facilitarte que abraces nuevas formas de conducta y puntos de vista. Finalmente, te enseñaré vías que te pueden servir de ayuda para modelar tus relaciones con los demás, para que sean más sanas, firmes y resistentes. Así que te mostraré modos de comportamiento alternativos para reemplazar las estrategias de protección que empleas ahora mismo. Las llamaremos *estrategias de conservación*.

En definitiva, el objetivo consiste en lograr que tu niño de la luz se abra y exprese en todo su esplendor. Eso sí, no se trata de «reinventarte» como persona, no, porque la mayor parte de ti ya tiene un cúmulo de detalles positivos y no tiene ningún fallo. No olvides esto nunca: eres una estrella, brillante y reluciente, y lo has sido desde que naciste. Ahora nuestro propósito es cambiar de forma positiva las actitudes y conductas que ahora mismo aplicas y que causan dificultades, tanto para ti como (ocasionalmente) para quienes te rodean. No obstante, antes de entrar en materia y volcarnos en los ejercicios, me tomaré la libertad de dedicar unas palabras a otro tema: la responsabilidad personal propia.

Eres responsable de tu propia felicidad

Habitualmente, vivimos inmersos en la ilusión de que las demás personas, los acontecimientos y las circunstancias desencadenan en nosotros sentimientos. Por eso, en el primer ejemplo que vimos en el libro, Michael pensaba que le correspondía a Sabine la culpa de sus enfados, porque era ella quien se había olvidado de comprar las dichosas salchichas. Pues la mayoría de los seres humanos siguen la lógica de Michael, piensan y se sienten como él. Si por la mañana resulta que nuestra pareja está de mal humor, nos arrastra y nos desanima. Si recibimos un cumplido, nos alegramos. Si alguien nos critica, nos sentimos chafados o nos enfadamos. Si nos quedamos atrapados en un atasco, nos irritamos. Generalmente, experimentamos las emociones y estados de humor como sensaciones originadas por acontecimientos externos, ya sea por obra de nuestros semejantes o por contrariedades y sucesos. Esta percepción nos induce a sostener que la responsabilidad sobre nuestros problemas o cómo nos sentimos corresponde a otras personas o al mismísimo destino. Estamos persuadidos de que la culpa de que todo nos vaya tan mal es de nuestra pareja, que no nos es fiel, o de nuestra jefa tan caprichosa, o de los trastornos de la menopausia, o del mal tiempo que hace, o del coche porque se ha vuelto a averiar, etc. Pero en realidad, los auténticos responsables de nuestro buen o mal humor y claro, de nuestras decisiones, somos nosotros mismos. Mucha atención, porque estos dos factores, el estado de humor y las decisiones, están estrechamente ligados. Al final, nos compete exclusivamente a nosotros elegir qué actitud y qué ideas desarrollamos respecto a los acontecimientos que nos ocurren. Así que podríamos alegrarnos porque nuestra pareja infiel al menos disfrutará de un poquito de variedad en el plano erótico. Esa jefa tan caprichosa incluso podría inspirarnos compasión en lugar de fastidio. Las mujeres tienen la posibilidad de afrontar la menopausia como un cambio hacia una época muy interesante de la vida, con nuevas posibilidades. Respecto al tiempo atmosférico, sea bueno o malo, siempre se puede aceptar con resignación y tranquilidad. Si el coche se ha estropeado, quizá podamos interpretarlo como una oportunidad, un estímulo para adquirir uno nuevo o si no, para hacer más ejercicio. Todos y cada uno de estos sucesos se podrían considerar un magnífico ejercicio para practicar la paciencia y la serenidad.

Quizá ahora todo esto te parezca algo un poco absurdo y hasta esotérico: ¿acaso alguien se puede plantear siquiera la posibilidad de permanecer siempre de buen humor, totalmente impermeable e independiente de los acontecimientos que suceden a nuestro alrededor?

Desde luego, yo tampoco creo que sea posible. Supuestamente, no existe ninguna persona capaz de mantenerse siempre por encima del comportamiento de sus congéneres ni de los golpes que le depare el destino, por más que haya meditado y reflexionado a lo largo de su vida. Al mismo tiempo, sí es cierto que disponemos de más espacio y más posibilidades para moldear nuestro humor, nuestros pensamientos, sentimientos y actos de lo que consideramos normalmente.

Sin embargo, para influir activamente sobre nuestro estado mental es imprescindible que primero asumamos nuestra propia responsabilidad sobre el mismo. A menudo ni siquiera caemos en la cuenta de que delegamos esa responsabilidad. Eso es lo que a veces les sucede a mis clientes. Así que algunos de ellos albergan una esperanza difusa de que yo pueda solventar sus problemas. Acuden puntualmente a cada sesión y esperan que haga algo con ellos que les libere de aquello que les preocupa. Pero el asunto no funciona así. En la psicoterapia no es posible tratar a los pacientes como se hace en la medicina. Si las expectativas del cliente consisten en someterse a una terapia psicológica de forma pasiva, es decir, que el psicoterapeuta se encargue de la labor y el cliente lo reciba como una especie de servicio, será imposible progresar. Los clientes que asumen muy poca carga de responsabilidad sobre sí mismos sí suelen mostrar una buena comprensión y entienden la situación durante la sesión, pero no aplican las medidas en la práctica. Por otro lado, también hay clientes que trabajan de forma muy activa entre sesión y sesión, por medio de la observación, la reflexión, la puesta en práctica de nuevas conductas, etc. Son estos quienes dan pasos adelante y avanzan con rapidez, mientras que los otros se quedan clavados en el mismo sitio. A ti puede sucederte lo mismo con este libro, plantéatelo: puedes limitarte a leerlo y esperar que así cambien algo las cosas y tu situación mejore. O bien puedes asumir de forma activa tu responsabilidad en el asunto, implicarte en el proceso de transformación y trabajar personalmente con la ayuda del libro.

Me gustaría pedirte que dediques unos minutos a pensar en qué aspectos de la vida delegas tu responsabilidad: en qué ámbitos consideras que es otra persona quien realmente tiene que cambiar para que a ti te vaya mejor. ¿Hasta qué punto supones que dependes de ella y estás condicionado por las circunstancias externas? ¿O hasta dónde eres rehén de tus antojos, humores y estados de ánimo? Es probable que tu yo adulto tenga alguna que otra idea sobre cómo mejorar la situación en que te encuentras o su estado de ánimo, dentro del alcance de tu responsabilidad. Por ejemplo, seguramente tu yo adulto sepa que sería más beneficioso cambiar de empleo. O bien, si eso fuese imposible, modificar tu actitud hacia el trabajo. Tu yo adulto es consciente de que no tiene mucho sentido esperar a que cambie tu pareja; sería más sensato y lógico aceptar a esa persona tal y como es. O quizá tu yo adulto tenga la certeza de que es posible alterar su propio comportamiento hacia la pareja, para de esta manera mejorar la calidad de la relación. Quizá incluso sepa que sería más positivo separarse. Aunque tal vez no tengas pareja y vives con la esperanza de que un buen día se presente a tu puerta ese príncipe o princesa. Mucho cuidado: esa es la esperanza del niño de las sombras. El yo adulto interior tiene muy claro que más te valdría ponerte manos a la obra y esforzarte para encontrar pareja.

Lo cierto es que, en la mayoría de ocasiones, el yo adulto interior sabe qué es lo que habría que hacer. Es el niño de las sombras quien es víctima del pavor al cambio y por eso frena el dinamismo y socava la energía del yo adulto. Casi siempre por miedo a fallar. Y es que si yo asumo personalmente la responsabilidad sobre mis actos, también me expongo al riesgo de fracasar. Así que aquí es preciso contar con cierta capacidad de tolerar la frustración; o sea, tener la facultad de soportar también los sentimientos negativos de vez en cuando.

Como ya expuse al comienzo del libro, por supuesto, también existen los infortunios, los reveses del destino, que están fuera de las fronteras de nuestra responsabilidad y sobre los que tenemos poca o ninguna influencia. Como cuando fallece un ser querido o enfermamos de gravedad. También las personas que viven en regiones azotadas por guerras u otras crisis sufren grandes limitaciones para influir sobre su destino. En estos casos, evidentemente, resulta muchísimo más difícil serenarse y lograr un dominio que nos permita ser dueños de nuestro destino. Pero incluso ante las adversidades más duras, hay seres humanos que logran alcanzar un estado de serenidad interior que les permite aceptar su destino y contemplarlo de cierta forma, incluso aunque les acarree la muerte.

Puesto que tus problemas serán menos dramáticos que los antes mencionados (al menos, eso espero), te rogaría que buscases y adoptases una actitud o postura acorde con el hecho de que tú eres la persona responsable de tu propia felicidad, al 100 %. No aguardes sin más a que los demás cambien ni a que suceda «algo». Agarra el volante de tu vida con fuerza y empieza a transformar todo aquello que desees cambiar. Los siguientes ejercicios te ayudarán a lograrlo.

Ejercicio: *Busca tus dogmas positivos*

Ahora lo que nos interesa es encontrar y aceptar a tu niño de la luz. Tanto para este ejercicio como para los siguientes, necesitarás papel y lápices de colores.

Lo primero es dibujar otra vez la silueta de un niño en una hoja de papel, como mínimo de tamaño folio. A diferencia del niño de las sombras, este debes representarlo lleno de color, que sea alegre y resulte bonito. El niño de la luz representa el estado ideal, la meta que persigues. Por eso tiene que resultar atractivo también visualmente, así funcionará como elemento motivador y te insuflará ganas de vivir nuevas experiencias. Así que dibújalo todo lo bien y hermoso que puedas, como si estuvieses participando en un concurso de artistas. Píntale también el rostro, ponle cabello y decora el resto de la hoja o lámina a tu gusto, según te pida el cuerpo. Tienes un ejemplo en la solapa interior de la cubierta trasera del libro.

A continuación nos centraremos en localizar tus dogmas positivos. Lo haremos en dos pasos: primero nos fijaremos en qué dogmas positivos has tomado prestados de tus padres o de otras personas que te han cuidado. En segundo lugar, volveremos sobre los dogmas que habíamos encontrado del niño de las sombras y les daremos la vuelta, para transformarlos en su opuesto positivo.

1. Dogmas positivos de la infancia

Si la relación que mantienes con tus padres es suficientemente buena y deseas que le hagan compañía a tu niño de la luz, escribe «mamá» y «papá» o el nombre de las personas que te cuidaron en la niñez, junto a la cabeza del niño que has dibujado, a izquierda y derecha. Ahora recapacita unos instantes: ¿qué cualidades positivas tenían, qué cosas hicieron bien? Anótalo todo.

Si no te apetece que tus padres estén presentes junto al niño de la luz porque la relación que mantenías (o que aún mantienes) con ellos era (o es) difícil o mala, puedes prescindir por completo de esta parte del ejercicio. O también puedes tomar nota de los rasgos benignos de tus padres en otra hoja de papel separada y limitarte a enumerar junto al niño de la luz los dogmas positivos que hayas tomado de ellos.

Claro que también cabe la posibilidad de que tu queridísima abuelita, alguna vecina especialmente cariñosa o un profesor comprensivo te hayan ofrecido cariño y calor humano durante tus primeros años, ¿verdad? Pues entonces, incluye también en este apartado a esa persona.

Una vez que hayas tomado nota de las buenas cualidades de tus padres y otras personas importantes, presta atención a tu interior, escúchate: ¿qué dogmas positivos has heredado de todos ellos? Aquí tienes una lista de dogmas positivos que te servirá de ayuda.

Dogmas positivos

¡Me quieren!
¡Soy una persona valiosa!
¡Soy capaz de lograr muchas cosas!
¡Me siento una persona bienvenida!
¡Todo saldrá bien!
¡Mis necesidades están cubiertas!
¡Soy una persona inteligente!
¡Soy una persona hermosa!
¡Tengo derecho a sentirme alegre!
¡Es normal y aceptable que cometa errores!
¡Me he ganado el derecho a ser feliz!
¡La vida no es tan difícil!
¡Puedo expresarme, ser yo mismo!
¡No pasa nada si soy una carga para los demás en alguna ocasión!
¡Me puedo defender!
¡Puedo tener mi propia opinión!
¡Está bien sentir emociones!
¡Puedo mantener cierta distancia respecto a los demás!
¡Soy capaz de conseguirlo!

Si has encontrado varios dogmas positivos, elige dos como máximo y apúntalos en el pecho de la silueta infantil que has dibujado. En este punto, al igual que hicimos con los dogmas negativos, también nos interesa poner ciertos límites, para que te resulte más fácil trabajar con este material en la vida cotidiana.

2. Dales la vuelta a los dogmas negativos

Es el momento de retomar los dogmas negativos que habías identificado en la página 75 y siguientes. Lo que pretendemos ahora es invertirlos, transformarlos en su reverso positivo. En el caso de dogmas como «No valgo para nada» o «No soy capaz de hacer nada bien», la cuestión es muy simple: «Soy una persona valiosa» o «¡Soy capaz de grandes cosas!». Pero también hay dogmas algo más complicados de transformar. El motivo es que para los dogmas positivos solemos preferir lemas exentos de la palabra «no». Así que, por ejemplo, si albergas el dogma «Soy responsable de tu felicidad», para darle la vuelta y convertirlo en su opuesto no bastará con decir que «No soy responsable de tu felicidad». Ese «no» está muy condicionado por el subconsciente, ya que realmente resulta difícil no pensar en algo. Imagínate que ahora te pido que no pienses en un gatito simpatiquísimo y juguetón... claro, automáticamente te lo imaginarás. Por tanto, la inversión del dogma «Soy responsable de tu felicidad» debería ser algo de este estilo: «Puedo distanciarme de los demás» o «Puedo hacer mi propia vida». Incluso «mis deseos y necesidades son igual de importantes que los de los demás».

Transformar a su versión positiva dogmas como «¡Soy una carga para todos!» nos daría algo como «¡No pasa nada si soy una carga para los demás en alguna ocasión!». En definitiva, es inevitable que de vez en cuando supongamos una carga para los demás, por ejemplo si nos encontramos mal de salud o requerimos algún tipo de ayuda. Lo mismo vale para «Es normal y aceptable que cometa errores».

Además, los dogmas positivos deberían formularse de manera que sean razonables y admisibles. Para algunas personas, por ejemplo, renunciar al dogma «¡Soy una persona feísima!» para asumir que «¡Soy una belleza!» va demasiado lejos. En tales casos, yo recomiendo modular el mensaje, algo así como «¡Físicamente, no estoy tan mal!». O directamente «¡Estoy bastante bien, es suficiente!».

También tienes la opción de limitar un poco tus dogmas, para que te resulten más fáciles de digerir y asumir. Por ejemplo, si el dogma «¡Soy importante!» se te antoja demasiado exagerado y difícil de aceptar, pues ajústalo así: «Para mis hijos/amigos/padres, soy una persona importante». Tienes que formular los nuevos dogmas de manera que te sientas bien con ellos, que sean reconfortantes.

Así que ahora es el momento de anotar esos dogmas positivos en la silueta de tu niño de la luz.

✎ Ejercicio: *Encuentra tus fortalezas y tus recursos*

Además de los dogmas positivos, es fundamental que tomes conciencia de cuáles son tus puntos fuertes y tus recursos. Entre las fortalezas se cuentan las capacidades y los rasgos de tu carácter que con frecuencia te son útiles. Por ejemplo, el humor, el valor o las competencias sociales. Por una vez, no estaría mal que aquí te mostrases un poco generoso contigo mismo. Eso de que «¡la alabanza propia envilece!» es una soberana estupidez, uno de los dichos más equivocados jamás inventados. Si te cuesta mucho trabajo decir algo bueno sobre tu persona, imagínate qué rasgos o cualidades positivas de ti alabarían tus amistades. Todavía más fácil: pregúntaselo directamente.

Para echarte un cable y darte un empujón para desentrañar cuáles son tus puntos fuertes, te propongo a continuación unos cuantos ejemplos.

> **Lista de puntos fuertes**
>
> Divertido, honesto, leal, dispuesto a ayudar, inteligente, creativo, reflexivo, con buenas habilidades de socialización, simpático, disciplinado, atractivo, flexible, tolerante, ingenioso, deportista, comunicativo, generoso, educado, cultivado, curioso, con ansia de aprender, equilibrado, temperamental, estable, entretenido, atento, con espíritu aventurero, emprendedor, etc.

Ahora te toca apuntar tus fortalezas en el dibujo del niño de la luz (fíjate en la ilustración de la solapa de la cubierta trasera del libro).

En el apartado de recursos vamos a reunir las fuentes de las que manan tus fuerzas, por así decirlo, así como las circunstancias o condiciones que rodean tu vida y te procuran apoyo o te aportan energías.

> **Lista de recursos**
>
> Buenos amigos, una relación de pareja intacta y sólida, familia, hijos, un buen empleo, ingresos suficientes, salud, naturaleza, música, una buena vivienda, una mascota, compañeros de trabajo agradables, viajes, etc.

Debes apuntar o dibujar tus recursos alrededor del niño de la luz, en el mismo papel (fíjate en la ilustración de la solapa de la cubierta trasera del libro).

Después de haberlos identificado y plasmado en el folio, es hora de prestarle atención a tus valores.

¿Cómo pueden ayudarnos los valores?

Durante décadas y décadas, la humanidad dio por sentado que el hombre solamente actúa por impulsos egoístas, en su propio beneficio. Sin embargo, hete aquí que las últimas investigaciones científicas del cerebro han desmentido y refutado esta teoría: una persona que estuviese predispuesta exclusivamente para el egoísmo no tendría unas expectativas de supervivencia demasiado halagüeñas. En lugar de ello, los seres humanos están predispuestos por naturaleza a vivir en grupos y cooperar. El famoso autor y divulgador científico Stefan Klein expone en su obra «La revolución generosa» que el altruismo tiene en el cerebro unos efectos similares a los que provocan el sexo o una tableta de chocolate. Cuando tenemos la sensación de que nuestros actos atienden a valores más altos y dentro de esa lógica sirven al bien de la comunidad o al de otro individuo, esa emoción nos puede hacer felices en un plano profundo. Ansiamos que nuestras acciones tengan un sentido. Y esto también se puede expresar en el sentido inverso: percibir la futilidad o el sinsentido de nuestros actos nos causa depresiones. De hecho, uno de los síntomas más destacados de la depresión es que el sujeto afectado percibe que todo cuanto le rodea carece de sentido.

Para combatir esa sensación, el afamado médico vienés Victor Frankl concibió la ergoterapia; es decir, la terapia del sentido. Defendía que las personas podían superar los miedos que las atenazaban si orientaban sus actos hacia valores más elevados, con lo cual sus acciones sí tendrían un sentido. Cuando perseguimos una meta más alta que nuestra propia protección, somos capaces de crecer, de sobrepasar nuestras limitaciones. Por ejemplo, si normalmente me agarrota un miedo atroz que me impide expresarle mi opinión sincera a un superior porque correría el riesgo de que me pasase por alto a la hora de asignar el siguiente proyecto, tengo la posibilidad de vencer ese terror si me centro en valores más elevados. Por ejemplo, si tengo presente que al manifestarme y hacerme oír con claridad puedo evitar que la culpa de un problema recaiga sobre un compañero inocente, con lo que impediría una injusticia.

Los valores elevados como la justicia y la valentía moral son los pilares en los que se apoya esta teoría y me pueden reafirmar para sobreponerme al miedo que siente mi niño de las sombras por el riesgo de sufrir reveses o ser despreciado.

Los valores constituyen un excepcional ansiolítico. ¿Y qué son los ansiolíticos? Pues son los medicamentos que actúan contra los miedos. Todo cuanto hacemos en el día a día, todas nuestras acciones, se cimentan sobre valores, aunque habitualmente no seamos muy conscientes de ellos. En la mayoría de casos, no nos percatamos de que están ahí abajo hasta que sufren alguna lesión o agresión. Pensemos en la justicia, un valor que, cuando resulta herido, es capaz de desatar en nuestro interior fuerzas monstruosas, imparables. Por eso también es posible intervenir y aplicar de forma plenamente consciente y positiva valores de orden superior que nos aporten fuerzas y nos refuercen por dentro.

Muchas de las estrategias de autoprotección cuya finalidad es defender al niño de las sombras provocan que nos creamos el eje en torno al que gira todo, con una actitud algo egocéntrica. Entonces es cuando nos ocupamos en cuerpo y alma de la autoprotección, absortos en ella, tanto que perdemos de vista los valores de orden superior. Aquí tenemos un pequeño ejemplo, muy corriente en la vida cotidiana:

Sabrina se distancia de su amiga Aisha porque esta última la ha hecho enfadar debido a un comentario algo malicioso sobre su figura. Sin embargo, Sabrina no quiere hablar con Aisha sobre su malestar, ya que opina que si se decantase por dialogar con ella, estaría mostrando una debilidad. Así que prefiere retraerse y evitar el contacto con Aisha. Esta es la cuestión que podría plantearse Sabrina: ¿es verdaderamente leal su actitud hacia Aisha? Por tanto, la lealtad supondría un valor que serviría para que Sabrina se orientase; le daría impulso para saltar y escapar de las sombras. Otro valor relevante sería la amistad, a fin de cuentas, ha vivido grandes experiencias y aventuras junto a Aisha. Tal y como se desarrolla el incidente, el retraimiento de Sabrina no le concede a Aisha ni una oportunidad para justificarse, explicar su postura ni disculparse. Hace ya unos días que su amiga se muestra gélida como un témpano de hielo y Aisha no tiene ni la menor idea de por qué. Si al menos Sabrina mencionase a qué se debe ese enfriamiento, la conversación resultante valdría como mínimo para acercarlas. De modo que Sabrina y Aisha tendrían la oportunidad de conservar su amistad si Sabrina se rindiese y abriese la boca. Por el contrario, su cerrazón y su renuncia a hablar aniquila la relación, ya que además es muy hiriente para Aisha. Sabrina podría haberlo evitado si se hubiese dejado guiar conscientemente por valores como la lealtad, la amistad, la valentía moral o la tolerancia.

Quizá ahora te estés preguntando por qué debería asumir Sabrina la responsabilidad sobre la amistad que comparten las dos a fin de cuentas fue Aisha quien la ofendió. Una vez más, tengo que apuntar hacia la responsabilidad personal: es Sabrina quien se siente molesta, así que ella es la responsable de ese sentimiento. Ni siquiera sabemos con certeza si la observación que lanzó Aisha era verdaderamente ofensiva, ¿no será solamente imaginaria esa humillación, resultado de la percepción distorsionada por el influjo de la niña de las sombras de Sabrina? Si Sabrina albergase en su interior dogmas como «Soy una persona feísima», «No valgo para nada» o «Estoy demasiado gorda», podría haber interpretado que la crítica de Aisha sobre su aspecto iba cargada de desprecio... cuando a lo mejor, lo único que dijo esta última fue un comentario del tipo «Esos pantalones negros te sientan mejor que la minifalda». A pesar de ser un comentario inofensivo, las orejas de la niña de las sombras lo escucharían y transmitirían así para

Sabrina: «Tienes las piernas rollizas, ¡demasiado gruesas para ponerte minifaldas!». De inmediato se sentiría golpeada, aunque Aisha no tuviese la menor intención de ello y solamente pretendiese expresar su crítica al respecto del estampado o el corte de la falda.

Las supuestas ofensas que en realidad no son tales son muy comunes. Cuando más insegura se sienta una persona, más proclive será a interpretar rápidamente que las palabras o los actos de otras personas esconden un rechazo o una crítica personal. Por eso, para la amistad entre Sabrina y Aisha, sería mucho más útil que Sabrina se convenciese de que debe hablar. Bastaría con limitarse a preguntarle a Aisha en qué basa esa opinión; tan solo con eso, sería suficiente para esquivar el malentendido. Asimismo, me gustaría que te detuvieses a pensar en este detalle unos instantes: ninguna comunicación puede ser perfecta al 100 %, como también son imperfectos nuestros congéneres y lo somos nosotros mismos. Ya me ha pasado en más de una ocasión que insultase a un amigo sin ninguna intención de hacerlo. O también que le presentase una crítica honesta y sincera, bienintencionada, solo para que reaccionase disgustado, mucho más enfurecido de lo que me esperaba. Nos resulta imposible evaluar con precisión qué sensaciones y reacciones desencadenarán nuestras palabras y acciones en quienes las reciben. Aunque pongamos cuidado para ser extremadamente respetuosos y amables, siempre cabe la posibilidad de que dichos interlocutores no interpreten esos mensajes del mismo modo. Lo que sí queda dentro de nuestra esfera de control es la oportunidad de expresarnos con total claridad cuando la situación lo requiera.

Por tanto, cuando caigas en la cuenta de que te refugias en una de tus estrategias de autoprotección, párate y dedica unos instantes a reflexionar de forma consciente: pregúntate si tu actitud y comportamiento son verdaderamente equitativos y leales respecto a las demás personas implicadas. En todas estas cavilaciones que giran en torno a tu autoprotección debes tener presente siempre esta cuestión: ¿es aceptable y correcta tu forma de proceder, lo que dices o callas, lo que haces o te abstienes de hacer? Trata de enderezar tus actos para que no se rijan tanto por el principio de «¿Cuál es la mejor manera de protegerme?», sino más bien para responder a esta cuestión: «¿Qué es lo más sensato y lo más correcto?». Si consigues elevar estas preguntas a la categoría de *leitmotiv* personal, lograrás crecer sin que te coarten las barreras de tu niño de las sombras. Eso no solo te ayudará a comprenderte mejor, sino que también te convertirá en mejor persona.

✎ Ejercicio: *Determina cuáles son tus valores*

Llegados a este punto, permíteme que te invite a encontrar cuáles son tus valores personales, los que te ayudarán a superar los sentimientos de miedo e inferioridad de tu niño de las sombras de una forma sana. Si comienzas a reflexionar al respecto, probablemente se te ocurra una extensa serie de valores que estimas como importantes: tolerancia, justicia, buena disposición para ayudar, etc. Pero para los fines de este ejercicio, nos interesa ceñirnos solamente a tres, que debes seleccionar. Por el mismo motivo que cuando trabajamos con los dogmas; porque los valores deberían ser recursos a los que puedas acceder rápida y fácilmente en la vida diaria, de modo que ganes la máxima eficacia posible. Lo más recomendable es que te limites a aquellos valores que funcionen como las herramientas más efectivas contra tus estrategias de protección.

Me explico: si tu arsenal de estrategias de protección abarca opciones como la huida o la búsqueda de la armonía a toda costa, te convendría abrazar valores que te aporten firmeza y solidez para contrarrestar esas tendencias, más capacidad para luchar y defender tu postura y la de otras personas. Algunos podrían ser estos (hay más, claro): sinceridad, valor, valentía moral, justicia, responsabilidad o decencia.

Si tiendes al perfeccionismo y te obsesiona no cometer ningún error jamás, algunos de los «contravalores» más positivos serían estos: serenidad, una pizca de conformismo, alegría de vivir, optimismo derivado de confiar en Dios, humildad o modestia.

Si entre tus estrategias de protección figura una gran ansia de poder, valores como la confianza, la empatía y la democracia te ayudarán a frenar esa obsesión.

En definitiva, deberías buscar valores que favorezcan tu posición para superar los miedos y las preocupaciones de tu niño de las sombras.

Para que te sirva de inspiración en la tarea, he redactado una lista de valores; aquí la tienes.

> **Lista de valores**
>
> Justicia, equidad, apertura de miras, valor, valentía moral, fidelidad, sinceridad, confianza, responsabilidad, autenticidad, amor al prójimo, amistad, lealtad, alegría de vivir, calma, dulzura, bondad, serenidad, sosiego, atención, generosidad, disciplina, reflexión, sabiduría, educación, compasión, decencia, cariño, buena disposición para ayudar, modestia, transparencia, democracia, tolerancia, empatía, comprensión, carácter apacible, búsqueda del bien común, compromiso, amor.

Ahora te ruego que escribas con lápices de colores los valores elegidos justo encima de la cabecita de tu niño de la luz. Este lugar simboliza que los valores son «cerebrales», que se piensan con la cabeza, así que fortalecerán sobre todo la posición de tu yo adulto interior (fíjate en la ilustración de la solapa de la cubierta trasera del libro).

Todo depende del estado de ánimo

Los nuevos dogmas, los valores más elevados y la toma de conciencia de cuáles son tus recursos y tus fortalezas deberían ayudarte a curar las heridas del niño de las sombras y despertarlo de su letargo para que aprecie las bondades de la vida. Ambos objetivos están estrechamente relacionados con los sentimientos y los estados de ánimo. A fin de cuentas, si estamos de un humor de perros, todos esos grandes valores y dogmas renovados no valdrán de nada por sí solos. Desde luego, es posible que una persona adopte las decisiones más correctas por puro sentido de la obligación, pero la vida es mucho más sencilla si se vive en un estado de «ánimo elevado», tal y como lo expresa el psicólogo Jens Corsson en su libro «Ich und die Anderen». Corsson describe con toda claridad hasta qué punto nuestro estado de ánimo influye sobre los pensamientos y las valoraciones. Mientras me encuentro en un estado de ánimo elevado, soy una persona más amistosa, de mejor humor, más benevolente y bienintencionada. Eso no solo contribuye a que a mí me vayan mejor las cosas, sino que les facilita y endulza la vida también a quienes me acompañan. Por el contrario, si mi estado de ánimo es malo, reacciono de inmediato con agresividad e irritación o me decido a esconderme en mi refugio personal y cierro todas las ventanas al exterior, como si fuese un caracol.

En esencia, estamos constantemente ocupados en mantener estable y alto nuestro estado de ánimo, sea como sea, lo que a su vez va íntimamente ligado a nuestra percepción del placer: deseamos evitar las sensaciones desagradables a cualquier precio y disfrutar de tantas sensaciones agradables y placenteras como sea factible. En otras palabras, ambicionamos la felicidad. Puede que los caminos que conducen a la felicidad sean muy desiguales, pero sí que hay un par de ingredientes fundamentales que son comunes para todos los seres humanos. Ya lo sabían los antiguos griegos, que introdujeron el concepto «eudaimonia», que podemos traducir como «estar atados a un espíritu benéfico». En nuestro idioma actual es frecuente que se traduzca «eudaimonia» sencillamente como «felicidad» (aunque los expertos no se han puesto todavía de acuerdo sobre cuál es la versión más fiel; otras posibilidades serían «prosperidad» o «buena fortuna»). Para los antiguos griegos, la eudaimonia no era algo que se alcanzase por medio de factores externos, sino un estado producto de seguir un modo de vida adecuado y correcto. Ese modo de vida correcto implicaba, entre otros elementos, la autosuficiencia, la disciplina y la virtud. Por tanto, es preciso distinguir la eudaimonia del hedonismo, que se limita al disfrute de los sentidos. Los placeres sensuales solamente pueden brindarnos sensaciones maravillosas a corto plazo, mientras que el «modo de vida correcto» conduce a una forma de felicidad más sosegada, pero también más constante y resistente. Así que resulta que Platón y sus colegas eran igual de inteligentes que nosotros en la actualidad, pues lo cierto es que no se han producido descubrimientos de relevancia en este campo desde entonces. Las investigaciones científicas más recientes sobre el cerebro tan solo han refrendado que los filósofos griegos, a grandes rasgos, llevaban razón: la felicidad es un estado que se puede entrenar y depende en gran medida de qué actitudes adoptemos hacia la vida. Las tesis que sostienen los budistas tampoco distan de este principio, aunque ponen menos énfasis en la consecución de la felicidad y hacen hincapié en la supresión del sufrimiento. El budismo propone también una imagen muy clara de cuál es la forma más correcta de vivir, en la que se fundamenta su enseñanza del «Noble camino óctuple» para la liberación.

Para demostrar científicamente que la felicidad es una sensación que se puede entrenar, el investigador especialista en el cerebro Richard Davidson le pidió al Dalai Lama que le permitiese estudiar a ocho monjes pertenecientes a su círculo más cercano. Tendrían que someterse a un examen dentro del estrecho cilindro de esas ruidosas máquinas que ejecutan los análisis de imagen por resonancia magnética. Allí se tumbarían y entrarían en un estado de relajación profunda, cosa nada sencilla dadas las condiciones de incomodidad, pero que finalmente consiguieron. De esta manera, los investigadores podían observar el cerebro de los monjes mientras estos meditaban. Probablemente los hallazgos del estudio no sorprendieron mucho al Dalai Lama: la meditación activa modifica la estructura del cerebro. La actividad en el lóbulo frontal izquierdo de los monjes era mucho más intensa que la registrada en el grupo de control, compuesto a su vez por 150 individuos que no practican el budismo. Esta región del encéfalo, así como la actividad que lleva a cabo, están correlacionadas con el buen ánimo y el optimismo. Así que el cerebro de los optimistas se caracteriza porque su corteza frontal izquierda es más activa que la de aquellas personas que suelen sentirse desgraciadas. Esa región del cerebro parece encargarse de que mantengamos un ánimo sereno y tranquilo, dos cosas que disfrutan las personas afortunadas por naturaleza y los budistas que se han entrenado para ello. La conclusión que nos acerca este experimento es que la felicidad no es sino una aptitud o destreza que podemos entrenar, como si se tratase de un músculo.

A lo largo del resto de este libro te daré todavía más consejos e ideas prácticas para que aprendas cómo es posible llegar al estado de ánimo elevado y qué es lo que implica llevar un «modo de vida correcto». Para ello no nos limitaremos a encontrar nuevas formas de conducta por medio de las estrategias de conservación, sino que también nos serviremos de la fantasía y de la memoria de nuestro organismo para inyectarnos un nuevo sentimiento vitalista: el sentimiento del niño de la luz.

Explota tu fantasía, ¡saca partido a la memoria corporal!

Antes de que nos propongamos despertar el sentimiento del niño de la luz que anida en ti, te voy a explicar un par de detalles importantes para tu adulto interior: como ya he expuesto anteriormente, el cerebro no es especialmente hábil para diferenciar entre la realidad y la imaginación. Por eso la imaginación es una asistente primordial para recorrer la senda del cambio y transformarnos. Si lo estimulamos por medio de imágenes, colores, olores, sonidos, etc., nuestro cerebro es capaz de establecer asociaciones a la velocidad del rayo, tanto positivas como negativas. Es algo que padeces constantemente: basta una vista, una melodía o un aroma para que estallen en tu mente mundos enteros de sensaciones e imágenes. Pues vamos a explotar esa habilidad del cerebro, para moldear asociaciones positivas de forma intencionada. Asociaciones que te ayudarán en la vida cotidiana a cambiar de postura y adoptar la del niño de la luz. Como complemento, también anclaremos de manera férrea al niño de la luz dentro de tus sensaciones físicas, corporales. Nuestro organismo posee una gran influencia sobre los estados de ánimo. Las investigaciones de la neurobiología han demostrado que el estado de ánimo no solo influye sobre nuestro estado físico, sino que esta relación funciona también en sentido inverso: el estado físico influye sobre el estado de ánimo. Es notorio que, si caminamos erguidos, nos sentimos más seguros de nosotros mismos que si andamos encorvados, con los hombros encogidos y la mirada clavada en el suelo. Venga, te animo a que lo pruebes. También puedes ponerte en pie, bien firme, estirar los brazos por encima de la cabeza y alzar la vista al cielo, ¿vale? Bien, pues en esa postura, intenta sentirte miserable. Otro experimento, este de signo contrario: hunde la cabeza, agacha la mirada, dejar caer los hombros y clava los ojos en el suelo. ¿Ya está? Pues sin dejar esa postura, trata de sentirte profundamente alegre. ¿A que te resulta muy difícil congeniar esos sentimientos?

Amy Cuddy es una psicóloga social estadounidense, una de las científicas más destacadas que ha investigado cuál es el margen de influencia del estado físico (y las posturas corporales) sobre nuestro estado de ánimo. Por ejemplo, en una serie de experimentos constató que las mujeres y los hombres que participaban en una entrevista personal o de trabajo conseguían resultados mucho mejores si antes permanecían durante dos minutos en la que conocemos como «postura de poder». Eso significa que tenían que pasar ese periodo de tiempo erguidos, con los pies firmemente plantados y separados y las manos apoyadas firmemente en las caderas. Si te interesa el tema y deseas profundizar, busca en Internet las conferencias de Amy Cuddy.

✐ Ejercicio: *Ancla al niño de la luz en tu interior*

Con la ayuda del siguiente ejercicio nos proponemos anclar al niño de la luz por completo a tus sentimientos, incrustarlo en tu espíritu y en tu organismo. Si lo prefieres, puedes llamar juego a este ejercicio, seguro que al niño de la luz le gusta más así*.

Para desarrollar el juego, lo mejor es que te pongas en pie. Coloca el folio con el dibujo del niño de la luz frente a ti, sobre el suelo. Ahora toma conciencia plena de tu cuerpo, préstale atención; ¿qué tal se encuentra? A continuación, dirige tu atención interior hacia la zona del tronco, el pecho y el vientre. El centro de los sentimientos.

1. Léete los dogmas positivos en voz alta y siente cómo penetran en ti. ¿Qué tal se perciben y se siente si los lees en voz baja?
2. Rememora una situación de tu vida en la que los dogmas positivos se manifestasen y se justificasen. Puede ser del pasado o del presente. Puede estar relacionada con la compañía de amigos, con tu trabajo, con alguna actividad deportiva o unas vacaciones. Quizá con un momento especial en la naturaleza o disfrutando de una pieza de música. Tienes que haber vivido al menos una experiencia en tu vida en la que hayas sentido que tus dogmas positivos eran muy acertados y absolutamente correctos.
3. A continuación, piensa en tus recursos. Repásalos con todos los sentidos (vista, oído, olfato, gusto, tacto) y déjate alimentar por ellos, siente cómo te aportan fuerzas.

---

* También tienes disponible este ejercicio como un viaje fantástico imaginario, el «Trance del niño de la luz», que puedes descargar por Internet.

4. Seguidamente, dirige la mirada interior a tus fortalezas. Piensa en ellas, pero no te detengas ahí, siente cómo se hacen notar en tu cuerpo cuando las pronuncias en voz baja. ¿Qué sensaciones te provocan?
5. Pasemos a los valores. Enuméralos, pronúncialos y siente cómo resuenan, fíjate en qué sensaciones desencadenan en el organismo. Presta atención a la fortaleza o a la calma que te brindan.
6. Siéntelo todo unido, en conjunto, ¿qué efecto tiene el niño de la luz para tu cuerpo?

Sin salir de ese estado, desplázate por toda la habitación donde estés y busca la postura propia de tu niño de la luz. Concéntrate en percibir cómo se siente todo tu cuerpo en conjunto cuando te fundes con ese estado. Fíjate conscientemente en cómo fluye la respiración cuando has adoptado la perspectiva del niño de la luz. Busca un pequeño gesto o una señal que sirva para expresar esa sensación del niño de la luz. Dale libertad a tu cuerpo, deja que brote por sí solo ese gesto. Te ayudará en la rutina cotidiana, te servirá como una suerte de ancla para mantener siempre la conexión con este estado de ánimo. Así podrás convocarlo siempre que lo necesites. Una de mis clientas abrió espontáneamente la mano hasta formar con ella una especie de cuenco. Esa postura tan relajada de los dedos y la palma se convirtió en el gesto que simbolizaba y convocaba a su niña de las sombras.

Ahora te pediría que apuntes los buenos sentimientos en la zona de la barriga de la silueta dibujada de tu niño de la luz.

Un pequeño extra: permanece en ese estado de ánimo interior tan positivo que corresponde al niño de la luz y deja que se exprese mediante una imagen, que surja espontáneamente. Tal vez veas el mar, quizá un hermoso paisaje o a lo mejor un parque de juegos, o incluso una casita semioculta en un frondoso bosque. Que sea el niño de la luz en persona quien te regale esa imagen. Déjate sorprender por su obsequio.

Toma nota de la imagen que te ha regalado el niño de la luz expresándola por medio de una sola palabra clave.

El niño de la luz en la vida cotidiana

Ese dibujo tan colorido (así lo espero, al menos) que has hecho del niño de la luz representa el estado de ánimo meta hacia el que puedes encaminarte y que te proporcionará un sostén más robusto. En primer lugar, por fuera, y después también por dentro, siempre y cuando lo fortalezcas mediante ejercicios periódicos de carácter lúdico. En el siguiente capítulo nos dedicaremos a descubrir cuáles son tus estrategias de conservación.

Pero desde ya mismo, puedes invocar a tu niño de la luz tan a menudo como sea posible, siguiendo las instrucciones que te he facilitado antes. Si te urge de veras y tienes que hacerlo de manera ágil, bastará con que pronuncies en voz alta tus nuevos dogmas o valores, o bien que recuerdes cuáles son tus fortalezas y recursos. Quizá adoptar la postura del niño de la luz también te permita superar lo más rápidamente posible la imagen que domina tu mente. Tienes que jugar con todos sus contenidos, nada más. Según las condiciones de cada situación en la que te encuentres, recurre a aquellos contenidos que te resulten más necesarios. Lo más importante es que siempre te concentres y sientas plenamente cuál es la resonancia corporal que se origina como efecto de los dogmas, los valores, de tu imagen y tus recursos. Así, el niño de la luz podrá echar raíces y anclarse con firmeza a tu organismo.

Por supuesto, no podemos olvidarnos del niño de las sombras, ya que luchará constantemente por acaparar el protagonismo: basta un descuido, un sencillo desliz, y volverás a encallar en tus antiguos sentimientos y dogmas. Por tanto, tu yo adulto interior debe mantenerse muy despierto y alerta, para detectar a tiempo cuándo titubeas y te deslizas hacia las sombras. Siendo consciente de ello, podrás actuar conscientemente para cambiar y adoptar la postura del niño de la luz o decantarte por consolar en primer lugar al niño de las sombras. Pero también puedes asumir al instante el papel del yo adulto interior, que te ayudará a dejar absolutamente claro que estás tratando con sentimientos y proyecciones del pasado, que no encajan con la realidad vigente actualmente.

Además, es preciso que le concedas al niño de la luz suficiente espacio y libertad para que se exprese en la vida cotidiana. Para eso llegará con que le permitas disfrutar más de la diversión, del placer y de la alegría de vivir. Todo aquello que te levante el ánimo está permitido y es válido para ello, siempre y cuando no dañe tu salud ni perjudique a otras personas. Pregúntale a tu niño de la luz qué ideas propone para cumplir con esto; seguro que se le ocurren docenas y docenas.

Lo mejor será que empieces el día con un par de jueguecitos. Para estos juegos no necesitas ni cinco minutos:

La risa es un arma poderosísima. Hasta nos ayuda cuando no sentimos las más mínimas ganas de reír. Se ha comprobado que incluso la risa provocada artificialmente tiene efectos positivos sobre el estado de ánimo. Esa es la premisa básica sobre la que se asienta el yoga de la risa. Cuando mencioné este detalle durante uno de mis seminarios, uno de los participantes saltó: «Reírse es perjudicial para mi depresión». Y así es, literalmente. Así que reserva un minuto por las mañanas para reírte, a carcajada limpia. Ríete sin más, sin motivo si hace falta. Te sorprenderás cuando veas que esa risa, al principio forzada, se transforma en una risa sincera y franca. Hasta podrías acabar con dolores de barriga de tanta risotada.

Puedes complementar ese primer ejercicio con este otro: colócate con los brazos estirados hacia el cielo, mira en esa misma dirección y repítete los nuevos dogmas y tus valores. Si te apetece, puedes añadir también tus puntos fuertes y tus recursos.

A continuación, da unos botes o saltitos y permite que afloren en ti movimientos infantiles, como agitar los brazos, menear el trasero, muecas y gestos de burla, etc.

También puedes preparar una breve rutina de ejercicios matutinos para elevar el estado de ánimo. Ponte a bailar al son de tu música favorita o da unos saltos en una cama elástica. Yo hago esto último cada día (bueno, casi todos los días). Nuestro cerebro asocia los brincos al buen humor y, por si fuera poco, la cama elástica es un aparato fantástico para hacer ejercicio. Es relativamente económica, fácil de guardar para que no estorbe y muy fácil de usar, porque te permite practicar tus ejercicios en casa.

Los sentimientos del niño de la luz conforman una plataforma magnífica para aplicar las siguientes estrategias de conservación. Y al revés: las estrategias de conservación también favorecen que adoptemos el papel del niño de la luz.

De las estrategias de protección a las de conservación

A lo largo de los siguientes párrafos voy a intentar mostrarte medidas prácticas que te ayuden a regular y controlar tu percepción, tus pensamientos y sentimientos, de modo que te mantengas el máximo tiempo posible en la postura de tu niño de la luz, con toda su fuerza, o bien en la postura de tu yo adulto interior, lleno de sensatez. La cosa consistirá siempre en diluir y desintegrar tus marcas y dogmas negativos, así como las proyecciones y distorsiones de la percepción que conllevan, además de poner en práctica estrategias de protección razonables, que denominaremos «estrategias de conservación». El objetivo que perseguimos es terminar reduciendo la cantidad de autoprotección que necesites. Dicho de otra forma: quiero ayudarte a que te gustes (aún más), a que estés a gusto con tu persona. Cuanto más te identifiques contigo y más te apoyes (lo que también incluye al niño de las sombras), menos sentirás la necesidad de ocultarte del resto del mundo. Y cuanto más auténtica sea tu vida, tu existencia, más felicidad podrás insuflar a tus relaciones personales. Cuanto mejor te sientas contigo mismo, mejor te irá a ti y a tus relaciones con los demás... y a las de los demás para contigo.

Así que no te voy a explicar cómo puedes mejorar tu personalidad ni aumentar tu belleza para que, por fin, estés feliz con el lugar que ocupas en el mundo, sino que te ayudaré a aceptarte tal y como eres, a autoafirmarte de una forma adecuada y mesurada, para que firmes la paz con tu niño de las sombras y des rienda suelta al niño de la luz, para que se ría cuanto desee.

La felicidad y la infelicidad giran en torno a las relaciones

En la vida, casi todo gira alrededor de las relaciones interpersonales. Si son buenas nos aportan felicidad, pero si son malas, nos hacen sentir infelices. ¿De qué sirve que alguien acumule grandes riquezas materiales si le duele la soledad? ¿Sirven de algo los triunfos y éxitos profesionales si no tenemos a nadie que esté verdaderamente a nuestro lado? La sensación profunda de soledad es la emoción más dura que podemos sufrir los seres humanos. Sentimos un tremendo anhelo de ser aceptados, de pertenecer a una comunidad. Como ya he citado anteriormente, el deseo de apego que llevamos con nosotros es un deseo de naturaleza existencial. Por eso las estrategias de protección están enfocadas en las relaciones personales: su finalidad es contribuir a que los demás nos acepten, a que les caigamos en gracia; así como a impedir que nos sintamos agredidos o rechazados. Todo el mundo, al completo, se rige por el reconocimiento como principio del éxito. Quien ansíe alcanzar el reconocimiento, debe ser mejor, más hermoso, más poderoso, más rico o sencillamente «algo distinto» que todos los demás. Por el contrario, no debe mostrar ni asomo de debilidad. En consecuencia, ello da lugar a que nuestras estrategias de protección se amolden y orienten para que no seamos auténticos o tan solo lo seamos parcialmente. Con el apoyo de las estrategias de protección procuramos mostrar nuestros rasgos más fuertes (al menos teóricamente) y esconder los puntos débiles. Enseñamos nuestra fachada, aquella parte de nosotros que consideramos merece más aprecio. El resultado real es que las estrategias de protección nos distancian y separan de quienes nos rodean, en lugar de acercarnos a ellos. Y esto es así porque la cercanía no surge como consecuencia de que seamos personas perfectas y los demás nos admiren por nuestras capacidades, ni tampoco es fruto de una búsqueda desaforada de la armonía y de evitar todas las posibles disputas, que más bien desemboca en la insinceridad y la falsedad. No surge tras ataques y agresiones, ni como efecto de que representemos un papel o nos disfracemos de maravilla. Esa cercanía tampoco es hija del ansia de poder, ni aparecerá si nos empeñamos en huir y refugiarnos. No. La auténtica cercanía solamente nace gracias a la autenticidad, la honestidad y la empatía.

A lo mejor ahora querrías alzar la voz y objetar que, en realidad, a ti no te interesa demasiado la cercanía, que te sientes mejor cuando mantienes una cierta distancia respecto a otras personas; pues resulta que entonces estás aplicando tu estrategia de protección que consiste en huir y refugiarte. Incluso las personas condicionadas por su predisposición genética a la introversión, para ser felices, necesitan contar al menos con una persona a quien sentir verdaderamente como próxima. Y eso teniendo en cuenta que, efectivamente, estas personas sienten menos necesidad de compañía y de pertenencia a una comunidad que los individuos extrovertidos. Necesitan a una persona que les aprecie o que les ame tal y como son en realidad. Al fin y al cabo, eso es lo que todos anhelamos.

Por todo ello, las estrategias de conservación se centran en cómo puedes mejorar las relaciones y no en cómo puedes convertirte en una persona más triunfadora. Lo cierto es que también puedes cosechar más éxitos si adquieres nuevas estrategias de conservación, aunque solamente se tratará de un efecto secundario de ese nuevo estado, en el que te aceptarás y valorarás más, que te permitirá afirmarte con más fuerza. Las estrategias de conservación no sirven a tu yo ideal, a esa ilusión que tienes sobre ti, sino que sirven a tu yo real. Así que te apoyan para que te aceptes y reconozcas tal como eres. La verdad es que, en el fondo, todos sabemos que nuestro yo real nos acerca más a nuestros congéneres que el yo ideal. De hecho, nos sentimos mucho mejor cuando estamos en compañía de personas auténticas, que reconocen sus debilidades. Cuando estamos en presencia de seres humanos que, de algún modo, parecen perfectos, nos sentimos un poco inferiores y limitados. Respecto a todo esto, debemos tener siempre muy claro que es posible que los ideales perfectos surjan y provoque que los demás sientan envidia de nosotros, pero no para que les gustemos de verdad: la auténtica simpatía solamente nace cuando existen defectos.

La mayoría de los clientes que acuden a mi consulta buscan ayuda porque tienen algún tipo de problemas con sus relaciones interpersonales, ya sea con sus parejas, sus compañeros de trabajo, amigos, familiares o con todos ellos a la vez. Todos estos problemas tienen siempre una raíz de base que afecta a la relación y que los individuos afectados tienen consigo mismos. Esta afirmación vale igualmente para problemas que, a simple vista, no tienen nada que ver con las relaciones que mantienen respecto a otras personas, como por ejemplo los estados depresivos o los ataques de pánico. También detrás de estas dificultades suelen esconderse problemas en las relaciones humanas, como ya vimos en el caso de Babsi en el apartado «Comprende a tu niño de las sombras».

Los problemas en las relaciones humanas son resultado de los dogmas del niño de las sombras que llevamos dentro y de sus estrategias de protección. Esto es cierto incluso cuando es la otra parte quien carga con más culpa que nosotros mismos en relación con las dificultades que atravesamos, quizá porque no se comporte con total sinceridad o lo haga de forma intrigante, por ejemplo. En esa tesitura, debemos confrontar siempre esta pregunta: ¿por qué nos hemos sentido atraídos hacia esa persona? O por qué somos incapaces de librarnos de ella. O por qué nos enfadamos una y otra vez con ella. O por qué nos resulta imposible mantener mejor una distancia prudencial respecto a ella. Por tanto, piensa que en toda relación tú tienes una parte que puedes estudiar. De todas las relaciones podemos aprender algo; a menudo incluso aprendemos más de aquellas personas que nos resultan más complicadas, dado que son quienes nos llevan al límite. El famoso psicólogo Robert Betz las califica como «ángeles irritantes» o «angelipuertas», una denominación que me parece muy graciosa y también muy acertada. Él sostiene que se trata de ángeles porque nos ofrecen el ejemplo exactamente opuesto de lo que deberíamos intentar ser. No nos ayudan a encontrar nuestra verdadera esencia por sus buenas cualidades, sino por sus defectos. Por ejemplo, si nos consume el ansia de mantener la armonía a toda costa, con la ayuda de un «angelipuertas» aprenderemos a afirmar con más fuerza nuestra postura. Por otra parte, si tendemos a perder la paciencia con facilidad, nos permitirá entrenar la habilidad de mantener la calma.

Probablemente hayas vivido ya, al menos en una ocasión, una situación en la que uno de esos angelitos te juzgase de forma totalmente injusta y te entendiese absolutamente mal. Eso genera sensaciones de ira y desamparo. Cuando alguien proyecta sobre mí algo que yo no he hecho, dicho o pretendido en absoluto, en la mayoría de ocasiones pienso que no hay nada que hacer. Normalmente, esas situaciones tampoco se consiguen resolver mediante la comunicación, porque para eso la persona «infractora» (o sea, quien tiene distorsionada la percepción) debería suprimir sus proyecciones y reflexionar. Pero si no está dispuesta o preparada para ello, estamos completamente indefensos. Son especialmente graves los casos en que percibimos que dependemos de esa persona de alguna manera: puede que porque se trate de un cargo superior en el trabajo, porque sea nuestra esposa o uno de nuestros padres.

Cuanto más enredada esté esa persona en la imagen deformada, menos dispuesta se mostrará a poner sus opiniones en entredicho y menos probable será que alcancemos un entendimiento con ella. A veces, la única solución sensata consiste en cortar efectivamente el contacto con esa persona, o bien, si es imposible, en distanciarnos interiormente.

En otras ocasiones, lo cierto es que somos nosotros quienes nos comportamos como «angelipuertas» para otra persona. Así que todos somos tanto infractores como víctimas. Experimentamos que la gente nos trata de una manera muy injusta, pero al mismo tiempo también perjudicamos a otros de la misma forma, debido a que tenemos la percepción distorsionada. Aunque solamente sea porque ignoramos o pasamos por alto su sufrimiento. Así pues, si pretendemos mejorar nuestras relaciones, es obligatorio que prestemos atención a la percepción, la cual abarca, sobre todo, el modo en que nos percibimos a nosotros mismos. En cuanto actuamos desde la perspectiva de nuestro niño de las sombras, ya no nos situamos al mismo nivel que los interlocutores. Si nos consideramos inferiores a ellos, enseguida constatamos que ante nuestros ojos mutan y se transforman en agresores. O en auténticos «idiotas» si realmente nos consideramos superiores a ellos. Por tanto, la percepción constituye la base sobre la que está asentada nuestra realidad subjetiva, por eso tenemos que prestarle atención en primer lugar, como también pasaba en las estrategias de protección.

¡Mantén la vigilancia!

Para llevar a cabo cualquier cambio, el requisito imprescindible es tomar conciencia de cuál es el estado real de las cosas y aceptarlo como un hecho. Eso en primer lugar. Pero para analizar el estado de las cosas es imprescindible que lo observe adoptando un cierto distanciamiento conmigo. Si no actúo así, no me encontraré en la perspectiva del observador, sino en la de una tercera persona. La perspectiva en tercera persona me permite contemplar el mundo exterior, pero no me veo a mí. Por el contrario, desde la perspectiva del observador, puedo contemplarme a mí desde fuera. En lo que respecta a nuestro niño de las sombras, solemos adoptar la perspectiva en tercera persona. Entonces creemos en todo lo que vemos, sentimos y pensamos. Asumimos que nuestros pensamientos son reales y verdaderos. Esa ilusión de la perspectiva en tercera persona también funciona cuando vemos una película: aunque somos conscientes de que se trata de una obra de ficción, sentimos de verdad los nervios, la tensión, la inquietud o la relajación, ya se trate de una película de suspense, un drama o una comedia. Entonces, ¿qué grado de dificultad a mayores supondrá la tarea de distanciarnos de la película que nos propone el niño de las sombras? Aunque conozcamos la existencia del niño de las sombras y sus dogmas, a menudo estamos atrapados en su realidad. Es algo que observo constantemente entre mis clientes: en el fondo, todos disponen de los conocimientos esenciales para resolver los problemas que les preocupan, pero se olvidan de ellos una y otra vez. En mi opinión, hay tres razones para ello:

1. Nuestro yo adulto interior es incapaz de creer que el asunto del niño de las sombras es tan serio.
2. Estamos tan acostumbrados a contemplar el mundo a través de los cristales que nos prestan las marcas e improntas acumuladas en la infancia que se nos hace muy cuesta arriba creer que hay otra realidad.
3. Nos presionamos para evitar asumir la responsabilidad sobre nuestros sentimientos y razonamientos. Más bien nos dedicamos a esperar que algo suceda a nuestro alrededor, algo que nos libere del problema.

Así que la mayor parte de las veces, la identificación con el niño de las sombras se produce de forma automática, así que la consciencia no la detecta. Estoy pensando en Christin, de 33 años, quien me contó que estaba intentando subalquilar su vivienda y eso le estaba provocando muchos disgustos. Su casero le había encargado el caso a un intermediario. Pero el día que debían reunirse, el agente inmobiliario llegó media hora tarde y con 15 personas más, todas interesadas. Christin estaba ya enfadadísima por causa del retraso y del montón de gente, ya que el intermediario no la había avisado con antelación; ella esperaba a un grupo más pequeño. Llena de rabia y mordiéndose la lengua, les enseñó la vivienda a todas las personas interesadas y en cuanto se fueron, estalló en una agria discusión con el agente inmobiliario. Christin me relató esta experiencia como botón de muestra de lo fácil que era para ella dar el salto y caer del «buen humor» a un estado de «malhumor» muy intenso, en el cual quedaba presa de su furia. Aunque ella misma había trabajado ya mucho con su niña de las sombras durante las sesiones de psicoterapia, en esta situación no fue consciente de que era precisamente esa niña quien la había sacado de quicio tan radicalmente. Cuando analizamos en la consulta el suceso, teniendo en cuenta a su niña de las sombras, Christin cayó perfectamente en la cuenta, ante su sorpresa, de que ella misma había tenido parte en su explosión de ira. La circunstancia de que el agente inmobiliario llegase tarde a la cita acordada y sin avisar de que le acompañarían otras 15 personas reavivó en su interior la vigencia de una antigua idea, que cabría expresar así: «¡Este tipo se cree que puede hacer conmigo lo que le dé la real gana!». Tras esta idea se esconden dogmas como «No soy nada importante» o «Soy una persona insignificante». Ante dichos dogmas, Christin reaccionó aplicando su estrategia de protección basada en el ataque. Así que, en realidad, no fue «la situación» lo que disparó los sentimientos y los actos de mi paciente, sino su interpretación de la situación, basada en una percepción distorsionada por obra de su niña de las sombras. Si no se hubiese tomado de una manera tan personal la conducta del agente inmobiliario, habría conservado la calma.

A todos nos acontece lo mismo que a Christin: con frecuencia no nos damos cuenta de que estamos presos de nuestros viejos patrones de conducta, porque nos resultan muy conocidos y acostumbrados. Ni siquiera somos capaces de alumbrar la idea de que podríamos percibir la situación de otra manera distinta. Vamos con otro ejemplo de mi consulta: Leo (24 años de edad) me contó que había vuelto con su novia para retomar la relación que habían interrumpido anteriormente. Esta vez quería «hacer las cosas bien». Le pregunté si hablaba con ella de manera franca y abierta acerca de los problemas que habían sufrido en el pasado. Y lo negó: tenía la impresión de que a ella no le interesaba hablar del tema, tan solo quería disfrutar de los buenos momentos junto a él y olvidar los problemas del pasado, relegarlos. Leo no se percataba de hasta qué punto se identificaba con su niño de las sombras. Debido a los dogmas de este (que entre otros, incluían cosas como «No valgo para nada» o «No puedo manifestarme tal como soy»), una de sus principales estrategias de autoprotección es la adaptación. Es decir, que intenta satisfacer todas las expectativas que él mismo fantasea que podría albergar su novia. Y cuando le asalta la sensación de que ella no tiene muchas ganas de hablar sobre sus problemas de antaño, evita toda referencia al tema. Así que percibe a su pareja desde una perspectiva totalmente infantil e intenta portarse como «un buen chico», «hacer las cosas bien». Para lograr tal objetivo, tiene sus antenas interiores constantemente desplegadas para recibir cualquier señal y averiguar por medio de la intuición qué es lo que espera de él su novia. El miedo que siente al rechazo y la imagen que tiene de su novia son tan obvios y normales para él que a menudo ni siquiera advierte que se identifica con su niño de las sombras.

La verdad es que, la mayoría de veces, son los propios sentimientos que descubrimos los que nos revelan que estamos actuando según los postulados de nuestro niño de las sombras. Así que Christin podría haberse fijado en su furia y Leo en su miedo a perder a la pareja: así se habrían dado cuenta de que les dominaban sus niños de las sombras.

Por eso debes ser plenamente consciente de que tu niño de las sombras condiciona y determina tu percepción, tus razonamientos y sentimientos, en muchísimas situaciones, incluso en las que parecen más triviales. Te lo repito: si quieres librarte de tus problemas y avanzar en tu desarrollo como persona, es primordial que asumas la responsabilidad sobre tu propia persona y trabajes en ti de forma activa, tomando en consideración los nuevos conocimientos. Esto será el requisito previo para que te salte la alarma en la próxima ocasión en que te identifiques con tu niño de las sombras. Piensa que, al fin y al cabo, si aspiramos a cambiar algo, solamente será posible si lo conocemos, si somos conscientes de ello.

Distingamos entre los hechos y la interpretación

Cuando distingas que vuelves a actuar según el modo del niño de las sombras, que una vez más has caído en sus redes y te sientes miserable por ello, da un paso atrás. Distánciate un poquito de la situación para analizarla y pregúntate cuál es tu interpretación de esa situación. O sea, que debes adoptar el papel de tu yo adulto interior e intentar, de forma totalmente consciente, reconocer cuáles son las gafas de tu niño de las sombras, que llevas puestas inconscientemente para observar el mundo a través de sus cristales. Generalmente, siempre son estas las interpretaciones que tomamos como base para reaccionar, en lugar de la «realidad objetiva», lo que sigue siendo igual de cierto aunque percibamos el mundo a través de una imagen distorsionada en positivo. Por tanto, es posible que nos adornemos la realidad para protegernos de imágenes o perspectivas que resultarían dolorosas si no las pintásemos de rosa. Sin olvidar que también el niño de la luz y tu yo adulto interior son perfectamente capaces de evaluar una situación de forma incorrecta. Ahora bien, a menudo, las distorsiones de la realidad que más problemas nos deparan son las de nuestro niño de las sombras. Por eso quiero incidir sobre ellas.

Muchas personas ni siquiera saben hasta qué punto está teñida de subjetividad su percepción por efecto de las interpretaciones que desarrollan constantemente, de forma completamente inconsciente. Por ejemplo, cuando la persona A piensa que «¿por qué me sonríe ese tipo de esa manera tan estúpida?», en realidad casi nunca acabará por preguntarle a la persona B si verdaderamente se estaba riendo de ella o si, por el contrario, solo se trataba de un gesto amistoso. Buena parte de mi labor de psicoterapia consiste en analizar junto a mis clientes situaciones concretas para repasarlas a la luz de sus interpretaciones subjetivas y discernir cuál era la realidad. Aquellas personas que se identifican con su niño de las sombras (y como consecuencia, sufren de un bajo nivel de autoestima) suelen caracterizarse por una tendencia acusada a pensar que los demás albergan malas intenciones. Incluso cuando reciben un cumplido, suponen que puede tratarse de un intento de manipulación por parte de su interlocutor o de una broma pesada. Sencillamente, les resulta imposible creer que otro individuo les juzgue de una forma mucho más positiva y benévola que ellas mismas. E incluso cuando les ocurre precisamente eso, viven acosados por el miedo a que «les descubran»: es decir, aterrados porque ese otro individuo podría descubrir en cualquier instante cómo son ellas en realidad. Solo hay una cosa que no es habitual que suceda: que planteen abiertamente sus propios dogmas negativos para ver si son ciertos, si encajan con la realidad, hasta llegar a la conclusión de que quizá son ellas las equivocadas.

En todo caso, también hay personas de naturaleza exageradamente inocente, que perciben el mundo y sus relaciones personales con una imagen excesivamente idealizada. Estas personas suelen contar entre sus estrategias de protección con la búsqueda de la armonía y han desarrollado dogmas del tipo «Sigo siendo un niño». Se inventan para su propio consumo un relato edulcorado, porque la realidad les causa pavor; esa realidad que les llevaría a vivir la desagradable necesidad de defenderse activamente. Una de las características de las personas aquejadas por su propensión enfermiza a la armonía va algo más allá: no solo se decantan sistemáticamente por evitar los conflictos, sino que a veces ni siquiera se percatan de cuándo se producen. Si es tu caso y perteneces a este grupo, demasiado inocente y crédulo, tienes que plantearte cómo evaluarías el comportamiento de los locutores con quienes interaccionas si aplicases puntos de vista más estrictos. Trata de aplicar un espíritu mucho más crítico. Con la ayuda de tu yo adulto interior, procura contemplar las cosas de la forma más sobria y austera que seas capaz. Y mantén la vigilancia para que salte la alarma en cuanto vuelvas a buscar excusas y disculpas para quienes te rodean, a ofrecer tu comprensión y compasión en situaciones que, en el fondo, te causan auténticas molestias.

Ejercicio: *Test de realidad*

El siguiente ejercicio debería serte útil para identificar cuál es tu interpretación de la realidad y poder alterarla. Veremos un ejemplo, pero recuerda que puedes aplicar este mismo esquema para trabajar con tus propios contenidos.

Esta es la situación concreta (desencadenante): Mi jefa me llama la atención acerca de un error.

Opinión de mi niño de las sombras (dogmas): ¡No valgo para nada! ¡Tengo que ser perfecto! ¡Está prohibido cometer fallos!

Mi interpretación: Mi jefa piensa que este trabajo es demasiado exigente para mí y se está planteando si debe sustituirme.

Mis sentimientos: Me avergüenzo y tengo miedo.

Mi estrategia de protección: Ansia de control y perfeccionismo; me esfuerzo todavía más, lo controlo todo al milímetro y hago horas extraordinarias.

Opinión de mi niño de la luz (dogmas positivos): Mi jefa está contenta con mi trabajo, aunque algunas veces meta la pata.

Mi yo adulto interior (argumentos): Eres un especialista en tu ámbito de trabajo. Sigues formándote para adquirir nuevos conocimientos. También tu jefa y el resto de compañeros cometen errores de vez en cuando. El niño de las sombras reacciona con demasiada virulencia ante las críticas.

Sentimientos: Lo mejor es que mantenga la calma.

Mi estrategia de conservación: Debo aprender del error y enfrentarme al hecho de que ni yo ni los demás seres humanos somos perfectos. Tengo que aceptarlo de manera benévola y comprensiva.

Encuentra el equilibrio entre reflexión y distracción

Por fin hemos comprendido que la forma en que interpretamos la realidad condiciona en buena medida qué es lo que sentimos y cómo actuamos. Sin embargo, no siempre conseguimos percatarnos a tiempo y corregir las distorsiones de la percepción para abandonar la postura del niño de las sombras y acogernos a la del niño de la luz. Entonces, puede suceder que caigamos en el pozo de los estados de ánimo y las sensaciones negativas del niño de las sombras.

Habitualmente, nuestra opción para reforzar las estrategias de protección es aplicar la máxima «más de lo mismo»; así lo único que conseguimos es hundirnos todavía más en el problema. Piensa, por ejemplo, que tienes tendencia a rehuir de los problemas y refugiarte: en ese caso te encerrarás todavía con más ahínco en tu guarida preferida. Si tu estrategia de protección favorita es poner peros y objetar a todo inmediatamente, te volverás una persona más agresiva. Si te dejas vencer por el perfeccionismo, se intensificará aún más. Vamos, que entrarás en un círculo vicioso que agravará el problema. Tanto que acabarás identificado con tu niño de las sombras hasta tal punto que no lograrás encontrar la salida.

Por tanto, si fracasas en el intento de corregir tu percepción porque no detectas a tiempo que estás cayendo en los viejos patrones de conducta, existe otra estrategia que podría auxiliarte para escapar de ese estado: la distracción. Es decir, desviar tu atención para que no se centre en los sentimientos y problemas, sino que se enfoque hacia el mundo exterior. Si concentras toda tu atención en lo que sucede alrededor o en una actividad concreta que estés desarrollando, dejarás de percibirte. Te olvidarás de ti por un rato. En este estado ya no sentirás dolor, ni físico ni psicológico. Por eso la estrategia de distracción es un ingrediente esencial de la psicoterapia para los pacientes aquejados de dolores crónicos. Cuando nos entregamos con pasión al baile, ni siquiera nos damos cuenta de que nos duelen los pies. Cada vez que algo capta y atrapa por completo nuestra atención, podemos entrar en ese estado de olvido de nosotros mismos, que facilita la tarea de dejar atrás los sentimientos más penosos. Gracias a la distracción, tu estado de ánimo mejorará automáticamente, lo que te distanciará interiormente del problema que te afecta.

Seguro que has vivido ya alguna vez esta situación: te enfadas con la persona X y entras en cólera, porque consideras que esa persona no te entiende y te trata de modo injusto. Tus pensamientos giran y giran en torno a este problema, así que te concentras en el tema y la furia que sientes crece y crece sin cesar. Luego, durante un cierto periodo de tiempo, te distraes y prestas atención a otra cosa. Por ejemplo, a un encargo profesional que requiere concentración. Gracias a esa distracción, la ira pasa a un segundo plano y te calmas. Ahora puedes observar el problema que tienes con la persona X desde un estado de ánimo más sereno. Has conseguido establecer un cierto distanciamiento en tu interior. Gracias a esa distancia, la interpretación que haces de la situación también se altera. Ahora reconoces que sí tenías parte de responsabilidad en lo que sucedió. Quizá también puedas constatar que el conflicto no era para tanto, que has querido matar moscas a cañonazos. Incluso podrías encontrar una solución para el problema que tienes con la persona X. A lo mejor hasta ni se trata de un tema tan importante y se te ocurre que lo mejor sería hacer borrón y cuenta nueva. Pelillos a la mar.

Probablemente ahora te estés preguntando: «¿Entonces, qué hago? ¿Debería observarme con plena atención o distraerme?». Pues esta es mi respuesta: una cosa es que no te pierdas de vista, para poder reflexionar bien sobre ti mismo y detectar los problemas en fase temprana. Otra cosa, muy distinta, es que te hundas en los sentimientos y repitas una y otra vez los mismos razonamientos, constantemente, de forma estéril y circular. La diferencia es enorme y si te atienes a este segundo planteamiento, no avanzarás ni un paso. Así que la clave es esta: es importante que nos observemos, que nos vigilemos a nosotros mismos. Pero cuando corramos el riesgo de tropezar y enredarnos con los sentimientos y dogmas del niño de las sombras, vale la pena que nos distraigamos un rato. Para reflexionar sobre mis emociones y problemas, lo mejor es que me distancie un poquito de todo ello.

Mi consejo: haz pausas frecuentes para reflexionar, detente para contemplarte y sentir qué es lo que pasa en tu interior. A continuación, vuelve a centrar tu atención en el entorno que te rodea y oblígate a percibir qué es lo que sucede a tu alrededor. Concéntrate en lo que hagas. Tienes que encontrar un buen equilibrio entre la atención que prestas a tu persona y la atención que le prestas al mundo exterior. Si te aqueja un problema especialmente agudo, que exija toda tu atención permanentemente, te recomendaría que dedicases media hora cada día para ocuparte del mismo y analizarlo a fondo. Hazlo por escrito. Así tu yo adulto interior sabrá que, en caso de duda, lo tiene todo bien apuntado y durante el resto de la jornada se puede olvidar de eso para encargarse de otras tareas. Para ayudarte a no tener que regresar mentalmente una y otra vez al mismo problema, te puedes poner una goma elástica en la muñeca o algo así, por ejemplo. Cada vez que te sorprendas reflexionando sobre el consabido problema, tira de la goma y suéltala. Con ese pellizco tienes que desviar la atención y derivarla para que se centre en lo que tengas en ese momento entre manos.

¡Hay que ser sincero consigo mismo!

Como has visto, que debas aceptarte a ti mismo no significa que todo te parezca fenomenal y perfecto. Aceptarnos a nosotros mismos implica reconocer que tenemos puntos fuertes y también puntos débiles. Tampoco me gustaría tener que hablar de «amor propio», ya que «amor» es un concepto gigantesco, muy amplio. Basta con vivir la vida a gusto con nuestra propia persona, así también tendremos claro que el amor existe e intentaremos encontrarlo y vivirlo.

¿Y hasta qué punto puedes aceptarte a ti mismo? Pues eso depende de hasta dónde te conozcas personalmente. Está claro que solamente podemos aceptar aquello que percibimos, que conocemos conscientemente. Pero si únicamente queremos aceptar nuestros rasgos positivos, solamente aceptaremos una parte de nuestra personalidad. El resto tendremos que borrarlo, ocultarlo o reprimirlo de alguna manera. Por eso, a la hora de conocerse a sí mismas de verdad, muchas personas se limitan a hacer una pequeña excursión: se centran en las debilidades que son relativamente inofensivas o que, en el fondo, no son genuinas debilidades. Pero pasan por alto otras debilidades que sí merecerían que se fijasen en ellas; a esas suelen arrinconarlas y empujarlas hasta expulsarlas, hasta que quedan fuera del campo de acción de la consciencia. Me acuerdo de que una vez tuve una clienta absolutamente preciosa, una belleza, que se pasó una hora entera en la primera visita lloriqueando sin cesar porque ella se encontraba feísima. Desde luego, se trata de un ejemplo extremo de percepción distorsionada, pero sirve bien para visualizar el problema: la debilidad de esta clienta no residía en la fealdad de su aspecto, sino en su marcada propensión a la histeria. O sea, a las reacciones desmesuradas. Pues a todos nos sucede, más o menos, algo parecido a esta clienta, que se encontraba completamente equivocada.

Cuando elijo cerrar los ojos para evitar el dolor que podrían causarme ciertas perspectivas, me protejo de tales imágenes, pero también me cierro a cualquier avance; me resulta imposible progresar. Así que, por ejemplo, si no reconozco que huyo de las decisiones difíciles por el miedo a fracasar, no podré dar un paso adelante y mi destino será estancarme. Si no asumo que siento una envidia atroz por cierta persona, no lograré deshacerme de esa sensación de una forma saludable. Si no acepto que mis dones y dotes tienen ciertos límites, jamás podré considerarme satisfecha con mi trabajo.

Yo quiero animarte a ser tan sincero contigo mismo como puedas. Para eso también podrías pedirle ayuda a un buen amigo, para que te ofrezca una valoración honesta. A menudo no es tarea fácil percibirnos a nosotros mismos de forma objetiva. El autoconocimiento sincero puede tener un efecto liberador, ya que reduce el miedo que sentimos. En el momento en el que, por ejemplo, yo reconozco que mis habilidades y capacidades son insuficientes para hacer realidad todos mis sueños, dejo de tenerle temor a esta confesión. Me puedo relajar y constatar lo obvio: así son las cosas. A continuación, puedo diseñar unos planes de futuro más realistas.

Con frecuencia, en nuestro interior subyace un temor difuso a ciertas verdades, en el plano subliminal. Cuanto más tiempo nos mantengamos alejados de esa verdad, cuanto más tiempo escapemos de ese conocimiento, más se prolongará la vigencia del miedo y seguiremos atascados, sin avanzar. Pero si reflexiono, reconozco y acepto la situación tal y como es, puedo aniquilar ese medio y quizá adentrarme en un cierto estado de tristeza. Gracias a ello, labraré un espacio para conformar un panorama distinto. Puedo darles una orientación distinta a mis deseos y actuar de otra manera, que tal vez sea más acorde a mis capacidades. O también puedo limitarme a aceptar que mi talento no es excepcional, pero sí suficiente para conseguir unos resultados satisfactorios. Incluso puedo decidirme a complementar mi déficit de talento a base de puro esfuerzo y dedicación. Sea como sea, es imprescindible que valore mis metas y controle mi forma de actuar de manera realista, para finalmente llegar a un estado de satisfacción mucho más claro que el que perseguiría si me dedico a correr siempre en la dirección equivocada por puro miedo al conocernos a nosotros mismos.

Cuando nos dedicamos a analizar nuestras debilidades, la confesión más grave a la que podemos llegar es la de que tenemos la culpa, que somos culpables. Los sentimientos de culpa son muy difíciles de soportar, aunque sí es cierto que reconocer y confesar que hemos tenido la culpa en algo también tiene un notorio efecto absolutorio. Algo tan simple como decirnos «¡Pues sí, la he fastidiado!» o «¡Desde luego, he metido la pata hasta el fondo!», o bien «En efecto, la culpa de ese desastre la tengo yo». Solo si asumo la responsabilidad sobre mis actos podré buscar la justicia para las víctimas de esos actos. Es necesario que reconozca los errores que he cometido para disculparme ante las personas a quienes haya perjudicado con ellos. Y en muchas ocasiones, esos seres humanos son precisamente las personas que nos son más cercanas. Si te das cuenta de que te arrepientes de ciertas cosas que has dicho, hecho o permitido, dedica unos momentos a pensar en la posibilidad de disculparte ante la gente afectada. Muchos niños de antes y hoy adultos se sienten muy aliviados cuando sus padres reconocen los errores cometidos: «Lo sentimos, entonces estábamos superados por las circunstancias. Hoy habríamos actuado de una forma muy distinta». A menudo, el niño de las sombras lleva consigo heridas permanentes debido a que sus padres jamás asumen la responsabilidad sobre los errores cometidos, sino que únicamente se justifican o niegan su parte en el problema. Quizá en tu seno interno deseas que tus progenitores, o al menos uno de ellos, se disculpen ante ti por los sinsabores que tuviste que vivir.

Si de hecho eres padre o madre de hijos que ya son mayores y, como resultado de un ejercicio de autocrítica, llegas a la conclusión de que cometiste algunos fallos, ofréceles tus disculpas por ello. Ese perdón puede constituir un nuevo comienzo para vuestra relación. Si tienes hijos aún menores de edad, examina pormenorizadamente cómo afecta tu niño de las sombras a la manera en que los educas e intenta reflexionar y actuar con la máxima atención sobre ti personalmente.

Incluso si durante estas reflexiones descubres que cometiste alguna injusticia con un viejo amigo o una compañera de trabajo, pídeles perdón. Aunque se trate de un suceso que aconteciese hace muchos años. Piénsalo bien y dale la vuelta a la tortilla: seguro que conoces situaciones en las que tú hayas sido la víctima de injusticias de otras personas, ¿verdad? Pues imagínate que se disculpasen por ello, aunque fuese tan tarde. ¡Te sentaría de maravilla!

🖋 Ejercicio: *Cómo aceptar la realidad de forma afirmativa*

En realidad, este ejercicio representa una postura interna que te animo a que adoptes. Procede de las enseñanzas de la meditación budista, que yo en realidad no conozco más que superficialmente. Eso sí, sé que uno de los pilares esenciales de los ejercicios de meditación consiste en aceptar y afirmar la realidad que existe. Creo que es posible introducir esta idea tan sencilla en nuestras vidas sin que para ello sea preciso profundizar demasiado en la tradición budista. La idea de la afirmación, de decir «sí a la realidad», es muy pegadiza desde el punto de vista psicológico. Como hemos visto, defendernos de perspectivas dolorosas nos puede provocar un miedo subliminal y crónico. El caso es que blindarnos ante ese terror cuesta más energía que aceptar el miedo. Esta ley es válida para todos los sentimientos negativos: tristeza, impotencia, ira, vergüenza... la manera más fácil de eliminarlos es aceptarlos.

Cuando hablo del miedo, hablo del niño de las sombras. Si aceptamos a nuestro niño de las sombras y con él, a nuestros miedos, nuestros sentimientos de inferioridad y vergüenza, nuestra tristeza y nuestra impotencia, entonces lograremos que se sienta comprendido y podrá tranquilizarse, poco a poco. Para ello basta con repetirnos durante el día a día: «Así son las cosas». Da igual si nos está poniendo de los nervios una visita al dentista, un conflicto con un amigo, vernos atrapados en un atasco, si los hijos están insoportables o si perdemos el tren. Es suficiente con que te repitas esto como un mantra: «Así son las cosas». Lo mejor es combinar ese lema con una respiración profunda: inspira hondo y suelta el aire mientras te dices en tu interior «Así son las cosas». Aplica esto repetidamente y verás qué efecto tranquilizante y liberador tiene.

Los sentimientos siempre son estados pasajeros; lo sabemos con claridad cuando se trata de emociones de felicidad. Cuando nos alegramos mucho, somos conscientes y anticipamos que esa alegría no durará para siempre. En el caso de los sentimientos negativos, sin embargo, a veces tenemos la sensación de que no terminarán nunca. Por ejemplo, cuando nos aquejan las cuitas amorosas o sentimos miedo.

Por eso te recuerdo una vez más el ejercicio que describí en el apartado «¿Cómo salir de los sentimientos y emociones negativos?»: concéntrate en la manifestación física de los sentimientos que te afectan. Si te encuentras triste, concéntrate para percibir cómo expresa tu cuerpo esa emoción. ¿No notarás por casualidad que se te forma un nudo en la garganta? ¿O que algo te oprime el pecho? Olvídate del resto y céntrate exclusivamente en esa sensación. Elimina de tu mente todas las imágenes que tienes de la tristeza en tu cabeza. Así que, cuando te sientas alicaído porque tu novia te ha dejado, tienes que procurar expulsar del cerebro todas las imágenes de ella que tengas y concentrarte únicamente en cómo se expresa esa tristeza corporalmente. Mantente firme. Verás que pronto se disuelve como un azucarillo. Puedes aplicar este mismo método para todos los demás sentimientos negativos. Este ejercicio es originario del conocido como método Sedona©, ideado por Lester Levenson, un enfoque muy pragmático para lidiar con los sentimientos.

¡Practica la benevolencia!

Las carencias que detecta y percibe el niño de las sombras a menudo, en nuestro fuero interno, no solo repercuten sobre nuestro propio bienestar, sino que también inciden sobre nuestra actitud y nuestro comportamiento para con otras personas. Desde la perspectiva del niño de las sombras, los interlocutores pueden mutar rápidamente para convertirse en adversarios. Anteriormente, en mi libro «Leben kann auch einfach sein!», expuse que las personas inseguras desarrollan su vida adoptando generalmente una postura defensiva. Es decir, se preocupan constantemente por el riesgo de caer en una posición de inferioridad y ser objeto de ataques. Pero cuando una persona está ocupada en defenderse, le resulta imposible sentir compasión y empatía al mismo tiempo por sus agresores.

Como consecuencia, le falta buena voluntad que mostrar ante el resto de congéneres, supuestamente más fuertes. Para sentir y expresar la benevolencia, es imprescindible que me sitúe en un plano de igualdad respecto a los demás. Si sucede lo contrario y me considero inferior, no solo me juzgaré con excesiva severidad, sino que también aplicaré esa severidad exagerada a los demás. Es posible que aprecie a mis congéneres teóricamente superiores por ciertos rasgos o facultades, claro, y que me imagine que soy demasiado estricta conmigo misma, pero si nos sinceramos de veras con nosotros mismos, esta postura no se sostiene. Sentir envidia y alegrarnos de las desgracias y el sufrimiento ajeno son emociones tremendamente humanas y normalmente se dirigen hacia aquellas personas que contemplamos como superiores a nosotros. El niño de las sombras es capaz de actuar con una mezquindad y una suspicacia pasmosas. Por eso, será bueno para la comunidad o el grupo que yo me mantenga tanto tiempo como sea posible en la postura del niño de la luz o de mi yo adulto interior. Eso me subirá el estado de ánimo y en consecuencia, contemplaré a quienes me rodean con un espíritu más benevolente. La percepción y el estado de ánimo se encuentran sumidos en una interdependencia constante. Si estoy de buen humor y encaro a los demás con buena voluntad, esas personas se sentirán a gusto en mi compañía. Así surge una dinámica positiva. Resulta mucho más distendido confrontar a otras personas con una actitud benevolente que mantenerse siempre suspicaz y alerta para defenderse del próximo ataque. Cuanto más tensos y estresados nos sintamos, más fácil será que proyectemos esas emociones sobre quienes nos rodean y generemos así una dinámica negativa.

Por tanto, me resultará más sencillo adoptar una actitud benevolente hacia los demás si adopto la postura del niño de la luz. Por el contrario, si conmigo mismo actúo de forma agresiva y mezquina, me costará muchísimo más mostrar generosidad y apertura de miras ante otras personas. Por eso es tan importante que nos preocupemos por nosotros mismos y asumamos la responsabilidad sobre nuestro bienestar. Está en tu mano; tendrás que demostrar que comprendes a tu niño de las sombras y consolarlo en repetidas ocasiones, como ya ejercitamos en el apartado «Cómo sanar al niño de las sombras». Al mismo tiempo, tienes que entrenarte y practicar cómo pasar activamente a la postura de tu niño de la luz. Toma el mando y encárgate de que tu estado de ánimo sea positivo. Debes considerar como una obligación la tarea de disfrutar y divertirte al máximo en la vida. En el apartado «¡Disfruta de la vida!» entraré en detalles sobre esto.

La benevolencia también es una actitud o postura interna que tienes potestad para decidir y adoptar. Muchas personas que se identifican con sus niños de las sombras se caracterizan porque confrontan a quienes les rodean con desconfianza. El recelo y la desconfianza son parte de sus estrategias de protección y dado que están tan profundamente identificadas con sus niños de las sombras, están completamente convencidas de que lo que perciben y piensan es cierto y real a pies juntillas: es decir, que el mundo y la gente están inundados de egoísmo y maldad. Para evitar malentendidos: no pretendo afirmar que los seres humanos son buenos por naturaleza. Sostener una imagen del ser humano tan inocente e irreflexiva es igual de problemático que creer que predomina un acusado estado de recelo y suspicacia. Pero si adoptamos una postura basada en la desconfianza, en la que esté ausente la buena voluntad, contribuiremos personalmente a que el mundo sea un lugar un poquito peor. Además, la postura pesimista y desconfiada que propugna que el ser humano es egoísta por naturaleza carece de fundamentos científicos, como ya vimos en el apartado «¿Cómo pueden ayudarnos los valores?». Recuerda que las modernas investigaciones sobre el cerebro han demostrado que los seres humanos estamos predispuestos a cooperar y que la generosidad (dar antes que recibir) nos hace felices. Así que hay argumentos sensatos a favor de adoptar una actitud benevolente.

Cuando detectes que estás a punto de juzgar de una manera verdaderamente mezquina y negativa a un amigo, una compañera de trabajo, un pariente o tu pareja, toma conciencia de ello, da un paso atrás e intenta analizar la situación desde un punto de vista donde prime más la buena voluntad. En el apartado «¿Condiciona la genética el mal genio?» te expliqué que, por desgracia, llevamos escrito en los genes que reaccionamos con más intensidad ante los acontecimientos negativos y les concedemos una consideración mayor. Te recuerdo que una interacción negativa con un amigo puede pesar más que 100 interacciones positivas vividas anteriormente. Antes de llegar a la conclusión de que la persona X actúa por motivos discutibles y reprobables, revisa con la ayuda de tu yo adulto interior si realmente es así y no olvides cuántas cosas buenas has vivido antes junto a esa persona. Recapacita a fondo y pondera si tu interpretación de la situación es correcta. A menudo nos decantamos demasiado deprisa por asignarles a los demás intenciones negativas, aunque nos unan años de amistad a esas personas. El olvido de un cumpleaños, una pequeña crítica o una reacción «inapropiada» pueden causar tal desilusión en algunas personas que las aboquen a poner en duda la relación de amistad. Por el contrario, una actitud benevolente implica que aceptemos los siguientes puntos, tanto para nosotros mismos como para otras personas:

- En principio, todos preferimos hacer el bien en lugar del mal.
- A pesar de todo, a veces se cometen errores.
- A veces somos olvidadizos, aunque se trate del cumpleaños de una vieja amiga.
- En ocasiones tenemos miedo y por eso no siempre somos honestos.
- No siempre calculamos con exactitud las consecuencias de nuestros actos.
- De vez en cuando, sencillamente, no tenemos ganas de hacer algo.
- A veces actuamos sin pensar.
- Es posible que estemos de mal humor.
- A menudo adoptamos la postura de nuestro niño de las sombras. Eso condiciona la conducta.

Piénsalo bien: las personas difíciles también tienen que lidiar con niños de las sombras que llevan consigo graves heridas.

No hay una sola relación humana que sea absolutamente perfecta. Todos nos equivocamos y metemos la pata. Por eso tienes que afrontar tus carencias e incapacidades y también las de los demás con un espíritu tan magnánimo como sea posible.

La agresividad y la mezquindad te perjudicarán a ti antes que a nadie más, porque hundirán tu estado de ánimo y serán una carga para las relaciones interpersonales. A propósito del estado de ánimo: el humor es un recurso muy eficaz para moldear nuestras relaciones de una manera más fácil y de buena voluntad. Y ya que estamos, piensa que, en realidad, tú no tienes tantos defectos. ¡Son efectos, tus efectos especiales!

Elogia a tu prójimo tanto como a ti mismo

La buena voluntad implica también que de vez en cuando les dirija alabanzas a quienes me rodean para expresar mi aprecio, que los recompense con cumplidos. A algunas personas, cuando se identifican fuertemente con su niño de las sombras, les cuesta mucho trabajo. Al quedar atrapadas en ese estado, son tan propensas a la envidia que les dificulta expresar sus elogios, cosa que hacen muy rara vez.

Sin embargo, hay quien tiene dificultades para expresar su aprecio, que reprimen sus elogios al máximo. Les resulta igual de penoso ensalzar a los demás como aceptar su admiración. No están acostumbrados a ello, desde su niñez. «Basta con que no haya quejas», dicen algunos. Con este lema han crecido muchas personas. Otras opinan que en su caso lo que sucede es que tienen criterios muy exigentes y los aplican tanto para sí mismas como para los demás.

El caso es que el motivo da igual; la realidad es que hay personas a quienes les resulta dificilísimo alabar a otras o expresar un cumplido honesto y sincero. A todas ellas, les recomiendo que ejerciten la generosidad en este ámbito. Si te sientes aludido por este mensaje, trata de ser más generoso, tanto con quienes te rodean como contigo mismo. Hay muchas cosas que haces bien, así que deberías darte unas palmaditas en la espalda más a menudo. Lánzate piropos por tu aspecto y date la enhorabuena por todo lo que has logrado, por todo cuanto posees. ¡Felicítate por tus actos, por tus gestos! Lo mejor es que arranques el día con unas buenas alabanzas para ti, personales e intransferibles, para que empieces la jornada con buen ambiente. Elógiate tan a menudo como puedas. Así mejorarás el estado de ánimo y reducirás la envidia, si es que sufres bajo esta sensación. Puedes probar simplemente con un poco de gratitud: da las gracias por todo aquello que funciona y marcha bien en tu vida. Y demuestra tu agradecimiento por todo cuanto tienes, todo eso que tantas veces parece que das por hecho sin dedicarle atención. Tienes que practicar de forma plenamente consciente para fijarte en las cosas buenas que tenéis tú y tu vida. Deberías arrinconar y relegar todas las quejas y tus presuntas debilidades y defectos para que queden en segundo plano; no les prestes atención. Elogiándote y dándote las gracias conseguirás un mayor reconocimiento para ti personalmente y te será más fácil también mostrarte generoso con quienes te rodeen.

Alaba a tu pareja, a tus hijos, a los compañeros de trabajo, a tus superiores, a tus amigos y a quienes te encuentres por la calle. Lo cierto es que los estadounidenses son más dados a hacer cumplidos por cortesía a los desconocidos: «*I like your dress!*» es un ejemplo muy sencillo, un elogio que nos podría lanzar cualquier cajera en un supermercado. A mí me encanta esta actitud, más abierta y simpática. Los europeos somos más retraídos, estamos más encorsetados, aunque en los últimos años la situación ha ido mejorando. Y no me vengas con que los americanos son superficiales: ningún camarero ni ninguna cajera de supermercado de Europa son más profundos o cerebrales solo porque no repartan lisonjas entre los clientes.

Todos ansiamos gozar del reconocimiento. En lugar de esperar pasivamente a que te llegue, deberías empezar a trabajar activamente otorgando y distribuyendo personalmente tu reconocimiento. Y ya que hablamos de repartir reconocimientos, no solo te recomiendo la generosidad a la hora de regalar elogios, sino también en el ámbito financiero. La tacañería es una cualidad espantosa que sufren muchas personas. Si te cuentas entre ellas y te cuesta horrores actuar con generosidad, deberías analizar al detalle tus dogmas y examinar esa tacañería como estrategia de protección. Créeme, no te hace ni feliz ni contribuye a aumentar tu seguridad en la vida. Al contrario: cuanta más riqueza (material o de otro carácter) repartas, más recibirás. Trata a tus congéneres con generosidad en todos los aspectos y verás cómo mejora el estado de humor de tus relaciones.

No es preciso ser perfectos, ¡con ser buenos es suficiente!

Como hemos aprendido hasta el momento, la mayoría de personas dedican una cantidad prodigiosa de energía a silenciar, sea como sea, a sus niños de las sombras y acallar los dogmas negativos que estos conllevan. Son muchas las personas que intentan cerrarle la boca con una actitud perfeccionista. Lo volveré a repetir: los dogmas son una ilusión negativa. Son incorrectos y no son sino fruto de que tus padres se viesen parcialmente superados. Eso sí, al elegir qué estrategias de protección empleas, también cometes errores. Si luchas por alcanzar la perfección, dedicas demasiada atención a ver qué impresión causas. Por otro lado, no le dedicarás suficiente atención a lo que es realmente útil y razonable.

Con el fin de reforzar a tu yo adulto interior, puedes plantearte algunas preguntas de carácter autocrítico: ¿por qué motivo deseas ser una persona perfecta? ¿Realmente no te importa nada más que eso? ¿O es que en realidad lo que deseas es reducir al mínimo tus vulnerabilidades, las oportunidades de que otras personas te ataquen? ¿O quizá aspiras a que todos te admiren? Te ruego que te detengas y des un paso atrás, para contemplar tu conducta desde una perspectiva más amplia. Salvo para ti, ¿para quién más es importante que realices tu trabajo o alcances tus metas a la perfección, que vayas siempre elegante como un pincel o que seas el anfitrión ideal? ¿En qué porcentaje gira todo solo alrededor de tu persona, a fin de cuentas? ¿Qué cosas podrías hacer con la energía y el tiempo que ahorrarías si renunciases a la perfección y te conformases con hacer las cosas «solamente» bien? ¿A qué dedicarías el tiempo libre que tendrías? ¿No tendrás miedo de aburrirte o de ser presa de recuerdos dolorosos? ¿O tal vez tienes reprimidos y ocultos problemas graves, tan duros que has decidido huir de ellos y refugiarte en el trabajo? Muchas personas procuran mantenerse siempre ocupadas para escapar así de sus problemas. En cuanto regresan a la calma y al silencio, los miedos y las preocupaciones reaparecen.

Para reforzar a tu yo adulto interior, detente a reflexionar y piensa de qué problemas sueles huir. Pregúntate y averigua si la estrategia de protección que aplicas no te depara más dificultades de las que te soluciona. Es muy común que las personas perfeccionistas se sientan estresadas. Además de soportar ellas mismas esa tensión, también la convierten en una carga para sus relaciones. Piensa en que esas exigencias tan altas que te marcas quizá también provoquen que te comportes de una manera demasiado estricta con tu prójimo. Además, esa ambición te impide disfrutar de la vida en su justa medida. No pierdas de vista que corres un riesgo mucho mayor de quemarte y sufrir el síndrome del quemado o *burnout* que quienes se toman la vida con más calma.

A continuación, plantéate a quién beneficiaría que invirtieses menos tiempo en perseguir la perfección. ¿A tu familia, a tus amigos, a una organización no gubernamental? ¿O tal vez a ti personalmente, sin ir más lejos, porque disfrutarías más de la vida y sentirías más alegría?

Tienes que intentar relativizar esa manía perfeccionista preguntándote hasta qué punto tiene sentido. Toma a tu niño de las sombras de la mano y explícale con cariño, tantas veces como haga falta, con la máxima paciencia, que es suficiente tal y como es, que es normal y aceptable que cometa errores. También debes respaldar a tu yo adulto interior planteándote mentalmente los escenarios que más temor te provocan: ¿realmente perderías tu empleo si trabajases un poquito menos? Si la respuesta es afirmativa, sopesa si todo ese estrés merece la pena o si existe alguna posibilidad de introducir cambios en tu vida profesional.

Plantéate si tus relaciones humanas mejorarían si te comportases como un amigo o un amante absolutamente ideal. Porque a ver, ¿en qué consiste la perfección aquí? Piensa en cuáles son tus estándares, los valores de referencia. Imagina que fueses una persona honesta y abierta, ¿no sería eso más «perfecto» que limitarte a ser la persona más guapa, la más triunfadora, la más fabulosa o fantástica? Lo que quiero decir es que lo perfecto sería que todo el mundo te conociese de veras y supiese que puede confiar en ti. Un escalón por debajo, no estaría nada mal que no orientases tus actos según las probabilidades de triunfar, sino atendiendo a qué consideras personalmente correcto o incorrecto. ¿Qué tal si te propones no ser una persona perfecta, sino sencillamente ser más tú mismo o misma? ¿Y si te fijas el propósito de adoptar siempre que sea posible la postura de tu niño de la luz? ¿Y si te marcas como meta relajarte y tranquilizarte tanto como puedas?

Tienes que dejarle dos cosas claras a tu yo adulto:

1. A través de las lentes de las gafas de tu niño de las sombras, no ves el mundo tal y como es en realidad, sino una proyección. Una realidad distorsionada negativamente.
2. Hay cosas mucho más sensatas y lógicas que ser perfectos. Por ejemplo, actuar con corrección y, algo importantísimo, disfrutar de la vida.

¡Disfruta de la vida!

Muchas personas que se encuentran atrapadas en las estrategias de protección de sus niños de las sombras no se atreven a disfrutar de la vida. Apenas se conceden gustos, apenas se permiten momentos de placer. Se consagran por completo a su trabajo y sus obligaciones; sostienen que para conseguir el derecho a disfrutar primero tienen que cumplir todos sus deberes. Pero el caso es que siempre hay algo pendiente por hacer. Su niño de las sombras siente algo así como una emoción de culpa de fondo, como si tuviese la culpa de «no valer para nada», de no ser «suficiente». Como consecuencia, están convencidas de que no se merecen gozar de los placeres de la vida o viven una existencia tan complicada que no dejan espacio para el disfrute. Se sienten culpables cuando no están trabajando. Les cuesta mucho desconectar, especialmente a quienes tienen entre sus estrategias de protección las del ansia de controlarlo todo y el perfeccionismo.

Ahora bien, desde el punto de vista del adulto interior, no hay ningún argumento sensato que apoye la postura de negarse a disfrutar de la vida. Mi padre me preguntaba una y otra vez: «¿Pero es que negarse a disfrutar sirve para algo en la vida?»; me encanta esa manera de formularlo. Piensa que la alegría de vivir y el placer te ayudan a ponerte de buen humor, elevan el estado de ánimo, hacen que tu niño de la luz tome la voz cantante, que se convierta en el protagonista. Por eso tendrías que considerar como una obligación preocuparte tan a menudo como puedas de que te vayan las cosas bien, de que disfrutes de la vida. Desde luego, eso exige una buena organización para distribuir el tiempo que tienes, porque para disfrutar hace falta tiempo. Es bastante corriente que aquellas personas aquejadas de «posterguitis», que postergan y aplazan constantemente las tareas u obligaciones importantes, tengan las mismas dificultades para disfrutar de la vida que los maníacos del control. ¿Y por qué? Pues porque les martiriza la mala conciencia.

La diferencia entre unas y otras estriba en que los infectados por la «posterguitis» tienen remordimientos bien fundados, con motivo, porque retrasan y retrasan tareas inevitables, que deberían afrontar. Por su parte, los controladores obsesivos se empeñan en solventar incluso tareas secundarias y algo irrelevantes con el máximo grado de perfección, lo que no siempre es posible y les obliga a arrastrar tras de sí unos sentimientos de culpa innecesarios. En el apartado «Siete consejos contra la posterguitis», en la página 260, te daré más recomendaciones para combatir la posterguitis.

Una magnífica comida, acompañada de un buen vino, puede hacernos completamente felices. También lo puedes conseguir adentrándote en la naturaleza para seguir una ruta de senderismo, disfrutando de la música o, naturalmente, con el sexo. Nuestra idea de placer depende en buena parte de las preferencias y los gustos personales. Pero renunciar por completo al placer no soluciona nada de nada. Así que deberías permitirte disfrutar de la vida siempre que sea posible.

El caso es que hay personas que no saben cómo disfrutar, porque practican este arte muy poco y se han olvidado de cómo funciona. Se exigen demasiado, es claro y notorio, y suelen estar estresadas y de mal humor. También hay otras personas que demandan tener «un buen motivo» para concederse una pequeña pausa, como podría ser un fuerte dolor de cabeza. Sus niños de la luz consideran que este panorama es totalmente lamentable, pero estas personas jamás les preguntan por su opinión. Lástima, porque seguro que tienen un montón de ideas para divertirse a lo grande. Para conocerlas, basta con escuchar un poco al niño de la luz. Sabrá de inmediato y con total seguridad cómo divertirse de veras, en cuanto le des permiso para que se exprese con libertad.

Si también tiendes a agotarte, deberías explicarle a tu niño de las sombras que la situación es así: «Lo siento, tesoro, pero no es obligatorio que nos machaquemos al máximo para sentirnos válidos y orgullosos. Tú vales mucho, eso es así y no cambiará porque te tomes un respiro de vez en cuando. Necesitas hacer algún que otro paréntesis, descansar para evitar que se te acaben las pilas. Si nos exprimimos hasta la fatiga en cada ocasión, llegará un momento en que ya no podremos más. Y entonces sí que no serviremos para nada. No pasa nada por tomarnos unas horas libres y relajarnos, tenemos todo el derecho del mundo. Nadie nos ha prohibido que disfrutemos de la vida y tenemos que cuidarnos para que nos vayan bien las cosas. Y cuando hayamos recargado las pilas bien a tope, podremos volver a la carga, a pleno rendimiento».

Lo cierto es que la diversión y el placer también tienen algo que ver con la belleza. Echa un vistazo al entorno que te rodea y pregúntate lo siguiente: en tu vivienda o en tu lugar de trabajo, ¿hay suficientes elementos para que tu vista se relaje, descanse y se recupere? Tienes que buscar vistas hermosas, que te aporten felicidad. Si con la ayuda de este libro pretendes emprender una renovación interna, no puedes dejar de lado el exterior, tienes que actuar sobre el ambiente que te rodea. A veces no se trata más que de pequeños detallitos que añaden una pizca de alegría a la vida. Por ejemplo, yo siempre tengo a mano un frasquito de aceite de rosas. Cuando necesito recuperar el aliento o me hace falta un golpe de energía, la uso para perfumarme. Tienes que asumir la responsabilidad de que a ti te vayan bien las cosas. Preocúpate por tu persona.

Desde hace unos años, en las clínicas psicosomáticas se trabaja la conocida como terapia del placer sensorial, ya que resulta que, para muchas personas, el primer paso hacia la curación consiste en volver a aprender a disfrutar. El placer, el gusto, el disfrute tienen mucho que ver con la sabiduría. Al final, si queremos disfrutar de verdad, es necesario activar y conectar los cinco sentidos. Si no lo hacemos y no prestamos atención, no apreciaremos el placer. Imagínate que te limitas a tragar la comida, a engullir sin paladear; entonces ni siquiera te darás cuenta de qué es lo que estás comiendo. En la terapia del placer sensorial, por tanto, se esmeran por agudizar los sentidos. Se les dan instrucciones a los participantes para que describan con la máxima precisión posible todo aquello que perciben cuando mastican un pedazo de chocolate o cuando contemplan una rosa. Ese método les enseña a disfrutar conscientemente. Y tú puedes incorporar la terapia del placer a tu vida cotidiana sin mayores complicaciones. Solo tienes que hacer dos cosas:

1. Encárgate de disfrutar y para ello, realiza más a menudo actividades con las que disfrutes y que te sienten bien.

2. Concentra toda tu atención y enfoca los cinco sentidos en lo que tengas entre manos, en el aquí y el ahora.

Otra buena medida para desarrollar una mayor conciencia de la belleza y el placer es dar paseos en los que prestes toda tu atención a la belleza. Imagínate que llevas una cámara de fotos o no te lo imagines: llévala de verdad. Busca motivos hermosos para sacar fotografías. Mantén la atención centrada en el entorno exterior que te rodea. No es tan fácil como suena, pero permite una profunda relajación de la mente, ya que dejarás de pensar en ti por completo. Yo suelo entrenarme para fortalecer esta capacidad de forma consciente cuando voy a pasear, porque soy una de esas personas con facilidad para perderme y quedarme absorta en mis pensamientos, hasta que ya no me entero de nada de cuanto sucede a mi alrededor. Ahora bien, contemplar unas preciosas flores o la hermosura de la naturaleza sí me hace enormemente feliz.

Olvídate de ser un «modelo de persona», ¡sé una persona auténtica!

Las personas que han aprendido y adoptado el perfeccionismo como estrategia de protección aspiran a hacerlo todo bien. Se han entrenado y preparado para ello ya desde la infancia, con el fin de conseguir el reconocimiento de sus padres o, como mínimo, de que no les castigasen. Para ellos, desligarse de los deseos y necesidades de sus congéneres supone una ardua tarea, se sienten responsables de que todo marche bien. Si su interlocutor está de mal humor, asumen la culpa y se interrogan para averiguar qué han hecho mal o qué podrían hacer para solventar el problema y que todo el mundo vuelva a estar satisfecho. Puesto que consagran toda su atención a las necesidades de los demás, sean reales o meramente supuestas, les dan la espalda a sus propios deseos. A la larga, eso no puede tener un buen final, ya que esos deseos también merecen que los cumplan. Y dado que solamente formulan sus deseos muy de vez en cuando (incluso lo hacen en voz baja y de forma muy discreta), les aqueja constantemente la sensación de que nunca es suficiente, nunca están satisfechas. Cómo no, los reproches se los dirigen a ellas mismas, pero también y en mayor medida a sus interlocutores que parecen ocupar posiciones dominantes, como ya te expliqué en el apartado «Autoprotección: Búsqueda de la armonía y sobreadaptación». ¿Sabes qué pasa? Pues que, al igual que ellas están constantemente esforzándose en adivinar qué es lo que más complacería a su interlocutor en todo momento, también esperan que sus interlocutores adivinen sus propios deseos. Si no lo hacen, se ofenden al instante.

La gente obsesionada con conservar la armonía asume una responsabilidad muy limitada sobre sí misma, porque está siempre ocupada en procurar el bienestar de sus interlocutores. Aspiran a no cometer un solo error y no herir jamás los sentimientos de nadie. Pero cuando se sinceran de verdad, resulta que no todo gira en torno al bienestar de los demás, sino más bien en torno a su niño de las sombras, que sufre porque teme que lo rechacen. Si adoptasen una actitud más abierta hacia sus necesidades, les iría mucho mejor y podrían olvidarse de ese miedo. Para evitarlo, se desviven por adaptarse a las que, a su criterio, son las expectativas de sus interlocutores y esperan que estos les den las gracias. ¿Cómo? Pues adivinando a su vez cuáles son los deseos personales de estos obsesos de la armonía.

Si el párrafo anterior se ajusta razonablemente bien como descripción de tu persona, el primer paso que debes dar es este: con la ayuda de tu yo adulto interior, toma conciencia de que estáis atrapados en una envoltura que es originaria de la niñez. Para congraciarte con tus padres, procuraste amoldarte lo mejor posible a sus deseos, quizá porque eran muy estrictos o porque eran gélidos como un témpano. Tal vez pasaba lo contrario y eran muy cariñosos, pero también les obsesionase la armonía y les aterrasen los conflictos. Así que no tuviste un buen ejemplo de cómo autoafirmar tu personalidad de una forma sana.

En todo caso, durante tu infancia dependías de tus padres. Tienes que explicarle a tu niño de las sombras, con mucho cariño, que esa época es cosa del pasado y hoy los responsables de buscar la felicidad sois vosotros dos. Debes aprender a cuidarte y preocuparte mucho más por ti. Toma las riendas y asume la responsabilidad de tu bienestar. Di qué quieres y qué no. Eso no implica obligatoriamente que te comportes con egoísmo. Al contrario: si te sinceras contigo y afrontas tus deseos con honestidad, los demás sabrán a qué estás jugando, qué pueden esperar de ti. Así podréis negociar con justicia. Es mucho mejor que enfurruñarte porque tu pareja no ha sabido adivinar qué era lo que deseabas. Tienes que tomar conciencia constantemente de que eres una persona retraída y ese rasgo pone a quienes te rodean en una tesitura delicada: tendrían que romperte la cabeza si pretenden averiguar cómo te sientes por dentro y qué es lo que quieres. Lo cual, a la larga, resulta una tarea muy fatigosa. Además, les asalta la sensación de que no saben realmente muy bien a qué carta quedarse contigo. Les sería un gran alivio que expresases tu personalidad de una manera más abierta y auténtica. Si tú eres quien detenta la responsabilidad sobre tu persona, esas personas quedarán relegadas de llevar semejante carga. Ya no tendrán que investigar permanentemente si todo está realmente a tu gusto en caso de hacer tal o cual cosa.

Es igual de importante que defiendas más tu opinión. Si lo que pretendes es contentar a todo el mundo, acabarás por no contentar a nadie, porque no apoyarás ninguna postura clara con firmeza y en última instancia, no se podrá confiar ni delegar nada en ti. No tienes que reírle las gracias a todo el mundo; es mucho más importante que fortalezcas tu postura, que también seas capaz de nadar a contracorriente cuando sea necesario para luchar por tus valores, por cosas importantes. Ten muy claro que, en caso de duda, la valentía moral, la honestidad y la justicia pesan mucho más que tus inquietudes porque puedas caerles mal al resto de la gente. Tal vez a unas cuantas personas no les resultes demasiado simpático si sostienes tu opinión con franqueza y firmeza, pero es que tampoco vas a caerles mejor si te abstienes de alzar la voz. Como ya te he dicho, a menudo ni siquiera saben cómo considerarte y quizá les inspires cierto aburrimiento. Con todo esto a la vista, ya puedes relajarte y tranquilizarte. Al fin y al cabo, jamás podrás dejar contento a todo el mundo. Así que fórmate tu propia opinión, créate tus propios criterios. No olvides nunca que no se trata de conquistar las simpatías de todo el mundo, sino de actuar correctamente, de acuerdo con tus valores.

A lo mejor piensas que todo esto no servirá para nada. Vaya, ese es el lema favorito de quienes rehúyen cualquier conflicto. Pero bueno, en primer lugar, quédate con esto: abrir la boca y tomar la palabra sirve para mucho más de lo que crees. En segundo lugar, no deberíamos orientar nuestras acciones solamente según las posibilidades de éxito.

Por ejemplo, si le comunicas a un buen amigo que cierta conducta suya te ha molestado mucho, le estarás dando una oportunidad. Concretamente, una oportunidad para estrechar de nuevo vuestra amistad gracias a un diálogo que os permita aclarar la situación. De esta manera, harás todo cuanto está en tu mano para mejorar la relación. De eso se trata. Desde luego, la forma en que reaccione y se comporte esa otra persona ya queda fuera de tu responsabilidad.

Es posible que afrontes este problema: ni siquiera tú sabes exactamente qué es lo que piensas y qué es lo que quieres. Tal vez te hayas educado con tal intensidad para atender los deseos de los demás que el hilo que te conecta con tu vida interior está hecho un nudo, ¿puede ser? En ese caso, debes escucharte y preguntarte: «¿Qué es lo que siento?» y «¿Cuál es mi opinión?». También puedes practicar cómo alzar la voz y defender tu opinión, dialogando o discutiendo con un interlocutor imaginario e intercambiando argumentos. Naturalmente, también puedes ejercitarte en la vida real. Presta atención para captar cuándo salta tu mecanismo reflejo para reprimir tus opiniones o necesidades con el fin de congraciarse con quienes te rodeen. En cuanto suceda, tienes que adoptar el papel del niño de la luz y tomar la palabra, manifestarte. Te vas a maravillar cuando compruebes cuánto te facilita la vida comportarte con más sinceridad y apertura de miras. Tus relaciones serán mucho menos complicadas. Y todo ello porque es un requisito imprescindible que seas auténtico y asumas la responsabilidad sobre ti mismo para alcanzar una armonía y una proximidad genuinas con tus congéneres.

Aprende a lidiar con los conflictos y moldea tus relaciones personales

Las personas que se esfuerzan por proteger a sus niños de las sombras adaptándose a las condiciones que imperan y luchando por mantener la armonía dejan que las circunstancias, los obstáculos y las casualidades les afecten demasiado, en lugar de fijarse unas metas y pelear por superar todos los impedimentos que les salgan al paso. Para marcarse objetivos es preciso tener una visión clara, de la que con frecuencia carecen, porque llevan toda la vida orientando sus acciones respecto a los fines de otras personas, en lugar de tomar como referencia los suyos propios. Otro motivo más que justifica su pasividad para darle forma a su vida y sus relaciones es el temor a los conflictos, de los que escapan. Viven inmersos en la ilusión de sus niños de las sombras, quienes sostienen que deberían dejar fluir las relaciones, en lugar de influir activamente sobre ellas. No actúan, sino que se limitan a reaccionar. El precio que pagan por adaptarse es renunciar a una autoafirmación saludable. A menudo, las personas afectadas están tan acostumbradas a amoldarse a los deseos de sus interlocutores que ni siquiera se les pasa por la cabeza que podrían manifestar sus puntos de vista, necesidades o inquietudes. No deja de asombrarme que algunas personas sientan un impulso tan apagado para defenderse. Como ya describí en el apartado «Autoprotección: Búsqueda de la armonía y sobreadaptación», quienes sienten esta aversión patológica por los conflictos solamente suelen expresar su autoafirmación mediante la resistencia pasiva, que en muchos casos desemboca en la retirada, la huida o la interrupción del contacto.

Pero existe otro motivo más para que las personas afectadas sean tan reacias a hacerse oír: les falta seguridad, no saben con certeza si tienen derecho a expresar sus opiniones y deseos. Les falta mucha práctica en materia de discusiones y argumentaciones. Dado que normalmente contemplan a quienes les rodean como superiores, tienden a pensar que tienen más derechos y capacidades que ellas mismas. Por eso es urgente que trabajen para mejorar la seguridad sobre su propia perspectiva.

Muchas personas no se atreven a argumentar porque les preocupa acabar en una posición inferior, así que prefieren mantener la boca cerrada. Muchas otras solo distinguen entre ganadores y perdedores, entre dominadores y dominados. Sus estrategias de protección son de carácter defensivo, supuestamente para proteger a su niño de las sombras. La ansiedad por el riesgo de caer en una posición de inferioridad no solo espolea los ánimos de quienes se obsesionan por conservar la armonía, sino que también supone un acicate para quienes tienen como divisa principal de sus estrategias de protección las agresiones y los ataques. Lo único que representan sus estallidos de agresividad, ese hábito de perseguir moscas a cañonazos, es una huida hacia delante.

Si por naturaleza tiendes a huir de los conflictos, tendrás que contemplar el panorama desde el punto de vista de tu yo adulto interior.

O sea, que debes tomar plena conciencia de que la cuestión no estriba entre el triunfo y la derrota. Si tus contrarios exponen argumentos mejores que los tuyos, no implica que debas terminar en una posición de inferioridad. Basta con que digas: «Vale, llevas razón» y aceptes el resultado de la contienda con dignidad. Tienes que cimentar en tu interior esta idea: lo que importa es la materia objeto de diálogo o discusión, no lo bien o mal que te desenvuelvas en el intercambio. Lo esencial es que hagas entender a tu sentido común que es perfectamente aceptable que te limites a decir qué es lo que tú quieres o a explicar qué opinión propugnas. En la mayoría de casos, no estallará ningún conflicto, en absoluto. La mayoría de las veces, nadie te afeará la conducta si optas por decir que «no»... pero más tarde volveremos sobre este punto. Antes de nada, me gustaría facilitarte un par de reglas útiles para solucionar conflictos.

Ejercicio: *Entrenamiento para conflictos*

Para realizar este ejercicio, tienes que pensar en un conflicto abierto que mantengas con otra persona. Ya sea porque haya estallado alguna disputa verbal con motivo de esa desavenencia o porque no te hayas atrevido a comunicarle a esa persona abiertamente tu punto de vista.

1. Adopta de manera plenamente consciente el papel de tu niño de la luz. Invoca tus nuevos dogmas, tus puntos fuertes y tus valores y siente a flor de piel las buenas sensaciones que todo eso te provoca. En definitiva, intenta alcanzar el mejor estado de ánimo posible. Si no te sale demasiado bien, opta por ponerte en la piel de tu yo adulto interior para observar la situación de la manera más fría que puedas.
2. Sé consciente de que la otra parte del conflicto también lleva consigo un niño de las sombras y que ambas personas estáis al mismo nivel. Intenta estimular tu buena voluntad hacia esa persona.
3. Analiza con sinceridad y franqueza la relación que mantienes con la otra parte del conflicto: ¿te sientes inferior a esa persona? ¿O quizá te sientes superior? ¿Tienes envidia de ella alguna vez? ¿O la desprecias? Revisa si tienes una percepción negativa de esa persona debido a razones que radican realmente en ti. Así que tienes que escudriñar y

observar con la máxima atención cuál es tu contribución a la situación. Llegado este momento, puede ser buena idea que repitas el ejercicio de la página 188 con su test para comprobar la realidad y el ejercicio «Las tres posiciones de la percepción» de la página 153.
4. Mantén por dentro el estado del niño de la luz o de tu yo adulto interior y reflexiona (lo mejor será que lo hagas por escrito) sobre qué argumentos contarían a favor de tu punto de vista. Piensa también en qué argumentos tiene tu interlocutor. Para ayudarte, puedes recabar la colaboración de una tercera persona. ¿Qué argumentos se le ocurren para ti o para la otra parte? Una vez tengas recopilados todos los argumentos, verifica si es posible que tu interlocutor lleve la razón. Si la respuesta es afirmativa, admítelo y comunícaselo; así quedará solucionado el conflicto. Si la respuesta es negativa, vamos al paso 5.
5. Trabaja activamente para originar una situación en la que te gustaría dialogar sobre tus inquietudes con la persona con quien estás en conflicto. No esperes a que «surja la ocasión». Expón lo que te preocupa de manera amable, amistosa, y refiere tus argumentos.
6. Escucha con atención lo que tenga que manifestar tu interlocutor acerca del tema. Atiende a su testimonio y tómate en serio sus premisas. Ten bien claro esto: lo importante no es si la discusión acaba en triunfo o derrota, lo que importa es la cuestión sobre la que discutís. Si tu interlocutor aduce argumentos de más peso que los que se te ocurren a ti espontáneamente, reconoce sin más ambages que lleva razón. Así conservarás tu dignidad intacta y lograréis resolver el problema. Si no presenta unos argumentos mejores que los tuyos, puedes reafirmarte en los tuyos o, aún mejor, negociar una solución de compromiso.

No es obligatorio que te atengas estrictamente al orden de estos pasos, ya que esto no es más que un ejemplo de muestra para indicarte cómo te puedes preparar para afrontar un intercambio de opiniones o una disputa. Más adelante te explicaré, con la ayuda de un ejemplo concreto, cómo se pueden llevar estas recomendaciones a la práctica en la vida cotidiana.

Piensa que todo, absolutamente todo se puede debatir y hablar, incluso los problemas más graves, si nuestro estado de ánimo es bueno y adoptamos la perspectiva del niño de la luz. Cuando formulas alguna propuesta con amabilidad, no hay por qué perder nada de información. Si te enfrentas a tus oponentes sobre la base de la buena voluntad y el respeto, podréis abordar cualquier tema. Y jamás pierdas esto de vista: cuando la otra persona tiene razón, reconocerlo y otorgársela juega a favor de tu dignidad y te hace una persona más simpática. De lo contrario, si optas por encastillarte con testarudez defendiendo unos argumentos mediocres, no darás una imagen ni digna ni simpática. Los argumentos, la buena voluntad, la comprensión y una percepción profunda son los pilares básicos de todo entendimiento.

Veamos ahora un ejemplo de conflicto solucionado satisfactoriamente: Lara y Jörg son compañeros de trabajo. Lara opina que Jörg se va demasiado a menudo de la lengua durante las reuniones. Pero dado que ella es tímida y tiende a evitar los conflictos, no le sale espontáneamente una actitud de defensa. Hace poco, Jörg volvió a robarle el protagonismo usurpando sus turnos de palabra y Lara se convenció de que debe actuar, hacer algo. Estaba profundamente enfadada.

1. Para empezar por serenarse y calmarse un poco, trató de distraerse con otra actividad. Así que se puso a trabajar en una tarea que le exigía concentración total. Gracias a ello, logró distanciarse lo suficiente del problema como para cambiar de postura y adoptar la de su yo adulto interior. Teóricamente, también podría haber encarnado el papel de su niña de la luz, pero estaba demasiado furiosa para ello.
2. Una vez tranquilizada, analizó cuál era su propia parte en toda la situación: ella reconoce que, efectivamente, deja en demasiadas ocasiones que Jörg le robe su terreno, ya que no se defiende y no siempre asume por completo su propia responsabilidad personal. Se da cuenta de que se identifica con su niña de las sombras cuando Jörg la interrumpe y entonces la perjudican ciertos dogmas que lleva consigo, como «Soy un poco tonta», «No valgo para nada» o «Tengo que portarme bien, obedecer y adaptarme». Al reflexionar, vislumbra que, debido a sus dogmas, ella considera que Jörg no la toma en serio ni la respeta.
3. Llegados a este punto, ha logrado calmarse del todo y puede colocarse conscientemente en la postura de su niña de la luz. Desde esa perspectiva, intenta analizar el comportamiento de Jörg con actitud benevolente. Desde este momento queda claro que ella no es la única que sufre este problema: Jörg también interrumpe y les roba el protagonismo a otros compañeros. También recuerda que, si obvia-

mos este pequeño defecto, Jörg es un colega simpático. Así que llega a la conclusión de que la conducta de su compañero no es fruto de la falta de respeto, sino de que es un tipo temperamental e impulsivo. En definitiva, ya no relaciona el comportamiento con una supuesta inferioridad suya, sino con los defectillos de su colega. Es una interpretación nueva y positiva de la realidad.
4. Gracias a su perspicacia, ha discernido cuáles son los ingredientes de la situación y vuelve a situarse en el mismo nivel que Jörg. Ahora Lara recapacita, pues quiere analizar si realmente tiene derecho a pronunciarse y hablarle a Jörg sobre su conducta, o si su actitud sería quejica y quisquillosa. A fin de cuentas, seguramente él no actúe así intencionadamente. Tal vez bastaría con que ella se mostrase más resuelta y decidida, que defendiese de un modo más enérgico su derecho a participar y hacerse oír. Pero también piensa que, en realidad, lo más adecuado sería dialogar con Jörg sobre este problema.
5. Así que se plantea argumentos a favor y en contra de una conversación abierta sobre el tema. A favor: no estaría mal mantener un intercambio de opiniones con Jörg; solamente así podría enterarme de su punto de vista. Sería justo para Jörg llamarle la atención y avisarle de que su conducta resulta molesta, aunque sea sin intención. Cuanto antes aborde el asunto, más calmada y tranquila me quedaré. En contra: Jörg me podría afear la crítica. Quizá él mismo no haya reparado en que su conducta no es la más adecuada. A favor: puedo citar ejemplos muy concretos que servirán de apoyo a mi postura. Si Jörg los rechaza, entonces es que tiene problemas para aceptar las críticas. Y en ese caso, la culpa del problema no sería mía y al menos habré intentado solucionar esta dificultad.
6. De modo que Lara se decide a hablar con Jörg. Al día siguiente le pregunta si podrían comer juntos en la pausa del almuerzo, a lo que él acepta entusiasmado. Durante la comida, Lara le explica con amabilidad y franqueza cómo se siente en las reuniones, cuando él la interrumpe y la deja sin poder hablar. Jörg entiende la crítica desde el primer instante, se disculpa y expresa su deseo de que la situación cambie a mejor. Confiesa que es consciente de ese defecto; sencillamente pasa que es una persona muy impulsiva, pero no alberga mala intención ni lo hace por falta de respeto. Promete enmendar su comportamiento y actuar de una manera más disciplinada. Además, los

dos acuerdan que, si Jörg vuelve a pisarle el terreno a Lara, esta última reaccione y retome la palabra.

En este caso no fue necesario intercambiar argumentos, ya que Jörg reconoció el problema de inmediato. Dado que Lara abrió el tema, Jörg tuvo la oportunidad de explicar su posición y así fue como confirmó que las sospechas de Lara eran certeras: no la interrumpía por falta de respeto, sino porque le superaba su temperamento. En conclusión, el diálogo les permitió aproximar sus posturas y estrechar la relación.

El conflicto potencial que podría haber estallado entre Jörg y Lara era una bomba, pero quedó en pólvora mojada gracias a la prudencia, la autorreflexión y la sensatez de Lara y también gracias a la autocrítica honesta de Jörg. Sin embargo, si al menos uno de los dos participantes en este tira y afloja hubiese actuado de forma irreflexiva e impetuosa, atrapado por sus estrategias de protección, probablemente el diálogo habría fracasado. En el próximo apartado profundizaremos en esta última posibilidad.

Aprende a reconocer cuándo es mejor dejarlo correr

Por desgracia, también existen situaciones en las que los buenos argumentos resultan inútiles para avanzar, aunque la otra persona no ofrezca alternativas mejores. Así que cuando esa otra persona se limita a arrojarte sus proyecciones y sus percepciones distorsionadas, acabáis en un callejón sin salida. Precisamente por eso es tan importante que te ejercites en la práctica de discurrir argumentos, para que cuando suceda seas más capaz de distinguir quién de los dos interlocutores está enredando la situación. Con frecuencia, el problema radica en que no estamos del todo seguros de haber evaluado la situación correctamente. Por tanto, es preciso tener una perspectiva clara, para no liarnos en una insensata disputa sin fin con un «angelipuertas», ya que ahí no hay remedio y hablar no valdrá de nada. Solo nos ayudará mantener un distanciamiento exterior (o interior, al menos). Y podemos aplicarlo, por supuesto, en un estado de ánimo elevado. En este punto, me gustaría citar a Jens Corssen, quien propuso la siguiente fórmula para las separaciones: «Tú eres una estrella que brilla con luz propia, pero tu comportamiento no es tan luminoso, así que, puesto que arrastras esa pequeña oscuridad contigo, tengo que separarme de ti».

Ahora bien, para que sea posible establecer una separación amistosa, también es imprescindible evaluar correctamente la situación. Es decir, saber identificar cuándo carece de sentido intercambiar argumentos. A lo mejor te estás preguntando cómo se pueden distinguir esos casos. Un criterio clave es este: ¿hasta qué punto está dispuesto tu interlocutor a examinar los argumentos que tú ofreces? ¿Esa persona te está escuchando con atención, de verdad? Y lo más importante: ¿cómo de concretos son los argumentos que expone la otra parte del conflicto? Por ejemplo, si te está criticando, debería estar en posición de basar sus acusaciones sobre datos palpables de tu conducta. Si te echa en cara que siempre actúas desde una posición dominante, debe fundar sus reproches en ejemplos específicos. También podría suceder que, por efecto de sus propios sentimientos de inferioridad, proyectase sobre ti una cierta sensación de dominancia. No deberías aceptar y encajar esos argumentos. Si tu interlocutor se revela incapaz de sustentar sus críticas sobre ejemplos concretos y comprensibles, es que mantiene una postura injusta. Aunque solo sea por el hecho de que, para criticarte con justicia, tiene la obligación de enumerar ejemplos concretos. Si estamos en el caso opuesto y sí le asiste la razón, normalmente tú lo sabrás personalmente. Ante esa tesitura, solo queda una vía abierta: discúlpate y desea que la cuestión mejore. Rechazar y negar una crítica bien fundada sería lo más estúpido que podrías hacer.

Si llegases a este punto, tu interlocutor podría concluir que no tiene sentido hablar claro contigo, porque eres incapaz de tolerar las críticas. No lo olvides nunca: no tienes por qué avergonzarte de cometer errores. Lo que sí es una vergüenza es negarlos.

También puede pasar que tu interlocutor cite ejemplos como apoyo para criticarte, pero que dichos ejemplos no descansen sustentados por la realidad, sino por su interpretación personal de la realidad. Es fundamental que distingas entre hechos e interpretaciones. Voy a repasar la historia anterior de Jörg y Lara para explicarlo: Jörg interrumpía a Lara con mucha frecuencia y no la dejaba expresarse, eso es un hecho, un comportamiento concreto, del que hubo otros testigos. Esta podría haber sido la interpretación de Lara: Jörg es un machista, no me tiene ningún respeto. Lo cierto es que así fue su primera valoración de la situación. Si Lara no se hubiese sosegado para reflexionar pausadamente sobre el tema, le podría haber echado en cara a Jörg esa conducta. Podría haberlo hecho de viva voz, a las claras, con lo cual él al menos tendría la oportunidad de posicionarse. O podría haberse tragado el enfado sin concederle la más mínima oportunidad. En este último caso, Lara se habría distanciado de Jörg y tal vez su indignación habría tenido eco entre los demás compañeros. En el peor de los casos, la interpretación errónea de Lara y su propensión a escapar de los conflictos podrían haber sido el origen de una campaña de acoso contra su compañero. Así que Jörg, el supuesto «agresor dominante» se habría convertido en víctima.

Por tanto, si tu interlocutor no está en posición de señalar argumentos entendibles, más allá de suposiciones (o sea, de su interpretación subjetiva de la realidad), la cosa pinta bastante mal. Especialmente si esa persona se enroca y mantiene su apreciación incorrecta de la situación. Imagina que, en el transcurso de un diálogo abierto, Jörg le aseverase a Lara que no querría tratarla de forma irrespetuosa en absoluto, sino que a veces le jugaban una mala pasada sus dificultades para mantener la boca cerrada. En tal caso, Lara haría bien en creerle, máxime si ella no pudiese referirse a ningún dato o hecho más para apoyar su interpretación personal del problema. En definitiva, debes mantenerte alerta y vigilante para no tropezar con tus propias interpretaciones personales ni con las de tus interlocutores.

La verdad es que la sabiduría popular se equivoca al afirmar que «dos no discuten si uno no quiere». Eso no se cumple en todas las relaciones. Por ejemplo, si alguien psicológicamente sano (por decirlo de algún modo) se junta con una persona marcadamente narcisista, la relación acabará por naufragar. Esto obedece a una ley natural de la psicología, no hay vuelta de hoja. La persona psicológicamente equilibrada no logrará salvar la relación, porque la percepción distorsionada de la narcisista la arrastrará al fracaso. En estos casos, además, se suele sobredimensionar mucho la capacidad comunicativa de las personas sin formación en psicología: si uno de los participantes en la comunicación está constreñido por la percepción distorsionada de su niño de las sombras, ni siquiera las mejores palabras del mundo tendrán algún efecto. Contra los tiranos que ocupan el poder absoluto, la única solución para protegernos es esquivarlos lo mejor posible... o iniciar una revolución.

De manera que si tu interlocutor no hace referencia a hechos comprensibles, sino que se encierra en una posición inamovible dictada por su instinto, por lo que «le dicen sus tripas» y se obstina con tesón en esta percepción, sabrás que no tiene la razón. Puedes tratar de hacérselo entender, pero no lo intentes con demasiada frecuencia. Cuidado con caer en una batalla de justificaciones. En algún momento tienes que saber poner punto final. Aquí tienes justamente la situación en la que no tienes ninguna oportunidad, debido a la tozudez y a la incapacidad para reflexionar de la otra persona. Tu interlocutor probablemente trate de proteger a su niño de las sombras ambicionando el poder; es decir, que su única finalidad es conservar la razón y no accederá a mantener ningún tipo de contacto contigo que implique la posibilidad de prestarte atención y escucharte de verdad. Su sensibilidad está limitada por la estrategia de protección que aplica, al menos en esta situación. Con esto llegamos a una de las estrategias de conservación más valiosas de las interrelaciones humanas: la capacidad de empatizar.

¡Practica la empatía!

Empatizar quiere decir que seas capaz de situarte en la posición de otra persona, saber cómo se siente. Ahora bien, si estoy demasiado atareada ocupándome de mí y de mis problemas, perderé de vista fácilmente cuáles son las necesidades de quien tengo enfrente. A nadie le es ajeno este fenómeno: cuando sufrimos el tormento de dolores físicos o psicológicos, nos cuesta muchísimo trabajo concentrarnos en cualquier otra cosa. Todo nuestro organismo reclama que, en primer lugar, aliviemos esos dolores. Como consecuencia, lo mejor para que empaticemos con los interlocutores es que primero satisfagamos nuestras propias necesidades, para que no monopolicen la atención. Por eso algunas parejas o socios acaban atrapados en una trampa inamovible: esperan de los demás que cubran sus necesidades de atención antes de poder empatizar con la otra persona. En algún momento, durante el transcurso de la lucha por la comprensión para sí mismas, esas personas pierden la empatía por el otro. Este es otro buen argumento para que el adulto interior comprenda que debe preocuparse por sí mismo: en realidad, cuanto más asuma la responsabilidad sobre mi propia felicidad, más serenidad conseguiré para atender a mi pareja y a otras personas.

Resulta excepcionalmente difícil desarrollar la empatía por un agresor, sea potencial o de facto. Así lo ha dispuesto la naturaleza: si me veo en la obligación de luchar para defender mi vida, no me puedo permitir sentir compasión por el enemigo. En la sociedad civil donde convivimos, el único problema es que los supuestos agresores a veces solo son eso: supuestos. O también puede ser que la persona en cuestión sea tu pareja. Como ya hemos aprendido, cuando estamos sumidos en un estado de miedo e inseguridad (o sea, cuando nos identificamos con el niño de las sombras), a menudo imaginamos que nos acechan enemigos donde en realidad no hay ninguno. La manera más sencilla de alcanzar la empatía es sentirnos seguros. Cuando la seguridad en nosotros mismos domina el estado de ánimo, podemos abrirnos a los interlocutores y al mismo tiempo, ponernos en su situación.

Sin embargo, como ya expliqué en el apartado dedicado a las «Personas insensibles o que aplazan los problemas», todavía hay otra razón más para que a algunas personas les resulte tan costoso empatizar con los demás: concretamente, eso es lo que les sucede a las personas que tienen una conexión deficiente con sus propios sentimientos. A menudo se trata de hombres, fuertemente enclaustrados en el pensamiento racional. Eso sí, siempre y cuando una persona poco empática confronte a su interlocutor con buena voluntad e interés, se podrá emprender un diálogo constructivo, ya que al menos es capaz de razonar y entender qué es lo que está en juego para la otra persona. Ocasionalmente, un interlocutor benevolente, aunque poco empático, incluso podrá ser conveniente y útil gracias a su planteamiento o enfoque racional.

Mucho más problemático que un interlocutor demasiado teórico pero comprometido será el primer caso. Es decir, el caso que se nos presenta cuando una persona se identifica con su niño de las sombras y cree que es la presunta víctima de alguien supuestamente más fuerte. Esa distorsión de la percepción puede desembocar en cierta actitud de carácter despiadado e implacable, cuando la víctima imaginaria es incapaz de sentir misericordia por nadie más que por sí misma.

Esta problemática salta a la luz con gran brusquedad en los conflictos de pareja. Citaré un pequeño ejemplo de mi consulta: Linda y Jonathan llevaban casi 20 años como matrimonio cuando acudieron a mi consulta. Querían que les aconsejase porque tenían problemas con sus relaciones sexuales. Jonathan llevaba años sin ningún apetito, sin ganas de acostarse con Linda, ante lo cual ella se sentía muy ofendida. Ya años atrás, su vida sexual se había caracterizado por larga fases de inapetencia por parte de Jonathan. Durante la conversación mantenida en las sesiones de psicoterapia, constaté que en cuanto salía el tema a relucir, Jonathan se envolvía absolutamente en la piel de su niño de las sombras. En cuanto se mencionaba su falta de libido, a ojos de Jonathan, Linda se transformaba en cuestión de segundos en la enemiga. Por su parte, él se mostraba ausente e inflexible. La percepción distorsionada que tenía de Linda, que le condicionaba para considerarla una adversaria, era resultado de dogmas que acarreaba consigo, como «Soy responsable de tu felicidad», «Tengo la culpa de todo» o «Tengo el deber de satisfacer todas tus expectativas». Su niño de las sombras consideraba a Linda como un ser superior. Proyectaba sobre ella la imagen de su madre, fría y distante. En consecuencia, se sometía a sí mismo a una fortísima presión para satisfacerla en todos los ámbitos. Ello le obligaba a menudo a decir que «sí» cuando en realidad lo que más le apetecía era responder con un «no». Sus estrategias de protección eran adaptarse, buscar la armonía a toda costa y representar distintos papeles según la situación. Como resultado, dentro de la relación asumía muy poca responsabilidad sobre su propio bienestar. Sus necesidades quedaban insatisfechas. Como sucede con mucha frecuencia, acusaba de ello a su mujer, a quien percibía como una persona aparentemente más fuerte, en lugar de achacarlo a su propia actitud. Por ello la castigaba de forma pasivo-agresiva mediante el retraimiento y la negativa a mantener relaciones sexuales. Detrás de todo ello, de forma inconsciente, se escondía una actitud defensiva: «Al menos en la cama haré lo que a mí me apetece». Así que su niño de las sombras se oponía a satisfacer las demandas eróticas de Linda. Acostarse con su mujer sería como cumplir una imposición más. Justamente porque se consideraba tan responsable de la felicidad de su mujer, se negaba a acceder a los deseos de ella; esta es una paradoja que se observa frecuentemente. Cuando Linda quería intimar con él, no apreciaba el deseo de cercanía, de proximidad, sino que percibía la actitud de ella como exigente, dominante, agresiva y manipuladora. No sentía la más mínima empatía por las necesidades que Linda tenía de intimidad, de contacto cercano. Por eso era incapaz de comprender que sus negativas atormentaban y herían a Linda. Tampoco era capaz de reconocer que su mujer se hallaba en una situación de impotencia: hiciese lo que hiciese, carecía de cualquier posibilidad de aproximarse a él. En esos momentos, Jonathan no sentía ni asomo de misericordia. Fue necesario que cambiase de perspectiva para que abandonase el rol de víctima que había asumido y consiguiese desarrollar compasión y empatía por Linda. Estos ingredientes permitieron que volviesen a estrechar la relación, lo que se reflejó positivamente en su vida sexual.

Por tanto, si tienes un problema con otra persona y detectas que estás encastillado en tu punto de vista, deberías intentar de forma plenamente consciente e intencionada apartarte un poco de tus sentimientos, distanciarte de ellos y adoptar el papel de tu yo adulto interior. Sitúate en la posición de observador; para ello, puedes imaginarte por ejemplo que estás sobre las tablas de un escenario teatral (o también practicar el ejercicio «Las tres posiciones de la percepción», descrito en la página 153). Cuando te hayas distanciado interiormente de tus sentimientos, intenta comprender cuál es el problema. ¿En qué consiste? Muchas veces gira en torno a temas como el reconocimiento (todos sentimos que los demás no nos aprecian y reconocen como merecemos), la justicia (todos sentimos que alguien nos trata de forma injusta) y como consecuencia, las molestias que surgen. Así que debes esforzarte conscientemente por no limitarte a sufrir tu malestar, sino por apreciar también el sufrimiento de la otra parte. O sea, que debes ponerte en su lugar y prestar atención para saber cómo se siente. ¿Qué preocupaciones, qué miedos o afrentas le provoca tu comportamiento? Procura entender cómo se encuentra su niño de las sombras. Gracias a este acto de comprensión empática, quizá consigas enfocar el problema de un modo completamente distinto.

No olvides nunca esto: puedes modificar sin dificultades todo aquello que está bajo tu control. Pero no puedes cambiar a otras personas. Así que, si observas que hay una oportunidad para aprovechar la empatía como puente para acceder a esa otra persona, no la dejes pasar. No esperes a que sea tu interlocutor quien dé el primer paso. Dirigirte a alguien es siempre un signo de grandeza y fuerza, no de debilidad.

¡Escucha!

Una de las mayores virtudes del ser humano es la capacidad de escuchar atentamente a otras personas. La escucha es el puente que nos lleva a la empatía. Pero a mucha gente le resulta muy difícil. Se distraen y se enredan enseguida en sus propios pensamientos y acaban por centrarse en sí mismos. Además, a mí me da la impresión de que la cultura de la escucha está actualmente viviendo una decadencia cada vez más acusada. Las personas de la generación de mis padres todavía eran capaces de mantener una conversación grupal o una tertulia con hasta doce personas sin mayores problemas. Hoy en muchos casos ni siquiera funciona aunque solo haya cuatro participantes, porque en pleno desarrollo de la conversación surgen diálogos secundarios, nos ponemos a parlotear o a juguetear con el móvil.

Escuchar es una habilidad que podemos entrenar y para eso hay que ejercitarla de forma activa. No se trata meramente de una técnica de comunicación oral, sino de una actitud interna. Es decir, exige que nos interesemos verdaderamente por lo que la otra persona comunica. Para ser receptivos, el primer requisito consiste en aparcar temporalmente nuestras propias inquietudes y pensamientos. Imagínate que agarras todo eso y lo encierras en una caja fuerte, bajo llave. Esa llave la guardas tú, así que sabes que puedes abrir la caja cuando quieras. O sea que las preocupaciones e ideas que has encerrado permanecen a buen recaudo. Te recuerdo que dar y dar vueltas en torno a nosotros mismos suele ser un intento de tomar el control sobre nuestros propios problemas. Pero si almacenamos esos problemas de forma segura en la caja fuerte durante el tiempo que dediquemos a escuchar, nos podremos relajar y dedicar toda la atención a la otra persona. La práctica de enfocarse sobre el interlocutor también nos puede permitir olvidarnos un rato de nosotros mismos, algo muy saludable.

La mayoría de la gente tiende a volver a pensar en sí mismos (ya sea verbal o mentalmente) ante ciertas palabras clave. Así que te voy a proponer varias reglas. Regla número uno: concéntrate y mantén la atención en la persona a quien estás escuchando. Si asoma la cabeza algún pensamiento relacionado contigo, devuélvelo de inmediato a la caja fuerte y vuelve a reorientar tu atención para centrarla en la otra persona. Muchas personas suelen ponerse a hablar de sí mismas al instante: resulta que a alguien le apetece relatar el viaje que ha hecho por Italia... pero ¡zas!, otra persona usurpa su turno de palabra y se pone a divagar acerca de sus propias experiencias viajeras. ¿A que eso te pone de los nervios? Un pequeño consejo, ya de paso: incluso en situaciones irrelevantes, puedes actuar para poner orden en tu vida y recuperar la palabra y la atención de la que estabas siendo objeto. No tienes más que anunciarlo tranquilamente: «Primero escúchame, por favor, que justamente ahora quería explicarte una cosa».

El segundo paso consiste en reconstruir lo que se ha dicho, con tus propias palabras, para expresarlo con claridad. Así te asegurarás de que realmente has entendido bien qué quería comunicar la otra parte. Este procedimiento se denomina reformulación. O sea, que formulas con tus propias palabras lo que ha dicho. Veamos un ejemplo:

Anita: «A ver, es que últimamente... no sé, por las mañanas en el trabajo estoy completamente machacada. Y luego por la tarde llegan los niños y te tienes que ocupar de ellos. Es que no tengo a nadie que me eche una mano. Y el jefe me presiona sin parar. Estoy casi siempre cabreada, al límite, así que lo pago con los críos o con el primero que se me ponga por delante. ¡Si es que me hacen falta unas buenas vacaciones!».

Bernd: «Vamos, que estás completamente agotada».

Anita: «Sí, totalmente».

Gracias a esta reformulación, Anita se siente comprendida y animada para continuar. Además, si Bernd hubiese malinterpretado el mensaje, esto le ofrecería la posibilidad de aclararlo de inmediato. A lo mejor ahora te parece un detalle banal, pero a menudo nuestro razonamiento falla en tareas muy sencillas. No olvides que tenemos una notoria tendencia a interpretar todo aquello que nos dicen y es posible meter la pata y entender algo mal. Sobre todo si escuchas con las orejas de tu niño de las sombras. Por ejemplo, si Bernd no fuese un buen amigo o un compañero de trabajo de Anita, sino su pareja, podría mostrarse propenso a considerar lo que ella ha dicho como una crítica personal. Podría interpretarlo como que: «La ayuda que le presto es insuficiente».

En el mejor de los casos, luego revisaría su interpretación, para lo que le preguntaría amablemente a Anita: «¿Quieres decir que debería ayudarte más?». Esta intervención posibilitaría que Anita confirmase la interpretación de Bernd o la corrigiese. Pero lo principal es esto: así sabría que Bernd se ha sentido criticado de forma indirecta por su mensaje y podría responder a este punto. En el peor de los casos, Bernd se guardaría su interpretación sin hacerla pública y comenzaría de inmediato un contraataque. Por ejemplo, enumerando todas las cosas que le tienen frito a él. Ante lo cual, Anita podría reaccionar sintiéndose criticada y ninguneada, con lo que ya tendríamos los ingredientes para que estallase una discusión.

Reformular es algo sencillo y complicado al mismo tiempo. Es sencillo porque siendo un método fácil de comprender nos permite elevar la calidad de la comunicación. Pero también es complicado, porque resulta difícil dar en el clavo para expresar exactamente lo que ha dicho nuestro interlocutor. Aquí tienes otro ejemplo:

Jana: «Pues mira, hace poco me mandó un correo Sandra para preguntarme quién se había encargado del cátering en mi fiesta de cumpleaños. Yo le pregunté si es que está organizando una fiesta y ella me respondió que no. Hoy va Peter y me pregunta si estoy invitada a la fiesta de verano de Sandra».

Richard: «Te habrá sentado fatal».

Jana: «¡Pues claro!».

Las reformulaciones que dan en el clavo aportan además un refuerzo positivo para quien está hablando. Piensa en Jana, quien no había comprendido con claridad que se sentía «fatal» por el comportamiento de Sandra hasta que Richard le resumió la situación. Pero también las reformulaciones erróneas pueden ayudar a quien está hablando para que siga adelante, porque incluso una reformulación equivocada obliga al hablante a reflexionar brevemente qué es lo que quería decir en realidad, lo que desemboca en una aclaración de sus sentimientos y razonamientos. En los dos casos, el hablante tiene la sensación de que la otra persona realmente se esfuerza por comprenderle.

En estos casos hay que valorar bien la expresión «Si te entiendo bien...». Por ejemplo: «Si te entiendo bien, lo que pasa es que el asunto ese con XY te ha sacado de quicio». Esta pequeña introducción invita al hablante a que corrija a quien le está escuchando si entiende que le ha entendido mal. Además, sirve para reforzar la sensación de que la otra parte está implicada de forma genuina en la comunicación.

Seguro que en más de una ocasión ya has sentido que quien te escuchaba te había entendido mal porque esa persona insistía en su punto de vista sobre el tema tratado. Quizá eso te empujase a exprimirte (en vano) para explicarle la situación. Pues las reformulaciones que empiezan con expresiones como «Si te entiendo bien...» son exactamente lo contrario de las peleas verbales por controlar y dominar el diálogo.

Lo cierto es que la reformulación figura como uno de los métodos de la psicoterapia centrada en el cliente, cuyo fundador fue el psicoterapeuta estadounidense Carl Rogers. Yo me especialicé en esta modalidad durante mi formación como psicoterapeuta y buena parte de mi trabajo consiste en reformulaciones. La reformulación se puede aplicar y practicar en cualquier conversación en la que participes. Pero para no salirnos del ámbito que quería cubrir con este libro, no me adentraré demasiado en esta materia. Si te interesa profundizar tus conocimientos sobre la «escucha activa», hay buenos manuales y guías para ello.

Establece unos límites saludables

A menudo, aquellas personas que buscan preservar la armonía a toda costa y se amoldan a las necesidades de sus congéneres se muestran muy dispuestas a ayudar. Pero cuando lo que sucede es que les aqueja el síndrome del ayudante, con frecuencia sobrepasan los límites de sus capacidades físicas o mentales en su intento por rescatar a otras personas de situaciones miserables. A veces incluso les imponen su ayuda a esas otras personas. Necesitan a las personas a quienes consagran sus esfuerzos (que parecen necesitar un apoyo) para estabilizar su propia autoestima. Por el camino dejan desatendidas sus necesidades individuales; en lugar de ocuparse más de sí mismas, prefieren desvivirse por los demás. A cambio, esperan recibir agradecimientos y reconocimientos. Su niño de las sombras está convencido de que solamente se ganará el reconocimiento si es útil.

Si has volado alguna vez en avión, sabrás que antes de despegar se explican una serie de instrucciones y normas de seguridad por si se produce un accidente.

En caso de que ocurra una pérdida de presión dentro de la cabina del aparato, se abrirán unas compuertas del techo y caerán unas máscaras de oxígeno. ¿Y a quién le debes poner la máscara en primer lugar?

Exacto: a ti personalmente. Solo si dispones de aire suficiente para respirar podrás ayudar al resto de los viajeros. No podemos asumir ninguna responsabilidad sobre los demás si primero no nos ocupamos de nosotros mismos como es debido.

Si sufres del síndrome del ayudante, deberías explicarle a tu niño de las sombras que no está obligado a sacrificarse por otras personas para ser más valioso. Tu yo adulto interior debería asumir la responsabilidad sobre tus necesidades y sentimientos, trabajando activamente para encargarse de que se cumplan. No esperes a que se preocupen por ti tus congéneres ni las personas a quienes ayudas. Es importante que te prestes más atención. Eso no significa que tengas que comportarte de forma egoísta y sin tener en cuenta a quienes te rodean. Naturalmente, la buena disposición a ayudar es un rasgo muy bueno del carácter. Estaría muy bien que lo conservases. Pero cuanto más firme sean tu autoestima y tu confianza en ti mismo, mejor sabrás distinguir quién necesita de veras esa ayuda y quién no.

Tienes que empeñarte en que el balance entre la preocupación por tu propia persona y la preocupación por los demás estén más equilibradas. Para ello, el primer requisito importante es que te convenzas de que tienes derecho a ocuparte de ti mismo y autoafirmarte. Muchas personas inseguras dudan constantemente sobre «cuáles son sus derechos». Toma al niño de las sombras, súbelo, siéntalo en tu regazo y explícale que te llena de alegría tenerlo junto a ti. Dile que no es necesario que luche y pelee para sentirse bienvenido. Repítele una y otra vez que ahora sois personas adultas y que el mundo que os rodea no tiene nada que ver con papá y mamá. Enséñale que, en adelante, el adulto interior que os acompaña le dedicará más atención y tomará las riendas de la situación.

Probablemente ni tú sepas con exactitud qué es lo que quieres, porque siempre has prestado más atención a los deseos de otros seres humanos en lugar de a los tuyos propios. Así que debes entrenarte y practicar cómo prestar atención a tus necesidades, como ya te expliqué en el apartado «¿Cómo puedo conectarme mejor con mis sentimientos?» en la página 85. Sitúate mejor en el enfoque de tu percepción. Préstale atención al cuerpo. Muchas personas cuyos niños de las sombras son muy inseguros se han acostumbrado a vivir sin apenar notar cómo se sienten, lo que también implica hacer oídos sordos a la percepción física del propio organismo. Dentro de dos apartados te propondré ejercicios concretos para el cuerpo.

Cuando entres en contacto con otras personas, tienes que intentar percibir cómo te sientes con ellas. Intenta percibirlo de forma intencionada. Debes reprimir ese impulso que te empuja a adivinar cuáles son los deseos y las necesidades de tus interlocutores. Y sobre todo, abre la boca y di qué es lo que quieres tú y qué es lo que no quieres en absoluto. Es imprescindible que asumas la responsabilidad sobre tu propia persona. No obligues a tus interlocutores a tener que adivinar en qué estás pensando.

Si sientes que estás atrapado en una relación de dependencia con una persona que es reacia a cambiar por más que intentes ayudarla, debes afrontar con franqueza que la situación solamente parece girar en torno a esa otra persona. En realidad, ella sirve como pantalla sobre la que tú proyectas a tu niño de las sombras, quien está ansioso por obtener más reconocimiento. Su intención es servirse de esa persona para demostrar que él es útil y valioso. Piensa que tu valor no está determinado por el comportamiento de tus amigos o tu pareja. Debes liberarte del condicionamiento de la percepción de la autoestima reflejada, del que te hablé en la página 47. Si ya llevas mucho tiempo persiguiendo que esa otra persona te reconozca, ríndete y abandona la esperanza de que cambie. Empieza a proporcionarte tú personalmente ese reconocimiento. Para ello, tienes que recapacitar y pensar cómo puedes autorrealizarte sin depender de esa otra persona. Es importantísimo que tomes las riendas de tu propia felicidad. Iníciate en un *hobby* nuevo o sumérgete y avanza en otro que ya tuvieses antes. Reúnete con tus amistades más a menudo. Participa en un curso de formación profesional para reciclarte o mejorar tus conocimientos. Mímate con tratamientos de bienestar. Haz cuanto esté en tu mano para sentir más alegría y felicidad; no te limites a esperar que sea la otra persona quien cambie.

Es posible que te afecte un miedo pasivo al apego. Eso significaría que buscas siempre parejas que no se vuelquen realmente en ti, o bien que cuando eso suceda y confíen a ciegas en ti, como consecuencia, tú pierdas el interés en esas personas. Tienes que plantearte y analizar este tema. Encontrarás libros especializados en el anexo o en mi página web, www.bindungsangst.com. Debes canalizar tu energía y tu atención hacia tu persona. Así conseguirás establecer un distanciamiento más saludable respecto a esa relación tan infeliz que te atormenta y te preocuparás por la única persona sobre la que puedes influir directamente. Básicamente, tu yo adulto interior solamente necesita tomar esa disposición tan marcada a ayudar que tiene y dirigirla hacia ti, es decir, hacia tu niño de las sombras. Cuando mejor cuides de ti, más y mejor cargarás tus baterías. La consecuencia final será que aprenderás a autoafirmarte y ocupar tu lugar en el mundo mucho mejor.

Un pequeño inciso:
El niño de las sombras y el síndrome del quemado o *burnout*

La quemazón o fatiga que conocemos como *burnout* puede generarse cuando una persona se esfuerza a tope, pero sin cosechar éxito alguno. Dicho éxito puede encarnarse en una valoración o aprecio por parte de sus superiores o compañeros que esa persona echa en falta, dado que los propios desvelos no la conducen al resultado ansiado. Por eso las profesiones caracterizadas por su fuerte componente social están especialmente expuestas al riesgo del *burnout*. Pensemos por ejemplo en las personas que trabajan como asistentes o cuidadores, sometidas a menudo a un horario o ritmo de trabajo excesivamente cargado y compartimentado. Por más empeño que inviertan, nunca les abandona la sensación de que aún podrían hacer más por sus pacientes. Sin embargo, también entre los gerentes y directivos, deportistas, oficinistas, empleados y estudiantes en general aumenta cada día más la sensación de estar absolutamente agotados, fatigados, quemados. El hecho de que cada vez se registren más diagnósticos del síndrome del *burnout* seguramente tiene que ver, por un lado, con que médicos y psicólogos se han vuelto más sensibles a sus síntomas. Pero también está relacionado con el factor de la presión en el ámbito laboral, que ha experimentado un gigantesco aumento durante las últimas décadas. En muchos sectores de actividad, los trabajadores están obligados a rendir más y más, en plazos de tiempo cada vez más breves.

El síndrome de desgaste o *burnout* es una forma de depresión, concretamente se trata de la «depresión por fatiga». Sin embargo, el concepto de «síndrome de desgaste» ha ganado popularidad, porque sencillamente suena mejor. Para las personas afectadas, resulta más sencillo asumir que sufren de desgaste por estrés que aceptar que sufren una depresión. En la mente de la mayoría de la población, la depresión equivale a «enfermedad psicológica» y a «fracaso personal». Así que «síndrome de desgaste» suena más amable.

Además de las condiciones laborales, también hay circunstancias personales que favorecerían la aparición del desgaste. Muy a menudo, los niños de las sombras de las personas afectadas por el síndrome de desgaste por estrés comparten la estrategia de protección basada en el perfeccionismo. Puesto que no se contentan con realizar bien su trabajo, sino que aspiran a hacerlo de forma inmaculada, tienden a bloquearse y perderse en los detalles. No es infrecuente encontrarse adictos al trabajo entre las personas candidatas a desarrollar este síndrome. Un síntoma típico de la adicción al trabajo consiste en que las personas afectadas se vuelven incapaces de distinguir las cosas importantes de aquellas que no lo son: llega un momento en que consideran que es igual de vital elegir por la noche la ropa que se pondrán al día siguiente como finalizar el informe de contabilidad anual. Sencillamente, desean tenerlo todo bajo control. Te recuerdo que la manía del perfeccionismo es casi hermana de la manía controladora.

Ahora bien, quienes sucumben al síndrome de desgaste por estrés no solo están inmersos en una combinación de malas condiciones de trabajo y perfeccionismo, sino que presentan también dos características más que les predestinan a sufrir este problema: en primer lugar, muestran poca sensibilidad para identificar cuáles son sus propios límites de aguante y, en segundo lugar, les cuesta mucho aislarse y establecer barreras para defenderse de las exigencias de su entorno.

El niño de las sombras de las personas que sufren desgaste por estrés está completamente inmovilizado, atrapado por la necesidad de adaptarse a la situación. O sea, que se esfuerza tanto por hacerlo todo bien para alcanzar el reconocimiento y recibir los elogios que desea, o al menos para evitar castigos y represalias, que al final ya ni siquiera dedica un segundo a sí mismo. Por eso uno de los principales componentes del tratamiento psicoterapéutico para los clientes aquejados de este síndrome es conseguir que se sensibilicen y comiencen de nuevo a sentir qué les sucede a ellos mismos. Se logra mediante ejercicios que favorecen la autopercepción. Como ya he subrayado en varias ocasiones, aquellas personas cuyo sistema de autoprotección se apoya especialmente en estrategias de adaptación se centran excesivamente en las necesidades que les rodean y con ello pierden de vista sus propias necesidades. Así que es importantísimo que la persona afectada aprenda a percibir sus necesidades propias. A continuación explicaré un ejercicio que puede ser útil para conseguirlo.

El segundo paso consiste en asumir la responsabilidad sobre las necesidades personales propias, así que los clientes aprenden a cuidarse a sí mismos como es debido. Para ello deben aprender cómo autoafirmarse. Si esas personas se hubiesen negado a satisfacer las exigencias que se les planteaban, jamás habrían caído en esa situación de desgaste. Tanto en la vida privada como en la profesional, tenemos derecho a decir que no. En el apartado «Aprende a decir no» abordaré este punto en detalle.

Pues bien, si no quieres que te desgaste el estrés hasta padecer este síndrome, tienes que ejercitar tu autoconocimiento y practicar cómo prestas atención a tu persona. Debes desarrollar la sensibilidad para conocer dónde están tus límites, hasta dónde puedes resistir. Y es necesario que aprendas a autoafirmarte. Este mismo libro te propone un montón de ejercicios que te servirán para tal fin. Además, te recomiendo que apliques tu sentido crítico como persona adulta para analizar las condiciones de trabajo. Pregúntate por qué te enfadas constantemente con ese tal señor X. Pregúntate si realmente es necesario. Pregúntate si, en caso de duda, no preferirías cambiar de empleo. Es fundamental que mantengas cierta distancia respecto a tu niño de las sombras y sus estrategias de protección, que contemples tu situación desde una perspectiva alejada, en tercera persona. Como ya sabrás, me encantan los argumentos, así que te propongo que intentes plasmar toda la situación expresándola mediante argumentos sensatos. Así construirás una imagen lo más realista posible de cómo desempeñas tu trabajo; además observarás con más exactitud cuáles son tus puntos débiles y también tus puntos fuertes.

Ayúdate de argumentos para comprobar cuándo has alcanzado tu límite de rendimiento personal. Puede que te ayude mucho hablar con compañeros o incluso con tus superiores acerca de qué tal desempeñas tu trabajo y de los objetivos concretos. También debes revisar minuciosamente tus motivos internos: ¿qué es lo que te motiva, qué te impulsa a esta situación? ¿Realmente se trata solo de las exigencias externas? ¿No tendrá también un papel relevante tu niño de las sombras con sus miedos al fracaso y al rechazo? Probablemente.

Una vez hayas concluido el análisis racional, toma al niño de las sombras de la mano, siéntalo en tu regazo y explícale la cuestión. Algo así: «Pobrecito, mira que te esfuerzas, trabajas como una fiera para hacerlo todo bien, para no meter la pata ni una vez. Pero como sigas así, te vas a quedar agotado, no podrás dar ni un paso. A ver, en el fondo basta con que hagas las cosas bien, es suficiente que te comportes correctamente. No es necesario que te dediques constantemente a demostrar que eres una máquina. Con mamá y papá las cosas eran difíciles, ya lo sé. Luchabas a brazo partido para que se sintiesen orgullosos de ti, para que estuviesen contentos. Pero eso es el pasado, hoy vivimos en el presente. Somos adultos y podemos cuidar de nosotros mismos. ¡Y no eres ningún inútil! La verdad es que eres una persona perfectamente válida, tal y como eres. Te puedes tomar un respiro y descansar de vez en cuando, no pasa nada. Nuestro valor no depende solamente de cómo rindamos en el trabajo. Además, a partir de ahora vamos a decir que no más a menudo, porque no tiene sentido que nos comprometamos a llevar a cabo más trabajo del que nos permiten nuestras capacidades. Yo soy tu adulto interior y de ahora en adelante voy a asumir el papel de responsable de ti. Te protegeré de sobrecargas y sobreexigencias, y para eso me negaré a aceptar todo lo que nos pidan sin más. No sirve para nada que nos exprimamos hasta que explotemos. Una cosa más, amigo: tenemos derecho a relajarnos y tomar aire antes de que acabemos estallando. De hecho, es obligatorio que nos cuidemos para que las cosas nos vayan bien. Es nuestra obligación. Solo así podrán contar con nosotros durante muchos años en el trabajo y en la familia...».

El siguiente ejercicio que voy a proponer te servirá de ayuda para sensibilizarte y percibirte aún mejor, con más nitidez. No solo es apropiado para quienes sufren del síndrome de desgaste, sino para cualquiera que desee prestarle más atención a su propio organismo.

✎ Ejercicio: *Disolver los sentimientos*

Este ejercicio se puede realizar de pie, sentados o tumbados. Está inspirado en el método Sedona© de Levenson.

1. Cierra los ojos y concéntrate para percibir cómo te sientes... Fíjate en cómo se siente tu cuerpo... Presta atención a la respiración... Concentra absolutamente toda tu atención en el cuerpo, en el organismo completo... No pienses en nada más, limítate a escucharlo, ¿cómo se siente? Identifica dónde hay tensiones... Dedícale más atención a las distintas partes del cuerpo que notas tensas o agarrotadas... Para que se relajen, se suelten y se calmen, envía hacia ellas tu respiración y elimina las tensiones conscientemente.
2. Piensa en un problema del que quieras librarte... Fíjate en cómo se manifiesta en el cuerpo, fíjate cómo lo sientes... ¿Notas una presión? ¿Un tirón? ¿Se te acelera el corazón? ¿Se te atasca la respiración? Percibe todos sus síntomas y dales la bienvenida.
3. Intensifica la sensación que notas provocada por ese problema. Para ello, imagínate que refuerzas la estrategia de protección. Si tu estrategia es el perfeccionismo, piensa que intentas hacer las cosas aún más perfectas e impecables... Si combates los problemas huyendo y aplazándolos, imagina que te retiras por completo, que no haces absolutamente nada más... Si tu sistema para luchar contra los problemas es la agresividad y el ataque, figúrate que actúas de una manera aún más agresiva y directa... Siente cómo se expresa tu cuerpo cuando intensificas la estrategia de protección. ¿Notas más fuerte la presión que te oprime el pecho? ¿Los calambres del vientre son ahora más agudos? ¿Empiezas a sudar?
4. Ahora tienes que inspirar profundamente para absorber ese sentimiento y dejar que las imágenes del problema desaparezcan de la mente. Expúlsalas, destiérralas. Quédate únicamente con la sensación física del cuerpo, concéntrate en esa percepción. Continúa respirando hondo y centrando la respiración en los puntos del organismo donde habían anidado físicamente esas sensaciones, hasta que desaparezcan por completo. A continuación, fíjate en cómo te sientes.

Préstale atención al cuerpo durante tu vida cotidiana, en el día a día. Fíjate y siente cuándo vuelve a sumirse en la actitud del niño de las sombras o en el problema que te afecte. Respira hondo y disuelve esa sensación en el nivel puramente físico. A continuación puedes pasar conscientemente a adoptar el papel de tu niño de la luz, como hemos aprendido en el apartado «Ancla al niño de la luz en tu interior».

Aprende a decir «No»

Uno de los grandes problemas de las personas cuyo niño de las sombras opina que no sirven para nada es que les cuesta muchísimo decir que «no». Tienen miedo a decepcionar a sus congéneres, a incumplir sus expectativas. Quieren contentar a todo el mundo. El temor que sienten sus niños de las sombras a ser objeto de rechazo es la chispa que pone en marcha todas sus acciones. El niño de las sombras opina que, si hace todo bien y no comete errores, sí que servirá para algo y no será un inútil. Como sucede con todas las demás estrategias de adaptación, el problema es que su valoración de qué es correcto y qué es incorrecto es errónea. No se atiene a los argumentos cuidadosamente sopesados del yo adulto, sino que se refiere a lo que los demás piensan sobre él mismo.

Me gustaría hablar una vez más sobre la proyección que suele producirse en estos casos: me imagino la desilusión que se producirá en la cabeza de mi interlocutor cuando yo diga que «no». Para evitarlo, por pura obediencia ciega, respondo que «sí». Por ejemplo, cuando se trata de que alguien se presente como voluntario para realizar una tarea. Así que cuando hace falta alguien, ya sea en una asociación, en la comunidad de vecinos o en la escuela, yo me echo la tarea a la espalda. Y lo hago aunque mi agenda diaria ya esté a punto de reventar. Todo ello para cumplir el gusto del pobre niño de las sombras. Lo malo es que, en la realidad del niño de las sombras, un «no» equivale a castigos o incluso a verse expulsado de la sociedad, del grupo. Pero las cosas no son así.

Los clientes que aprenden a decir «no» más a menudo después me cuentan periódicamente, no sin cierto asombro, que eso no parece suponer ningún problema para quienes les rodean; da igual si se niegan o si levantan la mano voluntariamente. Además, también me confiesan que notan que, desde que han asumido una mayor responsabilidad sobre sus propios deseos, tienen muchas más energías. A su vez, esto provoca que mejore su estado de ánimo. ¿Quién se lo habría imaginado, verdad? Y como hemos aprendido, un buen estado de ánimo es un requisito imprescindible para ser buena persona. Cuando estamos de buen humor y tenemos las pilas bien cargadas, podemos ayudar y hacer favores a los demás por pura buena voluntad. Quiero recalcar una vez más que el eje de todo esto no es comportarse de forma egoísta, sino cuidarnos más a nosotros mismos. Muchas de las personas que viven atrapadas por su instinto de autoprotección se sienten estresadas, agotadas y de mal humor. Es decir, que no pueden decir con buen ánimo ni que «sí» ni que «no».

Por tanto, si con frecuencia dudas sobre si realmente tienes derecho a rechazar una solicitud o te da miedo que quien te plantea esa petición pueda sentirse muy decepcionado si efectivamente te niegas, tienes que intentar razonar con argumentos sensatos, con la ayuda de tu yo adulto interior. Así que plantéate esta cuestión: ¿qué derecho tiene a enfadarse o desilusionarse quien te pide ese favor? Eso es lo que debes pensar, en lugar de seguir dándole vueltas a si tú tienes derecho a negarte o no. O sea, que cuando la vecina te pida que lleves una tarta para la fiesta y resulta que no tienes tiempo o sencillamente no te apetece lo más mínimo ponerte a cocinar, díselo con franqueza y pregúntale si puedes contribuir de alguna otra forma. ¿Con qué derecho te podría afear eso? ¿Qué argumentos podría aducir? A ver, ¿qué derecho tiene tu pareja a irritarse porque tú dediques más atención a tus propios deseos y necesidades? Piensa en esto: cuando hacemos un favor de mala gana, con rabia, a menudo quien nos lo ha pedido lo menospreciará y ese acto, que debiera ser de buena voluntad, acabará por dañar más la relación que un «no» honesto y sincero. No olvides tampoco que siempre puedes llegar a un acuerdo, a una solución de compromiso. Ten siempre presente que eres una persona adulta, así que tienes capacidad para darle forma a tus relaciones personales.

Confía en ti y confía en la vida

La respuesta ante el miedo es el control. Y dado que el temor es un sentimiento básico, con raíces profundas e inevitable en la vida, todos tenemos una enorme necesidad de ejercer el control sobre nosotros y nuestro entorno. Para algunas personas, el ansia de control es excepcionalmente poderosa, muy marcada. Tanto que necesitan un control excesivo para sentirse seguras. Su niño de las sombras sostiene que es una criatura impotente e inerme. Siente un miedo atroz ante la perspectiva de tener que aventurarse y confiar en otras personas, ya que le falta confianza en sí mismo. Si estás pensando que esta descripción encaja un poco contigo, entonces tu adulto interior debería sopesar esta cuestión: ¿qué es lo peor que podría suceder? Pocas veces se lleva la reflexión sobre esta cuestión hasta el final, sino que solemos actuar espoleados por ese temor difuso del niño de las sombras. Así que, por una vez, ponte en lo peor y piensa en qué podría ocurrir si te relajas un poco y confías una pizca en el devenir de la vida. Desarrolla detalladamente este escenario que tanto te aterra, hasta el final. Exprime tu fantasía al máximo, hasta llegar al extremo. Y cuando llegues, vuelve a preguntarte «¿qué pasaría entonces?». Mira a los ojos a tu peor pesadilla y echa cuentas. ¿De verdad es tan grave? ¿O se podría reparar la situación de alguna manera?

Después de explorar y sopesar a fondo ese escenario de espanto, establece de forma consciente un cierto distanciamiento respecto a tu niño de las sombras y el miedo que siente. Desde la posición del yo adulto, debes explicarle lo siguiente, adaptando el lenguaje a su carácter infantil (y con tus propios contenidos, claro): «Pobrecillo, aún tiemblas de miedo por lo que sufrimos hace años. Con papá y mamá vivimos un montón de problemas, es verdad. No tenías ni una sola oportunidad de hacerte oír, de ser tú mismo. Vivías siempre con las sensación de que eras un desastre. Pero ahora somos adultos, hemos crecido y todas esas cosas que antes te asustaban tanto probablemente no sucedan jamás. Sea como sea, podemos buscar ayuda en cualquier momento. Y además, también nos podemos defender. Hemos aprendido un montón de cosas y tenemos nuevas habilidades. No olvides esto jamás: ahora somos libres y tenemos derecho a tener una voluntad propia. ¿Qué nos podría pasar? En el peor de los casos, tendríamos que acudir a las ayudas sociales o al paro, pero aún así nos irían las cosas mejor que a muchas otras personas que viven en este mismo mundo. En el peor de los casos (el nombre de tu pareja) podría abandonarnos, pero seríamos capaces de sobrevivir».

Debes tener esto siempre presente: tus miedos solo son proyecciones. La mayor parte de las cosas que tememos jamás llegan a suceder en realidad. O bien sí suceden, pero de alguna manera terminamos solucionándolas. Las personas que conviven con niños de las sombras plagados por temores deben aprender a perder la costumbre de creer a pies juntillas todo aquello que se les pasa por la cabeza. Piensa por un momento en cuántas ocasiones te han llevado a cometer errores tus miedos. ¿Con qué frecuencia el resultado final fue mucho mejor de lo que esperabas en principio? También hubo casos en que el desastre fue mucho mayor de lo que habías anticipado. Si la voz de tus miedos (o sea, la voz de tu niño de las sombras) ocupase una silla en el consejo de administración de tu empresa, hace tiempo que lo habrías despedido por no arrojar más que pronósticos apocalípticos sobre la mesa... que al cabo no se cumplían. Esta es la clave: en la vida hay muchos detalles que escapan a nuestro control y las previsiones que concebimos a menudo no se transforman en realidad, para bien o para mal. Por eso tienes que repetirte cuantas veces haga falta que los factores más relevantes, en el fondo, están fuera de tu alcance. Eso sí, cuanto más te obceques en intervenir personalmente y tomar las riendas para controlarlos, más estresante se volverá la situación, tanto para ti como para quienes te rodean.

Aquellas personas que estructuran su estrategia de protección con el perfeccionismo como pilar maestro a menudo se caracterizan por tener un sentido de la obligación exagerado. En su expresión más extrema, ello puede desembocar en actos o razonamientos compulsivos, nada saludables. En las versiones más inofensivas, las personas afectadas por este problema se encasillan en rutinas marcadas por una disciplina excepcionalmente rígida, bajo la cual hasta ellas mismas sufren. Renunciar al control es una labor dificultosa, porque precisamente les obliga a hacer aquello que más trabajo les cuesta: confiar.

Muy bien, ¿pero cómo se aprende a confiar? Si soy una persona muy creyente y deposito mi destino en las manos de Dios, necesito contar con una gran autoconfianza para sentir que estoy perfectamente capacitada para afrontar la vida. Lo cierto es que, cuanto más confíe en mi persona, más capaz y sabia seré para encajar los golpes que me depare la vida y sobreponerme a los reveses. A fin de cuentas, mi ansia de control debería contribuir a que me proteja de los sentimientos negativos fruto de los errores que vaya cometiendo. Por consiguiente, si aspiro a aflojar el control que ejerzo, es preciso que aprenda a soportar y lidiar con los sentimientos negativos. Vuelve a cobrar protagonismo la tolerancia a la frustración, que ya he citado en unas cuantas ocasiones. Solo si confío en mi capacidad para soportar una frustración podré liberar espacio en la mente para plantearme la posibilidad de que triunfe, de que tenga éxito o sencillamente, de que no va a pasarme nada malo.

El miedo es resultado de multiplicar la «probabilidad de que algo suceda» por el «factor catástrofe». Por ejemplo, quienes tienen miedo a volar saben perfectamente que las probabilidades de que ocurra un accidente realmente son muy escasas, pero dado que el factor catástrofe en tal caso sería tan elevado, subirse a un avión les causa pavor. Cuando una persona siente un miedo insuperable a fracasar, se convence de que tanto la probabilidad de que pase algo como el factor catástrofe son altísimos. Así que, en primer lugar, su niño de las sombras cree firmemente que probablemente fracasará y, en segundo lugar, opina que no sobrevivirá al desastre. En verdad, podemos actuar y manipular esas dos palancas que disparan el miedo para conseguir ayuda frente al problema: pero hay que consolar y apoyar al niño de las sombras, es imprescindible, para defenderlo de sus dogmas negativos. Como siempre, la cuestión estriba en eliminar las proyecciones propias que emitimos. ¿Y cómo se hace? Pues ya lo hemos aprendido antes: consuela al niño de las sombras y explícale cómo funciona el mundo en realidad. Además, debes prestarle apoyo tanto a él como a tu yo adulto interior. Para fortalecer a este último, dale argumentos sólidos.

En este contexto, un argumento de peso para el adulto interior podría ser algo tan sencillo como que no hay que tomarse a uno mismo tan en serio. La verdad es que, si nos rendimos y dejamos dominar por el miedo al fracaso, a menudo acabamos tomándonos demasiado en serio, creyéndonos demasiado importantes. Sin embargo, si el yo adulto interior logra distanciarse un poco del niño de las sombras y se sitúa en una perspectiva de tercera persona, constatará que un pequeño fracaso personal no tiene ninguna relevancia dentro del gran teatro que es el mundo. Concretamente, el problema radica en que nuestros temores nos empujan a considerarnos el centro del universo. Puede que suene paradójico, ya que a tenor de tantos miedos y limitaciones, lo lógico sería asumir un papel más discreto y reservado. Y esto es verdad, aunque solo hasta cierto punto, pero el miedo que sentimos por nosotros mismos nos vuelve egocéntricos, porque nos fuerza a centrarnos constantemente en nuestra persona. De ahí que relativizar periódicamente el significado y la repercusión de los potenciales fracasos tenga unos efectos tan beneficiosos y relajantes.

También puede ocurrir que el ansia de tenerlo todo bajo control sea de tal calibre que padezcas una necesidad de ostentar el poder muy acusada. Tal vez sientas una necesidad imperiosa de conservar el mando y tener siempre la razón. Si fuese así, cerciórate de por qué motivo actúas así: ¿qué es lo que te preocupa en realidad? Debes tener claro que no todo gira siempre en torno a triunfar o fracasar, sino que hay valores más importantes, como la comprensión, la cooperación, la amistad o el respeto. Hablando del respeto, conviene decir que podría ser un rasgo estrella para ti. Examínate para ver si exiges a los demás más respeto del que tú les demuestras. Quizá te empeñas en que los demás se dirijan a ti y te traten con un respeto exquisito, pero ni siquiera te percatas de hasta qué punto les impones tu voluntad y les obligas a amoldarse a tus preferencias. Ten claro que al luchar por mantener el poder estás forzando a otras personas a que se plieguen a tus designios, así que les debes un respeto. El mismo respeto que reclamas para ti. Por eso debes prestar atención para tratar y considerar siempre a quienes te rodean a tu misma altura, a tu mismo nivel. En cuanto te dejes atrapar por la perspectiva de tu niño de las sombras, perderás de vista ese plano de igualdad y lucharás tercamente por ocupar una posición superior. En ese caso, tienes que recurrir a tu sentido común, a la sensatez del adulto, para recordar que eres una persona ya mayorcita, cuyo mundo no gira ya en torno a papá y mamá. Eres libre y no hay nadie que tenga poder sobre ti. Esas luchas por el poder en las que te embarcas no salen rentables, te causan más problemas con tus congéneres que beneficios. Ahora has llegado a la madurez, eres un ser humano autónomo. Precisamente por eso eres capaz de ceder el control y relajarte un poco. En el fondo, sí que te apetece confiar y dejar que los acontecimientos fluyan, que corran su propio curso.

Para aprender a confiar y liberarte del ansia de control, también podría ser útil aprender ejercicios de relajación y meditación. Pero si te resultan difíciles, requieren mucho tiempo y práctica, ten paciencia.

Son ejercicios muy ambiciosos y cuando no te salen las cosas a la primera, esa misma ambición frecuentemente se traduce en impaciencia. Los ejercicios para relajarse sin perder la concentración y la atención son originarios de las enseñanzas budistas sobre meditación. Si son atractivos para ti, te recomiendo que adquieras un libro o un CD para profundizar en la materia.

Regula tus sentimientos

Cuando somos prisioneros de nuestro niño de las sombras, no son exactamente sus dogmas en sí los que nos atormentan, sino los sentimientos de dolor y aflicción que despiertan en ese estado. Para la mayoría de personas, destaca en primer plano un sentimiento determinado que se manifiesta repetidamente, una y otra vez, que es el tema central de su sufrimiento. En algunos casos es angustia el dolor de la soledad y el abandono, para otras se trata de un sentimiento de inseguridad y vergüenza. Otras personas padecen ataques de miedo. Hay gente azotada por los celos o también por la apatía. No son pocos los hombres y mujeres que sienten periódicamente el pinchazo de un estado de ánimo depresivo.

Cuando estos sentimientos y estados de ánimo han alcanzado un nivel de gran intensidad, resulta muy complicado regularlos.

Los estudios científicos del cerebro han comprobado que todos los estados de excitación generalizados, ya correspondan a sentimientos positivos o negativos, bloquean el acceso a nuestros mecanismos para buscar soluciones a los problemas. Por eso es esencial que detectes esos sentimientos en una fase tan temprana como sea viable; es entonces cuando debe intervenir tu yo adulto interior. Lo ilustraré con otro pequeño ejemplo, tomado de un caso real que sucedió en mi consulta:

Susi (de 32 años de edad) sufre de una enorme inseguridad y duda muchísimo de sí misma. Durante una sesión me contó que había pasado una noche entera presenciando cómo su amor platónico bailaba con otra. El resto del fin de semana no había salido de la cama, sumida en una profunda tristeza. Cuando ese sentimiento la aferraba con sus garras, Susi no encontraba una salida para huir de él. Que su amor platónico la hubiese dejado plantada aquella noche y prefiriese bailar con otra chica había supuesto un golpe durísimo para su autoestima, lo que desencadenó ese estado depresivo. Podría haber evitado caer por ese despeñadero psíquico si se hubiese prestado atención y hubiese cuidado de sí misma antes. Lo habría logrado si hubiera detectado pronto que estaba atrapada en la actitud de su niña de las sombras, cuyos dogmas incluyen lemas como «¡Tengo la culpa de todo!» y «¡Soy una carga, una pesada!». Si hubiese vislumbrado el problema, podría haber consolado a la niña de las sombras y haberle explicado que su valor no depende de que un hombre prefiera bailar con ella o con otra, ni muchísimo menos. A continuación, su yo adulto interior le podría aclarar que había caído en la trampa de la autoestima reflejada (página 45). Además, la adulta le podría haber indicado a la niña que tiene la manía de fijarse en hombres muy difíciles y caprichosos (naturalmente, había un historial previo) y que ese tipo en el fondo no merecía la pena para dejarse amargar la noche. En definitiva, la yo adulta interior se habría encargado de que aprovechase la noche bailando con otros o de que se largase del local y dedicase esas horas a otra actividad más apetecible. Quizá para quedar con una amiga o a acudir a su bar favorito a charlar con su grupo de viejos conocidos, para olvidarse de los sinsabores y disfrutar de un buen rato. Al final, el problema era que Susi (una vez más) había tardado demasiado en darse cuenta de que esa noche estaba absolutamente identificada con el papel de su niña de las sombras y dejó que el problema escalase sin mesura, en lugar de actuar, preocuparse por sí misma y ponerle freno.

Si lo que quieres es regular tus sentimientos o incluso evitar algunos de esos sentimientos concretos, tienes que preocuparte por ti sin demora. Por ejemplo, si tu niño de las sombras tiende a experimentar sentimientos de abandono y soledad y precisamente ahora estás sin pareja, procura evitar ciertos estímulos que podrían desencadenar ese sentimiento. Por ejemplo, trata de tener bien ocupados los domingos para no caer en el agujero de la soledad.

Si tienes propensión a los celos, prepárate concibiendo deliberadamente estrategias que te faciliten controlar tal sentimiento. Por ejemplo, si os invitan a ti y a una pareja a una fiesta, debes prever la posibilidad de que te muerdan los celos. Estudia de qué maneras puede mantener las riendas de la situación el yo adulto interior. Identifica por adelantado los factores desencadenantes que podrían suscitar un ataque de celos y concibe estrategias de conducta para afrontarlos.

En la mayoría de ocasiones, resbalamos y caemos en un estado de ánimo marcado por la aflicción porque no nos hemos preparado para abordar situaciones críticas o no detectamos a tiempo que el niño de las sombras se ha adueñado del timón. Algunos estados de ánimo se pueden regular sin mayores complicaciones; basta reconocer cuál es el motivo desencadenante y evitarlo. Por ejemplo, si quiero desligarme de una adicción, intentaré no entrar en contacto en absoluto con la sustancia que tanto me atrae. Sin embargo, para la mayoría de los estados de ánimo, es mucho más lógico no esquivar los factores desencadenantes, cosa que además a menudo resulta inviable, sino diseñar estrategias para lidiar con ellos. A continuación te lo explicaré mediante un ejemplo, protagonizado por personas cuya principal estrategia de protección es la agresión y el ataque, puesto que frecuentemente este tipo de personas tienen tendencia a experimentar sentimientos de ira que parecen incapaces de controlar.

Un pequeño inciso: El niño de las sombras impulsivo

Las personas proclives a la impulsividad se distinguen por presentar un mecanismo muy rápido que conecta estímulos y reacciones. Es decir, que el plazo de tiempo que transcurre entre que se registra el estímulo que enciende la ira y se produce la reacción es extraordinariamente breve. Seguro que todavía te acuerdas de Michael, uno de los protagonistas de las primeras páginas del libro, quien se ponía hecho un basilisco por el olvido de unas simples salchichas. Es un ejemplo típico de persona que aplica esta estrategia de protección.

Si a ti te pasa algo similar a lo que le acontecía a Michael, tienes que empezar por identificar el auténtico estímulo detonante de esa ira. En el caso de Michael, parecía que el conflicto lo causaba un mero olvido. Pero en realidad esos ataques de furia eran la expresión de un malestar de su niño de las sombras, que estaba acuciado por dogmas como «No valgo para nada» o «Nadie tiene en cuenta mis deseos». Por tanto, la ira de Michael era fruto de su interpretación de la realidad. Justo cuando alguien es propenso a sufrir estallidos de ira de naturaleza impulsiva, es especialmente importante que sea consciente de cuáles son los estímulos que le sacan de sus casillas, porque son las dianas sobre las que debe aplicar la prevención. La ira debe atajarse en sus fases más tempranas, o mejor aún, ni siquiera permitir que estalle. Una vez que has montado en cólera, la indignación es muy difícil de aplacar. Pero si estamos preparados (me refiero a conocer de antemano qué elementos nos provocan esa ira), tu yo adulto interior tendrá mejores oportunidades de reaccionar y frenar la escalada. Así pues, si sabes que tus padres, esa compañera de trabajo o tus hijos adolescentes te sacan de quicio con facilidad, puedes armarte para defenderte de ese problema. Es decir, que con la ayuda de tu yo adulto interior, debes entender con absoluta claridad cuáles son las teclas que pulsan en tu interior para irritarte. Seguidamente, reflexiona de antemano cómo podrías reaccionar ante esos estímulos. Para localizar los estímulos que te afectan, lo mejor es que repitas el ejercicio «Test de realidad» de la página 188. Toma consciencia de las relaciones que existen entre los hechos objetivos y tu percepción subjetiva. Teóricamente, deberías poder tomar diferentes situaciones que te hayan hecho explotar de enfado y reducirlas a tus dogmas negativos o a las heridas que haya sufrido tu niño de las sombras.

Vamos con un ejemplo: Markus (32 años de edad) tuvo una infancia muy dura. Ambos progenitores eran alcohólicos y sufrió malos tratos, porque además eran violentos. A tenor de la niñez tan difícil que vivió, resulta sorprendente lo bien que ha conseguido enderezar su vida posteriormente. Tan solo ha tenido algún que otro problemilla derivado de su impulsividad. Su niño de las sombras reaccionaba con una sensibilidad muy aguda cuando, de alguna manera, consideraba que quienes le rodeaban no le demostraban el respeto que se merecía. Para provocar su enfado bastaba una mirada insolente (real o figurada) en cualquier bar. Markus sentía de inmediato que esa persona le estaba provocando, que le desafiaba y se imaginaba que se estaba riendo de él. Así que saltaba directamente al ataque verbal y no pocas veces la cosa acababa llegando a las manos. Cuando Markus conoció por fin a su niño de las sombras, identificó una larga serie de dogmas negativos. Este era uno de los más relevantes: «¡Soy una persona impotente!». Los sentimientos de indefensión e impotencia eran el caldo de cultivo en el que prosperaba esa ira tan impulsiva. No es un caso aislado; muchas personas que tienden a defenderse mediante ataques y agresividad comparten estos mismos rasgos. Al fin y al cabo, la agresividad tiene un sentido en la vida: sirve precisamente para liberarnos de este estado.

Con el fin de regular sus ataques de furia, a Markus no le quedó otro remedio que aprender a tomar de la mano con cariño a su niño de las sombras para guiarlo y a adoptar la postura de su yo adulto interior para mirar frente a frente a sus presuntos provocadores, en un mismo nivel, sin sentirse superior ni inferior. Para conseguirlo, le ayudaron mucho los ejercicios que ya te he explicado antes en este libro. Lo que también le fue de gran ayuda fue ejercitarse en las conocidas como «estrategias de respuesta», que trataré detalladamente en el próximo apartado. Las estrategias de respuesta permiten reducir el sentimiento de desamparo subjetivo y pueden ayudarnos a recobrar cierta calma. Y ya que hablamos de calma, hay que mencionar que los seres humanos no nos enfadamos solamente por los sentimientos de inferioridad, sino que también podemos alterarnos cuando consideramos que estamos en una posición superior y dar rienda suelta a la agresividad. Todos los días se dan casos de personas que ocupan cargos de responsabilidad y toman represalias contra sus subordinados por pura frustración, de padres que maltratan a sus hijos o profesores que machacan a sus alumnos, etc. Naturalmente, también entre personas que se consideran en pie de igualdad se producen conflictos y agresiones.

Lo cierto es que la ira surge con frecuencia en aquellos casos en que las cosas no marchan como a todo el mundo le gustaría. Basta con que nos sintamos malinterpretados por nuestros interlocutores o que el lavavajillas no funcione correctamente. La ira es una reacción ante la pérdida de control de la situación. La impaciencia también ostenta un papel destacado aquí, cabe afirmar que es la hermana pequeña de la ira. Generalmente, las personas impulsivas suelen ser impacientes. Pero la impulsividad no es un mecanismo automático, no es una ley natural ni ninguna desgracia impuesta por el destino. Lo cierto es que los seres humanos pueden influir perfectamente sobre su impulsividad, como debe reconocer con un poco de autocrítica toda persona que se caracterice por esta predisposición. Cada una de las explosiones de ira que experimentamos va precedida de un instante donde tenemos libertad y potestad para decidir. Esa característica es la que posibilita que un mismo cascarrabias pueda llevarse bien con sus jefes, pero en contraste tenga graves problemas con su familia. Lo cierto es que una vez, una clienta me contó que había logrado controlar sus accesos de ira por medio de una sola frase, que yo dejé caer sin más (sin sospechar que tendría semejante efecto): «¡Pues déjalo estar, olvídate de todo!».

Meditación al estilo vacuno

Por cierto, el humor es otro remedio que va de maravilla para disolver y eliminar la ira. Voy a contarte una anécdota al respecto: una vez estaba en uno de mis seminarios junto a mi amiga Helena, que también es psicoterapeuta y me ayuda como entrenadora para los pacientes. Era de noche y estábamos tranquilamente sentadas. De repente, sin previo aviso, me ordenó que mirase a mi alrededor como si yo fuese una vaca. Y le respondí que no, que ni en broma. Ella me apremió: «¡Que lo hagas, insisto!». Pues vale, accedí y no tardé más que un par de segundos en poner esa cara bobalicona... y luego me eché a reír. Helena tiene su consulta en la región de Frisia y me explicó que a veces practicaba la «meditación de las vacas» con sus clientes. Los habitantes de esa región saben perfectamente a qué expresión me estoy refiriendo, ya que por allí viven más vacas que personas, según me explicó Helena. Cuando conseguía que un cliente adoptase la mirada vacuna (y Helena la imitó en ese preciso instante), le pedía que se enfadase y diese rienda suelta a toda su ira, en plan salvaje. Pero el cliente siempre respondía: «No me sale». Y Helena concluía: «¿Lo ves?». Es imposible poner mirada vacuna y sentir enfado al mismo tiempo, me explicó. Las vacas miran a su alrededor tan relajadas, impasibles y embobadas que no hay forma de trazar un nexo con la violencia en semejante actitud. Por eso, Helena les recomienda a aquellos clientes que a menudo están irritados o de mal humor que dediquen diez minutos diarios a meditar como si fuesen vacas. Y yo voy a aprovechar para secundar aquí su propuesta.

Un recordatorio para tu yo adulto interior: la postura del cuerpo y la mímica influyen sobre el estado de ánimo. Fisiológicamente, una expresión facial completamente relajada (como la «mirada vacuna») lo tiene muy complicado para relacionarse con la ira.

✐ Ejercicio: *Una pequeña lección sobre la capacidad de réplica*

Si no dominas la meditación vacuna con virtuosismo y no consigues volverte impermeable ante cualquier ataque para relajarte por completo y dejar que las agresiones te resbalen, quizá te sirvan de ayuda las estrategias de respuesta para guardar la compostura y mantener la dignidad. Se trata de contestaciones previamente preparadas, de tipo multiusos. Matthias Nölke, en su libro «Schlagfertigkeit», habla de «frases instantáneas», equiparables a las sopas o al café instantáneo. Tienes tu discurso ya preparado de antemano y puedes soltarlo sin dilación, con un esfuerzo mental equivalente a cero. Si por el contrario tuvieses que discurrir una respuesta apropiada, la mayor parte de las veces tardarías demasiado y se te pasaría el momento adecuado.

En líneas generales, hay dos situaciones para las que podríamos tener listas respuestas prediseñadas:

1. Pequeñas pullas o burlas, en realidad desprovistas de maldad, que se intercambian entre colegas o amigos. Son inofensivas y también te puedes defender de ellas con una simple sonrisa.
2. Ataques abiertos o agresiones subliminales de naturaleza notoriamente hiriente o desagradable.

Las siguientes respuestas inmediatas son un recurso práctico para ayudarte a contrarrestar todo tipo de insolencias, sean supuestas o absolutamente reales:

- ¿Has dicho algo?
- ¿Me podrías repetir eso, pero al revés?
- Qué le vamos a hacer, me gusta adaptarme al entorno.
- Cuando quiera conocer tu opinión ya te la preguntaré.
- Mira tú quién fue a hablar.
- Uf, ese argumento es demasiado redondo para una cabeza tan cuadrada como la mía.

La última de estas contestaciones se encuadraría, según Nölke, en el grupo de las «afirmaciones sin sentido». Se trata de respuestas que, en sí mismas, realmente no tienen ninguna lógica y que precisamente por eso sirven para eliminar cualquier base sobre la que se apoye quien pretenda agredirnos. De hecho, obliga a esa persona a detenerse y recapacitar durante unos instantes para comprobar si acabamos de reírnos en sus narices. Sucede algo muy similar con las denominadas «afirmaciones nulas», que en el contexto de la conversación tienen un sentido completamente nulo y conducen hacia el absurdo el ataque que hemos recibido. Nölke también habla del «teatro del absurdo». Para esto es importante que mantengas una seriedad total y ofrezcas una apariencia perfecta, que transmita que crees a pies juntillas lo que acabes de afirmar, tanto con la voz como con la gestualidad… eso sí, lo mejor es que esa respuesta o afirmación sea completamente ajena a lo que estabais discutiendo antes. Por ejemplo: «¿Sabías que los espárragos se recolectan en primavera?», «¿Dónde vas? Manzanas traigo» o «Pues verdes las están segando». Este último se podría incluir en la categoría de refranes absurdos, de los que puedes recopilar una gran colección. Hasta puedes tomar refranes genuinos y modificarlos para tus propios propósitos, por ejemplo: «Tanto va el cántaro a la fuente que al final Dios le ayuda». La finalidad de este recurso es causar perplejidad, lo que permitiría interrumpir la espiral típica de ataques y contraataques. En el mejor de los casos, lo que pasará es que los dos participantes en el intercambio rompáis a reír.

Una buena técnica para mitigar o desinflar el ataque y aportar una pizca de humor a la situación consiste en exagerar aún más lo que nos acaben de decir.

Así que, si te acusan de comportarte de forma tonta, no tienes más que replicar que «Oye, que todavía puedo mejorar mis tonterías». O quizá así: «Y además se me da fatal cocinar».

Imagínate situaciones que te resulten difíciles de afrontar y piensa con calma unas cuantas contestaciones listas para usar, que luego puedes guardar como ases en la manga. El mero hecho de saber que tienes preparada una respuesta ideal para lanzarla si la situación se pone delicada o tienes dudas te hará sentir más fuerte y reducirá tu inseguridad.

Y aquí va otra contestación instantánea magnífica: «¡Pues mira, tienes toda la razón!». Sirve de maravilla para contrarrestar insultos, porque le da a entender a quien pretenda ofenderte que tu seguridad es rotunda, inamovible. Tanto que te resbalan sus ridículos ataques.

Tienes derecho a decepcionar a quien sea

Aquellas personas que atesoran entre sus estrategias de protección la costumbre de encerrarse en la infancia, de pretender que siguen siendo niños, no se atreven a asumir la responsabilidad sobre sus decisiones vitales. Les preocupa tanto cometer errores que no tienen más que ideas difusas sobre qué es lo que realmente desean. Llevan toda la vida practicando cómo adaptarse a las condiciones, los deseos y las acciones de otras personas, así que no han logrado desarrollar por completo sus facultades autónomas, entre las que figuraría la toma de decisiones con libertad, basándose en su propia voluntad personal. Como consecuencia, tienen poca práctica en lo que respecta a sustentarse y mantener su posición por sus propios medios. Su niño de las sombras opina que necesitan que les guíe por la vida una mano fuerte, para no tropezar. Por desgracia, su yo adulto interior no toma la voz cantante tanto como debiera y es preciso reforzar el papel que desempeña. El niño de las sombras depende muchísimo del reconocimiento que le concedan sus padres y otras personas. Lo que más le preocupa es cumplir todas las expectativas que los demás depositen en él. Tiene miedo a decepcionarles... pero es que la solución es precisamente esa: ¡tiene derecho a desilusionarles!

Para desligarse e independizarse de los padres, es necesario tener unos estándares propios sobre qué es correcto y qué no. Es preciso echarle valor y atreverse a tomar decisiones personales y atenerse a ellas. Claro que esto también implica aceptar la situación cuando cometamos un error y tomemos una mala decisión. Para soportar ese inconveniente, necesitamos tener cierta tolerancia a la frustración, de la cual ya te hablé en el apartado «Confía en ti y confía en la vida». La clave es que aprendamos a aguantar nuestros fracasos sin dejar que nos hundan. Es el precio que debemos pagar por la libertad para tomar decisiones. Si delego en mis padres o mi pareja la tarea de tomar mis decisiones porque no logro sacudirme el miedo que me oprime constantemente ante los posibles fracasos que deba afrontar como resultado, no seré una persona dependiente.

Si notas que esto coincide contigo, te ruego que le expliques bien claro a tu niño de las sombras que es perfectamente capaz de sobrevivir a un fracaso y que los sentimientos negativos también acaban por pasar y desvanecerse. Los fracasos son un ingrediente más de la vida. Pero tienes que explicarle igualmente que lo más probable no es que fracase, sino que le salgan las cosas bien. En el fondo, el único fracaso genuino sería no intentarlo y mantenerse esclavizado por esa dependencia. Tómale de la mano, siéntalo en el regazo y dile que no pasa nada si cometemos algún que otro fallo. No hay mejores maestros que nuestros propios errores. Para que continuemos desarrollándonos como personas, es imprescindible que la vida nos presione un poco. Mientras todo marche correctamente, no hay motivo para que nos preocupemos por nosotros mismos ni cambiemos nada. En líneas generales, te vendría bien apoyarte en tu yo adulto interior para convencerte de que la mayoría de las decisiones que tomamos también se pueden revertir; podemos dar marcha atrás. Si resulta que nos equivocamos, lo más frecuente es que la puedas cambiar. Y aquí salta otra cuestión importante: ¿qué podría suceder en el peor de los casos? Tal vez te ayude pensar que, si optas por perseverar y quedarte con la situación actual, también tendrás que soportar un montón de sentimientos negativos.

Asimismo, aclárale al niño de las sombras que tiene todo el derecho del mundo a fallar y decepcionar a los demás. Dile que sus padres ya son mayorcitos y saben cuidarse solos. Tiene derecho y permiso a emprender su propio camino, sin ataduras. Eso no implica automáticamente que no debas seguir queriendo a tus padres, ni muchísimo menos. Solo significa que tienes la potestad de trazar tu sendero en la vida según tus deseos y anhelos. Naturalmente, también tienes derecho a ser independiente de tu pareja cuando lo consideres necesario.

Como ya mencioné en el apartado «Yo sigo siendo un niño», algunas personas sufren porque sus padres o parejas se obstinan en imponerles su voluntad incesantemente, a veces incluso con métodos que recuerdan a la extorsión. Si te afecta este problema, más vale que dejes de adornar la situación para pintarla de rosa. Es urgente que reconozcas la gravedad del problema. Quizá vivas con la esperanza inquebrantable de que tus padres o tu pareja cambien en algún momento, ¿no es cierto? Con la ayuda del yo adulto interior, de forma serena y calmada, debes tomar conciencia de cuál es el panorama y emitir un pronóstico realista: ¿qué probabilidades hay de que la situación mejore? Tal vez te carcoma la duda, ¿no tendrás tú la culpa de las dificultades por las que atraviesa la relación con esa otra persona tan cercana? Es posible que tengas dudas al respecto. En ese caso, recurre a los argumentos para comprobar si tu punto de vista es correcto. Puede que te sean útiles los apartados dedicados a la capacidad para afrontar conflictos, a partir de la página 209.

Tampoco es obligatorio que des todos los pasos de una sola vez. Lo importante es que te pongas en marcha, en ruta hacia tu autonomía y afirmación personal. Por ejemplo, antes de decidirte a cortar por lo sano y separarte de tu pareja, puedes probar otra solución, como oponerte a sus opiniones con más frecuencia y defender tus propios puntos de vista. Acaso te ayude empezar por tomar pequeñas decisiones de forma autónoma y llevarlas a la práctica.

Un pequeño inciso:
Estrategias de protección contra la adicción

Como hemos aprendido, los patrones de conducta y pensamiento originan conexiones neuronales que a menudo nos condicionan para que actuemos de forma inconsciente y automatizada. En sí misma, esa automatización es un recurso muy rentable y sensato. La alternativa obligaría al cerebro a requerir nuestra consciencia y plena atención para solventar tareas banales como lavarnos los dientes, conducir o hacer una llamada telefónica. Así que la vida resultaría mucho más agobiante. Pero el estado actual de las cosas también presenta una desventaja; concretamente, que los malos hábitos también se incrustan y echan raíces con fuerza dentro del cerebro. Y cuando un hábito se convierte prácticamente en una necesidad, hablamos de «adicción».

Las adicciones conforman un ámbito muy amplio y existe multitud de manuales y obras de consulta muy completas dedicadas a sus diferentes manifestaciones y a los métodos que se conocen para librarnos de ellas. Por eso, en esta ocasión, me limitaré a citar unas cuantas estrategias de conservación que podrían ayudarte a liberarte de las cadenas de una adicción.

Las adicciones determinan nuestros sentimientos, por eso nos atenazan con tanta fuerza. De modo que lo primero que provocan la ingesta de una droga concreta o el desarrollo de una conducta adictiva son sensaciones placenteras. O también pueden impedir que percibamos sensaciones desagradables muy fuertes, como serían por ejemplo los síntomas derivados del síndrome de abstinencia. Mientras que en las sensaciones placenteras intensas es cierto que el niño de la luz puede influir por ser propenso a los excesos, las sensaciones desagradables se focalizan principalmente en el niño de las sombras. Basta especular con la mera idea de renunciar a una droga concreta para que se active el mecanismo del miedo, al menos de forma inconsciente. El niño de las sombras teme el riesgo de perder su compostura si abandona la sustancia a la que es adicto. Las adicciones por vía oral, como el tabaquismo, el alcoholismo o la adicción a la comida, destacan porque están fuertemente relacionadas con los deseos de protección y seguridad del niño de las sombras. La boca está relacionada a un nivel muy primitivo e inconsciente con la sensación de que nos alimenten, nos atiendan y nos cuiden. El niño de las sombras está necesitado de consuelo y atención. Así que las drogas, sea cual sea la suya, le aportan un alivio temporal para sus penas.

Junto a los efectos sensoriales que experimenta el niño de las sombras, sobre la dependencia de la adicción también influye cierta predisposición innata. En algunas personas, el circuito metabólico de la dopamina es más propenso a desarrollar adicciones que entre el resto de la población. Asimismo, no hace mucho que los estudios científicos han revelado que existen personas que metabolizan y descomponen rápidamente la nicotina y otras que lo hacen mucho más lentamente. Las primeras son mucho más propensas a convertirse en adictas a los cigarrillos que las segundas. Las adicciones no son solamente un problema que afecte a niños de las sombras deprimidos, sino que son resultado de una confluencia de diversos factores. Entre ellos, la oportunidad de exponerse al riesgo y los hábitos.

Para liberarse de una adicción, es imprescindible tener una voluntad de hierro. Es decir, el yo adulto interior debe ser fuerte, puesto que la voluntad recae dentro de sus atribuciones. Sin embargo, por cuanto la voluntad de una persona adicta es impuesta por la propia adicción que sufre, es como si la pescadilla se mordiese la cola. Surge la pregunta: ¿cómo es posible que influya el adulto interior sobre su fuerza de voluntad? Al fin y al cabo, muchas veces percibimos nuestra fuerza de voluntad como una especie de generadora de reproches constantes; así que un buen día nos despertamos y nos plantamos: «Se acabó, no vuelvo a fumar/beber/atiborrarme/acostarme con X». Muy bien, pero ¿cómo sacar fuerzas de la nada para robustecer nuestra voluntad así, de repente? ¿Y por qué no nos hemos decidido a tomar cartas en el asunto antes? Sin olvidar la cuestión clave: ¿cuánto tiempo durará esa fortaleza sin flaquear? A esta última pregunta han intentado responder numerosos estudios psicológicos, que han demostrado que la voluntad se comporta de forma parecida a la musculatura y si le exigimos demasiado, puede fatigarse. O sea, que la fuerza de voluntad se cansa cuanto más tengamos que aplicarla. Así que cuando alguien se obliga a renunciar durante todo el día a cualquier sensación placentera, cuando se acerque la noche notará cómo empiezan a abandonarle las fuerzas, se ablanda su firmeza y las normas ya no parecen tan inquebrantables. Por eso es al atardecer cuando solemos olvidarnos de los buenos propósitos e incumplirlos, como sabrá cualquiera que haya intentado seguir una dieta.

Como ya expuse en el apartado «La búsqueda de refugio en las adicciones», la adicción es una conducta que está dirigida por sus propias consecuencias. Por tanto, si el precio de continuar con ella supera notablemente el precio que supondría abandonarla, este hecho estimula a la fuerza de voluntad para ponerle fin. Es justo aquí donde es posible actuar y hacer palanca para provocar el cambio. Lo cierto es que la adicción funciona en gran medida gracias a que reprimimos en nuestra mente cuáles son las consecuencias. El adulto interior no ignora que sus adicciones son dañinas, pero no permite que ese dato se inmiscuya en los sentimientos. Así que reprime el miedo que le causa su propio comportamiento. Le resulta fácil precisamente porque las secuelas para la salud que originan las adicciones suelen aparecer a largo plazo, así que podemos desterrarlas hasta un futuro muy lejano. Simultáneamente, el placer que obtenemos es directo, inmediato, se percibe al instante. En el mismo momento en que enciendo un cigarrillo o muerdo una tableta de chocolate, siento cómo se desencadena la sensación de placer. Sin embargo, si pienso teóricamente en cuáles serán las consecuencias a largo plazo de mi conducta, no siento nada, sino frialdad.

En el saco de los sentimientos también hay espacio para saber disfrutar de la vida y aquí hay que señalar que toda adicción acentúa un placer vital que resulta muy agradable para la persona adicta. Cuanto más se prolonga la adicción, más se amplían y extienden las interconexiones neuronales relacionadas con ese placer vital. Por el contrario, el cerebro adicto apenas dispone de rutas de comunicación neuronales para transmitir y procesar conductas alternativas. Vamos, que el cerebro construye en su interior una colosal autopista de intercambio de datos exclusivamente para servir a la adicción, mientras que para la conducta alternativa no adictiva apenas deja disponible un sendero maltrecho. Por eso en casos extremos la persona adicta ni siquiera es capaz de imaginarse cómo vivir sin su droga.

Otro ingrediente que dificulta todavía más el abandono de las adicciones es el hecho de que para conseguirlo es obligatorio que la persona afectada renuncie a una conducta concreta. Abandonar una actividad es mucho más difícil que seguir con ella, porque evitar hacer algo es una tarea que nos reclama veinticuatro horas al día, siete días a la semana. Echa cuentas y lo verás: «no hacer» algo exige mucha más fuerza de voluntad que «hacer» ese mismo algo. Si me propongo ir a correr para hacer ejercicio media hora al día, solamente necesito aplicar mi fuerza de voluntad durante la consabida media hora y los cinco minutos anteriores para calzarme las zapatillas. Pero evitar caer en una conducta habitual requiere que exprima mi fuerza de voluntad a lo largo de toda la jornada.

Entonces, si mi meta es dejar una adicción, tengo que actuar sobre varios puntos distintos: debo acallar y calmar mis profundos miedos interiores, o sea, consolar al niño de las sombras; debo transformar mi concepto del disfrute de la vida con la ayuda de los niños de la luz y de las sombras y, en paralelo, también debo reforzar la voluntad de mi yo adulto interior. Las siguientes medidas serán útiles para ampliar el sendero neuronal que haya en el cerebro y convertirlo en una vía de comunicación de gran capacidad:

1. Inquiere a tu niño de las sombras, pregúntale para qué necesita la adicción. Y para ello, ponte en su lugar y explora su punto de vista. Como hemos visto, la adicción tiene mucho que ver con el consuelo y el cobijo entendido como cierta sensación de protección, así como con el miedo. Miedo a fracasar, miedo a que los demás nos rechacen, miedo a que nos vayan mal las cosas, miedo a enfermar y morir. Investiga hasta identificar qué dogmas negativos desempeñan un papel relevante para tu adicción. Entre ellos no solo figurarán los que hayas detectado anterior-

mente, como «No valgo para nada» o «No me sale nada bien», sino también otros que estén directamente ligados a la propia adicción, como por ejemplo «¡No lo conseguiré!», «¡Es imposible que sea feliz sin tabaco!» o «Es que ne-ce-si-to comer dulces, es imprescindible». Préstate atención y percibe cómo te hacen sentir esos lemas. Identifica el sentimiento negativo que actúa como motor y te empuja hacia la droga. Toma nota por escrito de todo lo que aprendas sobre tu niño de las sombras y la adicción.

2. A continuación, ve a buscar al niño de las sombras, siéntalo en tu regazo y ofrécele consuelo. Dile que comprendes sus miedos, pero que esos temores no van a desaparecer a fuerza de fumar, de beber, de comer con glotonería ni aunque te escondas de ellos enterrándote bajo una montaña de trabajo. Explícale que tú, como el adulto interior que lo ama, estás ahí para ayudarle, que no lo dejarás jamás en la estacada. Dale ánimos: juntos seréis capaces de conseguirlo. Ya verá qué felicidad y qué orgullo sentirá cuando logréis dejar atrás este problema. Descríbele lo maravillosa que será entonces la vida.

3. Da rienda suelta al miedo acerca de qué puede acontecer si todo continúa igual y sigues con la misma conducta. Imagina las consecuencias de forma realista y observa con atención, sin paños calientes. Convéncete de que tu comportamiento es verdaderamente perjudicial. Adéntrate en el territorio que más te asusta dentro de tus miedos y contempla las imágenes más espantosas de las consecuencias que puede provocar esa adicción, esas imágenes que normalmente mantienes ocultas. No las reprimas, permite que se expresen, siente el horror que provocan. No pongas barreras a tus temores. El miedo tiene una función, servirnos de advertencia. Y en este caso, está plenamente justificado.

También tienes que interiorizar que siempre hay un mañana y que, si persistes en pensar que «mañana lo dejo», «la próxima semana» o «el año que viene» te puedes pasar la vida retrasándolo una y otra vez hasta el día de tu fallecimiento.

4. Interroga a tu niño de la luz: ¿qué es lo que le gusta tanto de esa adicción? Ya lo sabes, al niño de la luz le entusiasman los juegos, la diversión, las fiestas y los excesos. Le encanta esa sensación,

disfrutar de la vida. Concéntrate para percibir exactamente dónde se hace sentir esa sensación positiva de disfrutar de la vida tan adictiva, dónde la aprecias en tu organismo. También debes buscar tus dogmas positivos que estén relacionados con la adicción, como «No hay sustancia que pueda conmigo, soy indestructible», «Hay que vivir siempre a tope», «Ya descansaré y lo dejaré más adelante». Anota toda la información que recabes sobre el niño de la luz y la adicción.

5. Busca un nuevo modo de disfrutar de la vida que entusiasme tanto al niño de la luz como al niño de las sombras. Por ejemplo, si abusas de la comida y tu niño de las sombras considera que al comer así le estás prestando atención y le proporcionas bienestar, móntate una película completamente distinta en la cabeza. Por ejemplo, imagínate que vivieses en una isla de los mares del sur y tuvieses que alimentarte exclusivamente a base de pescado fresco, fruta y verduras. Percibe con todos los sentidos las maravillosas sensaciones agradables de esa vida, el calor del sol, los colores, la dieta tan ligera y sabrosa. Concéntrate y nota qué agradable resulta sentirse ligero y en forma. La fantasía no tiene límites, no se los pongas tú: dibuja en tu mente imágenes nuevas que incluyan hábitos distintos para comer. Y siéntelo, eso es importantísimo, crucial. Percibe qué bien le sienta a tu cuerpo. Con la ayuda de la imaginación, sumérgete en una novedosa sensación de vivir y disfrutar. Te recuerdo que el cerebro no distingue demasiado bien entre lo real y lo imaginario. Si construyes un estudio de cine bien equipado en tu mente y logras que esa nueva sensación de vivir te rodee y envuelva, habrás puesto los cimientos de nuevas autopistas neuronales para combatir la adicción con alternativas.

Si lo que quieres es dejar de fumar, podrías imaginar que te adentras en un precioso bosque, fragante y frondoso.

El paisaje está vivo y tú te fundes con él. Aspiras su aire fresco. Otra buena opción consistiría en imaginar que has estado nadando durante horas en mar abierto, tanto tiempo que alcanzas la orilla y te tumbas en la playa sin aliento, sobre la arena caliente, para que el sol te recargue las pilas. Estás sin resuello, tanto es así que ni se te pasaría por la cabeza la idea de encender un pitillo. No pierdas la concentración y piensa en qué bonito y limpio sería que no tuvieses que volver a ponerte un cigarrillo entre los labios. Olfatea con tus sentidos internos y verás qué bien huele, qué aromas te envolverían si no volvieses a fumar.

También puedes elegir imaginarte otro lugar completamente distinto donde relajarte a fondo. Guárdalo en la memoria y acude allí cada vez que necesites echar mano de esa sensación.

Las imágenes calman los miedos del niño de las sombras y aplacan los deseos de niño de la luz.

6. Diseña dogmas nuevos y eficaces que encajen bien con esa nueva sensación de disfrutar de la vida. Entretéjelos con las imágenes de la imaginación. Presta atención a ver cómo se hacen sentir esos nuevos lemas en tu cuerpo. Plásmalos en papel con tus colores favoritos y cuelga el dibujo en casa. Repítetelos como mínimo quince veces al día y concéntrate para percibirlos y sentirlos.

7. Como ya hemos visto, evitar hacer una cosa no es tarea sencilla. Por eso te sugiero que te plantees qué podrías hacer en su lugar. Invéntate un programa alternativo, no solo en el plano imaginario, sino también en tu comportamiento. Contra las adicciones, el deporte es un antídoto magnífico, con la oportunidad de que también contribuya a esa nueva y agradable sensación de vivir. Te animo de corazón a que hagas ejercicio con regularidad, si es que todavía no lo haces.

Piensa en todas las cosas positivas que puedes hacer para llenar y aprovechar ese vacío que parece que dejan las drogas cuando las abandonas. ¿Qué tal si empiezas con una nueva afición, si optas por un curso de formación sobre tu especialidad profesional o para abrirte las puertas a un nuevo trabajo? Puedes hacer cualquier cosa que te siente bien, que te aporte alegría de vivir y dé sentido a la vida. Y diseña recompensas para premiarte cada vez que cumplas un periodo concreto libre de tu vieja adicción.

8. Cada vez que sientas la llamada de la droga, cambia de chip y zambúllete en esa nueva sensación de disfrutar de la vida, distrae

la atención para no hacer caso de la llamada. No tropieces, no te dejes caer en la tentación. Distraerse y darle esquinazo es la clave. Y ya puestos, creo que ni siquiera es preciso mencionarlo: intenta esquivar las tentaciones siempre que sea posible.

En líneas generales, organizar tus días con una buena estructura ayuda mucho a la hora de evitar que se manifieste la presión de la adicción. La mayoría de recaídas suelen producirse bajo situaciones de tensión o porque disponemos de demasiado tiempo libre. Una buena estructura contribuirá a defenderte de ambos riesgos. Profundizaré en ello en el siguiente apartado.

Supera tu apatía

La apatía constituye una de las principales barreras que ejercen resistencia cuando tratamos de moldear nuestra vida e introducir cambios. Al igual que pasa con muchos otros rasgos humanos, la apatía tiene componentes genéticos: además de disponer de un sistema de actividad, también contamos con un programa de ahorro de energía. Este último tiene un objetivo vital, que consiste en ahorrar fuerzas e impedir que nos agotemos sin sentido. Por tanto, los estados de apatía y pereza son tan nuestros como los estados donde priman la actividad y el emprendimiento. Probablemente hayas experimentado antes esto: cuanto más descansas o permaneces en estado de inactividad, más te domina la apatía. Y al revés: a mayor actividad, más cosas quieres hacer. Ambos estados están dotados de un mecanismo de refuerzo que los autoestimula. Está relacionado con una ley de la apatía y también de la física: «Un cuerpo en reposo tiende a permanecer en reposo mientras ninguna causa lo obligue a moverse. Un cuerpo en movimiento tiende a mantenerse en movimiento mientras ninguna otra fuerza detenga ese movimiento o altere su dirección o velocidad».

Cuando estudiaba en la universidad me di de bruces con los efectos de esta ley de una forma muy brusca. Verás, resulta que acababan de empezar las vacaciones tras un semestre de estudios. Yo estaba loca de ilusión, llevaba semanas esperándolas, tenía una lista con miles de cosas por hacer y ahora, por fin, se habían terminado los exámenes y tenía tiempo para ellas. Así que me pasé las tres primeras semanas de las vacaciones ocupada con distintas actividades, tras lo cual la lista quedó bastante aligerada. Total, que tenía mucho tiempo libre. Demasiado. Y como no tenía ningún motivo especial para levantarme de la cama por las mañanas, me hacía un café y me pasaba la mañana tumbada, leyendo novelas, horas y horas. Ni siquiera se me activaba la circulación. Al llegar al mediodía, me sentía tan cansada por no haberme movido que me volvía a quedar dormida. Cuando me despertaba ya eran las primeras horas de la tarde y tenía la tensión sanguínea por los suelos. Me sentía un poco mal, así que me tomaba otro café y me incorporaba para intentar entretenerme con las tareas de la casa. A veces ni siquiera conseguía poner un poco de orden. Cuando llegaba la noche, echaba la vista atrás y me enfrentaba a la realidad: se me había pasado el día sin hacer prácticamente nada. Eso me incomodaba, me provocaba una sensación de malestar notable, pero que podía olvidar sin problemas: la solución era irme a un bar o a alguna fiesta con mis amigos. Cuanto menos me esforzaba, más me hundía en las garras de la holgazanería. Al terminar las vacaciones, mi nivel de actividad había decaído tanto que me parecía excesivo tener que poner la lavadora, aunque no hiciese nada más en toda la jornada. Al final, retomar las clases en la universidad supuso todo un alivio, porque me aportaban una estructura para los días. Me fui recuperando y regresé al nivel de actividad habitual, con su saludable dosis de estrés, así que recobré la capacidad de poner tres lavadoras al día, además de mis otras tareas habituales. Y sin una sola queja.

No soy un caso excepcional; resulta que para la mayoría de la población es imprescindible contar con unas exigencias externas y una estructura firme en sus jornadas para funcionar correctamente. Entonces, lo que más fácil nos resulta es continuar con la actividad, si es que no la abandonamos por algún otro motivo. El lunes se nos antoja el día más complicado de la semana, pero no porque acarree desafíos y tareas más duros, sino porque supone un contraste muy fuerte con el fin de semana. Para sobrellevar los lunes, nuestro organismo requiere un empuje mucho mayor para ponerse en marcha que para afrontar los martes. El miércoles experimentamos aún menos dificultades para ponernos en marcha y el viernes ya ni nos acordamos de por qué nos sentíamos tan mal el lunes. Sucede exactamente lo mismo con todas las demás actividades, al menos con todas las que exigen cierta dosis de superación y exigencia personal. Practicarlas con regularidad provoca que nos resulten más fáciles.

Por eso, la mejor medida de prevención contra la apatía es disponer de una estructura clara para la jornada. Debes diseñarte planes para todo el día y toda la semana, que también incluyan actividades para el tiempo libre. Yo personalmente funciono bastante «según mi plan» y por eso creo que tengo más tiempo libre que la mayor parte de los demás. Por la mañana, antes de desayunar, hago un poco de ejercicio. Durante la primera mitad de la mañana, trabajo en mi próximo libro. En la pausa del mediodía, desconecto durante unos minutos y practico con el piano. Por las tardes, atiendo a mis pacientes como psicoterapeuta. A las seis de la tarde termina mi jornada laboral. Puede que esté todo un poco encorsetado, pero es muy eficaz. Podríamos afirmar que es el resultado de la experiencia que viví durante mis años de estudiante. Así que te recomiendo que recapacites y te plantees con claridad qué es lo que quieres, qué cosas son importantes para ti, para confeccionar planes de jornada y planes semanales. Serán una ayuda fantástica para cumplir con tus deberes y objetivos, igual que las listas de tareas pendientes. Y también te protegen frente al riesgo de incurrir en un sobreesfuerzo, igual de peligroso que caer en una inactividad acusada. A menudo, las personas más estresadas sufren porque tienen una distribución muy deficiente del tiempo. Acaban por solucionar muchas tareas y deberes en el último instante y por eso se sienten constantemente bajo presión, a la carrera.

Las estructuras firmes son tan importantes por un motivo: porque nos ahorran la necesidad de tener que tomar decisiones y resoluciones una y otra vez. La voluntad y la capacidad de decisión están estrechamente relacionadas entre sí y ambas facultades se quedan atascadas cuando les exigimos demasiado. Este dato ha quedado refrendado por distintos experimentos psicológicos. Un estudio se centró en observar el comportamiento de toma de decisiones de los conductores alemanes enfrentados a la oportunidad de elegir el equipamiento y los accesorios para un nuevo automóvil en una simulación por ordenador: colores, instrumentos de a bordo, motor, etc. Cuantas más decisiones debía tomar el comprador, más sobrepasado por las circunstancias se sentía y más propenso era a volver al modelo estándar, aunque este último costaba 1500 euros más de media. Si dispones de un calendario, horario o agenda bien definidos, se puede considerar que solamente debes tomar una decisión; básicamente, la de atenerte al plan. Naturalmente, siempre podrás hacer excepciones. La verdad es que mis días no son totalmente rígidos según el modelo que te acabo de describir. Pero si respetas las líneas generales de la planificación, siempre te resulta más fácil retomar la rutina tras una de esas excepciones.

En muchas ocasiones, el mayor problema estriba en encontrar un punto de inicio, lo que puede exigir una tremenda energía para que te pongas en marcha. Posteriormente todo resultará mucho más fácil, especialmente si te concentras y cumples con regularidad. Si no respetas tus propias normas, no valdrán de nada. Si no practicas, te olvidarás de todo. Esto vale incluso para el sexo; al menos en las parejas que ya llevan mucho tiempo juntas, en las que la pasión se ha ido apagando.

Y hablando de pasión, piensa en ella como una alternativa a la disciplina. Ahora bien, yo no conozco a nadie capaz de cumplir con todas sus obligaciones por pura pasión. Incluso los artistas suelen comprometerse con unos horarios fijos y determinados. Cada competencia y cada proceso de aprendizaje tienen sus propios tramos duros y enrevesados. Para superarlos hace falta aguante y resistencia. Quienes carecen de estas cualidades, empiezan muchos proyectos, pero culminan muy pocos. Como consecuencia, sus capacidades y conocimientos son superficiales, porque no profundizan en las materias a las que se dedican. A la larga, esto les reporta insatisfacción. No hay ninguna actividad a la que puedan consagrarse en cuerpo y alma. Pero resulta que entregarnos a una actividad y profundizar en una materia nos aporta satisfacción y felicidad en un plano muy básico. Así se eleva nuestra autoestima de forma saludable. Hablaré más sobre este tema en el próximo capítulo.

Cuando quiero vencer a la apatía y la pereza, surge esta pregunta: ¿cómo puedo reforzar mi empuje o energía inicial y mi constancia? Una cuestión especialmente acuciante para quienes sufren de posterguitis y por ello aplazan y retrasan constantemente las tareas que deberían resolver de inmediato. Pero es que quienes sufren de este mal, en realidad, no solo suelen sufrir por los efectos de su programa personal de ahorro de energía, sino también por las graves dudas sobre su autoestima que aquejan a su niño de las sombras. El niño de las sombras de las personas contagiadas por la posterguitis a menudo se duele por el miedo a fracasar. Ese terror irreprimible a fallar y no sacar adelante algún objetivo provoca que los deberes se dejen una y otra vez para mañana. Como sucede en muchos otros casos, el yo adulto interior puede tener una opinión completamente distinta. Por ejemplo, puede que tenga claro que es perfectamente capaz de rellenar una declaración de impuestos sin mayores complicaciones, o que puede lanzarse a limpiar el garaje sin miedo de errar en el intento. Pero resulta que el niño de las sombras se impone junto con esos temores difusos que siente de acabar derrotado. Quizá se caracterice por creer en lemas como «¡No lo conseguiré!», «No valgo para nada», «Soy una persona muy débil» o «No me da la cabeza para más». Así que la posterguitis es una forma especial de la estrategia basada en la huida ante los problemas para buscar refugio. Si el niño de las sombras al final no tiene parte alguna en esa posterguitis, entonces es que la persona afectada ha caído en las fauces de la apatía. Pero también en esa situación le serán de ayuda los consejos que te aportaré en el siguiente párrafo.

En algunos casos también pasa que el niño de las sombras de quienes sufren posterguitis es, encima, muy terco. En este caso, tiene problemas para afrontar y aceptar las expectativas de sus congéneres. Las personas atrapadas en el conflicto entre autonomía y dependencia (véase la página 43) tienden a oponerse a las exigencias que les plantea la vida porque las juzgan como restricciones para su libertad personal. Por tanto, evitan cumplir precisamente con aquello que se espera de ellos. Detrás de la posterguitis también puede ocultarse la estrategia de protección centrada en la agresividad pasiva. Sobre este tema abundaré en el próximo capítulo, pero primero me gustaría ofrecerte un par de consejos útiles para vencer tu posterguitis.

✎ Ejercicio: *Siete pasos contra la posterguitis*

1. Pregúntale a tu niño de las sombras por qué le cuesta tantísimo dar el primer paso. ¿Es por el miedo a fracasar? ¿Prefiere mostrarse terco que cumplir las expectativas o sencillamente es que es un holgazán? Identifica los dogmas que te impiden progresar. Por ejemplo, lemas como «¡No lo conseguiré!» o «No valgo para nada». Seguidamente, concéntrate para ver cómo te sentirás si continúas rindiéndote ante

esa apatía tan testaruda, a la inacción. Piensa cómo te encontrarás hoy por la noche, mañana, la semana que viene o el próximo mes si persistes en aplazarlo todo. Quizá se despierten en tu interior unos poderosos sentimientos de culpa, tal vez incluso temores. Deja que se expresen sin cortapisas.

2. Debes separar de forma absolutamente consciente a tu niño de las sombras y a tu adulto interior. Trabaja con ambos como has aprendido a hacerlo a lo largo de este libro. Puedes consolar al niño y fortalecer la postura del adulto con argumentos, puedes identificar y eliminar las proyecciones, etc.

3. Transforma tus dogmas negativos en lemas positivos, como aprendiste en la página 164, en el capítulo «Busca tus dogmas positivos». Por ejemplo, si encuentras en tu fuero interno el dogma «¡No lo conseguiré!», conviértelo en su opuesto, «¡Lo conseguiré!». Si todavía no lo tienes en el dibujo, píntalo con tus colores favoritos junto al niño de la luz. Si hace falta, usa otra hoja de papel más.

4. Este es el sentimiento que debes fijarte como objetivo: si aplazas una tarea pendiente, como puede ser cumplimentar la declaración de la renta, céntrate para percibir con todos los sentidos cómo te sentirás después de llevar a cabo esa tarea. Por otro lado, si aplazas constantemente el inicio de una actividad que deberías hacer periódicamente, como hacer ejercicio, céntrate para percibir con todos los sentidos cómo te sentirías si por fin dieses ese paso y practicases esa actividad de forma regular. En definitiva: déjate envolver por completo, sumérgete en esas buenas sensaciones. Activa a tu niño de la luz.

5. Si la tarea se te antoja demasiado ambiciosa, establece metas intermedias. Por ejemplo, si te has marcado como objetivo salir a correr regularmente, proponte empezar por media hora, durante la cual podrás ir alternando entre caminar y trotar. Así el ejercicio será más llevadero y no te marcarás un listón tan exigente para dar los primeros pasos. Otro ejemplo: supongamos que tienes que poner orden en el sótano. Pues no es necesario que eches un fin de semana por la borda para cumplir la misión. A fin de cuentas, si te planteas esa perspectiva, probablemente no te pongas manos a la obra jamás. En vez de ello, piensa en la posibilidad de dedicarle una horita diaria, al volver a casa del trabajo. En resumen, que deberías marcarte unas metas alcanzables y razonables.

6. Anota las tareas pendientes y los objetivos en una agenda.
7. Incluye recompensas para premiarte por los éxitos que consigas: por ejemplo, si has logrado dedicar una hora diaria a limpiar el sótano durante toda la semana, puedes concederte un deseo. O puedes proponer a otras personas que te compensen. Imagina que has puesto orden en la casa sin la ayuda de tu pareja… pues ya que va a disfrutar de ese ambiente ordenado y limpito, pídele que te compense con un masaje.

No olvides nunca esto: si te empeñas en aplazarlo todo, estarás desperdiciando tu energía durante las 24 horas del día, siete días a la semana. Por el contrario, ponerse manos a la obra de inmediato solamente consumirá un poquito de tu energía puntualmente.

Aniquila tus resistencias internas

Hay muchísimas personas cuyo niño interior está atascado en un estado de obstinación. En los apartados «El conflicto entre autonomía y dependencia» y «Autoprotección: ansia de poder» ya hablé brevemente sobre las personas cuyo niño de las sombras se caracteriza por una tendencia exagerada a la autonomía y la independencia. En la mayoría de casos se explica como una respuesta ante el exceso de control que sufrieron durante la niñez, impuesto por sus progenitores. Como resultado, el niño de las sombras se queda encerrado por la obstinación, como si fuese una jaula. Las expectativas depositadas en esas personas actúan como un estímulo, que a su vez provoca un sentimiento reflejo. Y ese sentimiento es el de resistirse, oponerse. Precisamente para demostrar que son seres autónomos, se niegan a hacer aquello que se espera de ellos. Como consecuencia, no solo boicotean las relaciones humanas que mantienen, sino que sobre todo se boicotean a sí mismos. Al negarse a satisfacer las demandas y cumplir con las expectativas, se pierden dando un montón de rodeos y en multitud de parones. No son pocos quienes se quedan muy lejos de las auténticas posibilidades que podrían alcanzar en su carrera profesional, porque su niño de las sombras se ha emperrado en no hacer realidad las esperanzas que albergaban sus padres. Muchas de estas personas sufren también de miedo al apego, ya que la proximidad que comporta una relación estrecha y fija supone una amenaza demasiado fuerte para su sentido de la autonomía. Al verse involucradas en relaciones fijas, se sienten como si estuviesen prisioneras en una cárcel, así que temen por su libertad personal. El niño de las sombras que anida en su seno opina que, para que les quiera esa otra persona, es imprescindible que se someta a las expectativas de la pareja. Debido a esto, al experimentar el contacto y la proximidad con otras personas, rápidamente surge la sensación de perderse. Por eso quienes tienen miedo al apego siempre buscan restablecer la distancia tras vivir momentos de intimidad o cercanía. Estas personas tan solo se sienten a gusto consigo mismas cuando están solas.

Si te sientes aludido o aludida personalmente por la descripción que acabas de leer, deberías dejarle bien claro a tu niño o niña de las sombras, tantas veces como haga falta, que hoy sois personas adultas, ya crecidas. No hace falta que te obstines y te niegues una y otra vez a cumplir lo que se espera de ti para demostrar que tú tienes el poder en tus manos. Debes analizar tus resistencias a la luz de situaciones concretas donde esa obstinación se manifieste con frecuencia. Investiga y palpa qué dogmas se ocultan tras esa reticencia. A menudo ahí se esconden dogmas como «Yo soy la persona responsable de tu felicidad», «Tengo que estar siempre a tu lado», «Debo adaptarme a todo y a todos», «No debo defenderme, está prohibido» o «No tengo permiso para expresarme, para ser yo». Tu niño de las sombras se encarga de compensar esos dogmas contraatacando por medio de una resistencia activa y pasiva. Con la ayuda de tu yo adulto interior, tendrás que aclarar la situación para convencer al niño de las sombras de que así caes en una dependencia igual que si cumplieses todas las expectativas depositadas sobre ti. Si realmente necesitas saber siempre qué es lo que quiere o desea la otra persona para después decidir qué es lo que tú no quieres, en el fondo esa actitud no te aporta ninguna autonomía ni soberanía.

Tu problema es que te cuesta muchísimo trabajo distanciarte y poner coto a las expectativas que otras personas depositan en ti. Tanto que ni siquiera sabes con claridad qué es lo que tú deseas. Y como tienes tantas dificultades para autoafirmarte, te cierras en banda radicalmente a satisfacer las esperanzas de tus congéneres; da igual si se trata de expectativas reales o meras suposiciones sin fundamento. Así que, por resumirlo, escapas en una huida hacia delante. Si pretendes romper estas ataduras y salir de esta red, es importantísimo que tu niño de las sombras comprenda que has dejado atrás la infancia, que ya eres una persona adulta y libre. Ese niño vive aún prisionero de la realidad del pasado, cuando la autoridad descansaba sobre papá y mamá.

Solo si te convences y sientes en lo más profundo que ahora eres un ser humano libre lograrás asentar unos cimientos firmes sobre los que apoyar tu autonomía y decidir qué deseas y qué no. A continuación, podrás responder que «sí» sin ningún problema, ya que notarás que eres tú quien desea contestar así, por voluntad propia, no porque te venza el peso de las expectativas que otras personas te echan encima. Para conseguirlo es vital que, en primer lugar, establezcas un contacto más directo y estrecho con tus deseos y necesidades. En segundo lugar, debes autoafirmarte de una forma apropiada, para evitar que te estanques debido a las resistencias internas que te inmovilizan.

Cuando entres en contacto con otras personas, tienes que prestar atención a tu fuero interno, para ver qué sientes. Pregúntate qué tal te va y qué es lo que te gustaría manifestar, comunicar o hacer. Mientras estás en compañía de otras personas, debes vigilarte para detectar, de forma totalmente consciente, cuándo tu yo interior cambia el chip y se salta el programa que quieres seguir para volver a las costumbres de siempre. Es preciso que corrijas esta situación, ya que precisamente ahí radica el motivo de tus resistencias. El niño de las sombras se preocupa constantemente por el riesgo de estancarse en una posición de inferioridad. Por eso necesita tanto espacio libre, tanta autonomía y tanto poder para sí. Por tanto, si detectas que te asalta la obstinación, debes adoptar el papel de yo adulto interior y analizar la situación con un raciocinio claro. La cuestión es que ante cualquier circunstancia te expliques con claridad que no estás en un plano superior ni inferior al de tus interlocutores: estáis a la misma altura. Tienes los mismos derechos que ellos y eres una persona libre. Además, reflexiona y plantéate si realmente es justo que te dediques a sabotear los deseos de tu interlocutor. La verdad es que inviertes tanto trabajo en defender tus límites que acabas por perder de vista la empatía por los demás. Cuando te identificas con un niño de las sombras terco y testarudo, quienes te rodean no tardan en transformarse en enemigos, en tus adversarios. Debes ejercitar tu percepción tan a menudo como sea posible, cuestionarla, interrogarla y corregirla. En este mismo libro encontrarás un montón de ejercicios útiles para eso.

No dejes de lado tus aficiones e intereses

El trabajo y la actividad son ingredientes que favorecen la felicidad. Por el contrario, la desidia solo potencia la tristeza. Bien lo sabía Santo Tomás de Aquino, de quien he tomado prestada esta máxima. Mantenernos activos es un eficaz método antidepresivo y nos puede empujar a un estado de calma, libre de preocupaciones, todo un alivio para el alma. Numerosos estudios e investigaciones sobre la sensación de felicidad han ratificado este fenómeno. En este ámbito trabajó un psicólogo de vanguardia con un apellido impronunciable, Csikszentmihalyihubo, quien acuñó el concepto de «flujo» o *flow*. Ese estado de fluidez denomina un estado interno en el que me sumerjo y dejo llevar por la tarea en la que me concentro. Mientras fluyo, me olvido de mí por completo. A dicho estado puedo acceder dedicándome a cualquier actividad con total concentración: trabajar en el jardín, esquiar, hacer trabajos manuales o tocar un instrumento musical. Esa entrega a la actividad a la que nos consagramos nos permite percibir mejor nuestras competencias y nos transmite una sensación de plenitud sensorial. Así que adoptamos el papel del niño de la luz.

Si no se te ocurre ningún tema hacia el que sientas inclinación o interés ni tienes ningún *hobby* o afición, yo te recomiendo encarecidamente que abras espacio para ellos dentro de tu vida. Medita bien y a ver qué te apetecería probar. Y ponte en marcha. Ni se te ocurra pensar que eres demasiado mayor para según qué actividades. Muchas cosas se aprenden mejor a partir de cierta edad, porque entonces dispones de unas estrategias de aprendizaje mucho más eficaces que las que tenías en la niñez. De ahí que, por ejemplo, los adultos sean capaces de aprender a tocar un instrumento mucho más rápido que los niños, en contra de lo que sostiene la opinión generalizada imperante. Yo misma empecé a tocar el piano nada menos que a los 42 años y he progresado a toda velocidad.

Los *hobbys* y los intereses te ayudarán a orientar la atención hacia temas y cosas que no están dentro de ti. Así que desviarán tu concentración para que no se enfoque sobre las preocupaciones de índole personal. Además, a medida que ganes destreza y te vayan saliendo mejor las cosas o vayas adquiriendo conocimientos, te inundará la alegría y el orgullo. Es una vía sanísima para aumentar la autoestima. Cuando te entregas a una actividad poniendo empeño, concentración y celo, eso le depara calma al niño de las sombras y una gran alegría al niño de la luz.

Las aficiones y los intereses nos ayudan a realizarnos. Está en tu mano elegir qué temas te interesan y modelarlos a tu gusto. Aquí no cabe esperar a que otra persona se encargue de hacerte feliz o actúe para que te vayan mejor las cosas. Eso sí, piensa que si te empeñas en adquirir una nueva habilidad, el proceso de aprendizaje también tendrá fases espinosas y áridas. Si eres de esas personas que empiezan un montón de proyectos pero suelen dejarlos a medias, más vale que primero te repases el apartado «Supera tu apatía».

Al practicar tus aficiones o dedicar tiempo a los temas que más te apasionan, asumes la responsabilidad sobre tu bienestar personal. Eso también es cierto para actividades que no se suelen practicar regularmente, como puede ser invitar a los amigos a cenar, ir al cine o a la piscina en verano. No esperes a que las cosas sucedan, ¡es hora de que des forma a tu vida, en todos los aspectos!

Hasta aquí, un resumen comprimido de las estrategias de conservación más destacadas. Seguramente ya lleves años aplicando algunas de ellas, pero quizá otras te sean más desconocidas. Como ya te adelanté anteriormente, en última instancia, lo que aquí cuenta es cómo construimos y estructuramos las relaciones interpersonales. Esas relaciones serán más alegres cuanto más satisfactoria sea la relación que mantenemos con nuestra propia persona.

Así que cuanto más atentamente observe y vigile a mi niño de las sombras, menos probabilidades tendré de proyectar mis propios temores y defectos sobre quienes me rodean y menos me refugiaré en mis estrategias de protección, las cuales suponen más bien una carga para relacionarme con los demás y no tanto una defensa. Cuanto más me identifique con mi niño de la luz, más fácil me resultará tratar a mis congéneres con buena voluntad.

Como ya expliqué sobre las «Cuatro necesidades psíquicas básicas», en el fondo la vida gira solamente en torno a un puñado de temas: al apego frente a la autoafirmación, al control frente a la confianza, al placer frente a la apatía, y también alrededor de nuestra autoestima. Atención, porque insisto: el sentimiento de seguridad en nosotros, la autoestima, es la base sobre la que se sostiene todo lo demás. Es un factor decisivo para determinar qué tal consigo equilibrar mis necesidades de apego y afecto, por un lado, con la pulsión que siento por autoafirmarme, por el otro. La autoestima también influye sobre cuánto control necesito para disfrutar de una sensación de seguridad y confiar en mis capacidades. Las necesidades de satisfacer el ansia de placer y superar la apatía también están bajo el influjo de la autoestima: una persona cuya autoestima esté intacta es capaz de regular mucho mejor los altibajos de sus ansias de placer y su apatía que quien presenta una autoestima más débil o voluble. ¿Por qué? Pues porque no tiene la necesidad de someterse a una disciplina forzosa ni se rinde y abandona a la desidia.

El niño de las sombras y el niño de la luz no son sino dos metáforas de nuestra autoestima, incluidas sus partes débiles y problemáticas, pero también sus componentes fuertes y sanos. Ya hace tiempo que lo has comprendido: la clave es aceptar a nuestro niño de las sombras, pero sin dejarle que tome el mando. La cuestión es reforzar la parte que representa el niño de la luz y cederle un espacio más extenso dentro de nuestra vida. Por supuesto, los temas que nos interesan a cada uno son muy distintos, como los gustos. Por eso he decidido inventarme esas dos figuras «vacías», los niños de las sombras y de la luz, para que cada lector y cada lectora puedan rellenarlos de contenidos con sus propias aportaciones individuales. En el siguiente paso, que daremos a continuación, podrás tomar nota de aquellas estrategias de conservación que te parezcan más relevantes y que quieras tener especialmente en cuenta, aplicar y expandir en tu vida cotidiana.

✐ Ejercicio: *Encuentra tus estrategias de conservación personales*

Te ruego que identifiques aquellas estrategias de conservación que para ti resulten más útiles. Al igual que hicimos con las estrategias de protección, puedes añadir otras estrategias de conservación que yo no haya citado de forma explícita. Incluso puedes formular las tuyas propias, individualmente. Por ejemplo, puedes anotar algo así: «Aprendo a tocar el saxofón», «Me comunico con mi marido de igual a igual», «Todas las mañanas me calzo los zapatos de mi niña de la luz», «Voy a buscar un nuevo empleo», «Dedico media hora diaria a jugar con mis hijos (reales)». Apunta todas estas estrategias de conservación personales alrededor de los pies y las piernas del dibujo del niño del sol (fíjate en la ilustración de la cubierta interior trasera).

Pues ya está; ahora tienes ante ti al niño de la luz con todo su potencial. Pero para que ese potencial se haga realidad y florezca en todo su esplendor, debes dedicar tiempo a jugar con tu niño de la luz, con regularidad, no solo de vez en cuando. Tienes que vivir de acuerdo con tus nuevos dogmas; o sea, aplicar estos nuevos conocimientos a la vida cotidiana. Así que debes permanecer alerta y detectar el problema en cuanto vuelvas a asumir el papel del niño de las sombras. Tienes que diferenciar y separar al niño de las sombras de tu yo adulto interior; tienes que tratar al primero de manera que se calme y tranquilice. Además, en adelante y siempre que sea posible, debes ceñirte conscientemente a las premisas de tu niño de la luz o cambiar a la postura de tu yo adulto interior. Para ello, no dejes de recordar y tener presentes tus nuevos dogmas. Piensa también en tus valores, que debes aplicar tan a menudo como tengas la oportunidad. Y no olvides ejercitar tus estrategias de conservación. Sobre todo, dedica tiempo a los ejercicios que te he ido proponiendo. Es fundamental asumir la responsabilidad sobre tu propio desarrollo personal.

Para que en el transcurso del día a día recuerdes una y otra vez esos nuevos conocimientos, te recomiendo que no te limites a tomar ese dibujo del niño de la luz y lo guardes sin más en un cajón, sino que lo cuelgues donde se vea bien, para tenerlo presente. Y hazle también alguna foto con el móvil, así lo llevarás siempre contigo, vayas donde vayas.

✎ Ejercicio: *La integración de los niños de la luz y de las sombras*

El ejercicio que te planteo a continuación te será de ayuda para poner en contacto a tus dos niños interiores: el niño de la luz y el de las sombras, con el fin de integrarlos en tu personalidad. La práctica denominada como «Seguir el 8» fue inventada por la psicóloga e investigadora estadounidense

Deborah Sunbeck. Consiste en fomentar la cooperación entre las dos mitades del cerebro y constituye un método para construir y desarrollar unas redes neuronales cada vez más complejas. El siguiente ejercicio, que mi compañera y amiga Julia Tomuschat diseñó apoyándose en el concepto original, facilita la integración kinestésica de los estados de conciencia de ambos niños, el de la luz y el de las sombras. En mis seminarios, yo aplico y dirijo este ejercicio periódicamente y nunca falla; siempre me sorprende lo eficaz que es. El objetivo del ejercicio es que aceptes e integres a tus niños de la luz y de las sombras, así como que sientas con total claridad una vez más que tienes en tus manos la elección. Tú tienes la facultad de optar por uno u otro estado.

Lo ideal sería que contases con dos asistentes que te ayudasen a realizar el ejercicio, pero también se puede practicar en solitario.

1. Toma nota en una tarjeta o una hoja de papel de los dogmas negativos esenciales de tu niño de las sombras y también de sus sentimientos. Si te apetece, también puedes asignarles un color que se ajuste a ese estado. Por ejemplo, el gris. Pero también puedes elegir sencillamente un tono general, como «penumbra», «sombra» u otro concepto relacionado con la luz. En nuestra mente, los colores y la iluminación están vinculados por lazos muy profundos, así que estas tonalidades serán muy útiles para el ejercicio.

    A continuación, en una segunda tarjeta, apunta tus dogmas y sentimientos positivos, además de un color, la palabra clave de tu imagen interior (por ejemplo, «mar») y los valores del niño de la luz.
2. Coloca los dibujos que has hechos del niño de las sombras y del niño de la luz sobre el suelo, separados de manera que puedas rodearlos caminando entre ambos como si trazases un ocho (imaginario). O sea, un círculo alrededor del niño de la luz y otro círculo en torno al niño de las sombras.
3. Si dispones de dos ayudantes, deben posicionarse de manera que cada uno ocupe el centro de uno de los círculos que conforman el ocho. Uno, al que llamaremos ayudante A, toma la tarjeta del niño de las sombras y el otro, el ayudante B, la tarjeta del niño de la luz.
4. Plántate en el centro de ese ocho imaginario y empieza a seguir su trazado. Cada vez que cierres un círculo, el ayudante que esté a tu lado debe leer en voz alta alguno de los contenidos de su tarjeta. En cuanto llegues al cruce de ambos círculos y empieces a recorrer la

otra porción del ocho, el ayudante B tomará el relevo para leer los contenidos de su tarjeta. Cada vez que vuelvas a pasar por la intersección, será el turno del ayudante A, luego del B, y así sucesivamente. Si no tienes nadie para que te ayude, léete las tarjetas alternándolas. O grábatelas y las reproduces. Eso sí, debes irlas alternando hasta un total de unas diez veces. Lo más importante es que el ritmo y la velocidad coincidan aproximadamente con tu velocidad al caminar, así cada recorrido y cada paso por el cruce estarán sincronizados con la grabación.

5. En total debes darle unas diez vueltas completas al ocho mientras tus ayudantes (o tú personalmente) leen en voz alta las tarjetas. Al final tienes que situarte exactamente en el centro del ocho y concentrarte para sentir qué ha cambiado en tu interior, por qué estado sientes más atracción en ese momento. Si al culminar el ejercicio sigues sintiendo una mayor atracción por tu niño de las sombras que por el niño de la luz, tendrás que repetir el ejercicio hasta que todo mejore y notes que te sube el ánimo.

Por si fuera poco, puedes introducir variaciones a este mismo ejercicio para adaptarlo a todos los posibles temas que te afecten en la vida. Te resultará útil cada vez que afrontes una situación que te plantee una disyuntiva entre dos conjuntos de necesidades y motivaciones diferentes. Así que es un buen recurso para tomar decisiones en circunstancias conflictivas. Anota en una tarjeta los pros y en otra los contras. Si todavía quieres exprimir más el ejercicio y sacar más partido de «Seguir el 8», te recomiendo que busques el libro titulado «Gehen entlang der 8».

Llegamos ya al último apartado del libro dedicado a una estrategia de protección. Eso sí, se trata de una estrategia tan básica y universal que podríamos considerarla la meta de esta obra. Por eso la he reservado para el final.

Permítete ser tú mismo

Suelo insistir en que todas nuestras estrategias de protección están encaminadas a defendernos de ataques y cosechar tanto reconocimiento como sea posible. Te recuerdo una vez más que aquí no solo cuentan las improntas negativas que arrastras desde la infancia, sino que también actúa el condicionamiento genético: estamos configurados para conectarnos e integrarnos en una comunidad, un grupo. Por eso obligamos a nuestros genes a que funcionen condicionados por el sentimiento de vergüenza, que nos empuja a comportarnos de una forma lo más apropiada posible para vivir en sociedad. Los sentimientos de vergüenza tienen una finalidad esencial para la vida: facilitar que nos adaptemos y encajemos en un grupo social, una comunidad. Una humillación honda puede resultar traumatizante. La vergüenza es un sentimiento muy poderoso y extremadamente doloroso. Eso sí, el catálogo de motivos que nos hacen sentir vergüenza y su graduación son muy variables, cambian de un individuo a otro. Las personas cuyo niño de las sombras acarrea muchos dogmas negativos y que van en detrimento de su autoestima suelen avergonzarse mucho más rápidamente que quienes disponen principalmente de dogmas positivos. Muchas personas se avergüenzan por la inseguridad que sienten sobre sí mismas. Ojo, porque sentir cierta inseguridad no es necesariamente dañino. Todos experimentamos la comezón de la inseguridad, a veces más intensa, otras más leve, según la situación concreta y las circunstancias de la vida. Es algo totalmente normal, puramente humano.

Lo que ya no es tan normal ni inocuo es que, para compensar mis sentimientos de inferioridad, me dedique a disimular, ocultar y enterrar mi opinión, que deje siempre la voz cantante a los demás, que me retraiga en las relaciones interpersonales o que desprecie y minusvalore a otras personas.

Si de veras queremos aprender a aceptarnos mejor a nosotros mismos, dado que este es un requisito primordial para conseguir nuestra libertad personal y también para mantener relaciones interpersonales sanas y positivas, es imprescindible que aceptemos este hecho: somos vulnerables. Hay que asumir que cometemos errores, que tenemos debilidades y somos frágiles ante ataques y agresiones. Si estamos convencidos de que para avanzar en la vida es preciso ser infalibles y contar con un blindaje impenetrable, dejaremos escapar miles de oportunidades y nos perderemos la oportunidad de entablar grandes relaciones.

Que luzcas un aspecto físico imponente, que seas una persona perfecta y ostentes un gran poder… todo eso no importa. Lo que importa es qué concepto tengas de ti personalmente. Cuanto más cómodo, seguro y acogedor sea el hogar que construyas en tu interior para tus niños de las sombras y de la luz, más descanso y paz encontrarán y más a gusto estarás tú contigo. Como consecuencia, te abrirás a los demás con tu faceta más comprensiva y benevolente. A fin de cuentas, el hogar (o la patria, si lo prefieres) es el lugar donde tú personalmente te encuentras más a tus anchas. Donde sientes seguridad, confianza, protección. El hogar es el lugar al que pertenecemos. Cuando elegimos un hogar o una patria, pasamos a mantener con ese espacio lazos inquebrantables. Lazos que nos unen a nosotros mismos y también a otras personas. De eso trata la vida.

En palabras de aquel gran filósofo llamado Popeye: «Soy lo que soy y eso es todo lo que soy». Mira, esta cita serviría perfectamente como mantra para la vida cotidiana. Al fin y al cabo, la autoaceptación no conlleva que no nos desarrollemos ni avancemos como personas. Todo lo contrario: para poder abordar mis imperfecciones y tratar de pulir defectos, primero debo aceptarlas. Sin embargo, el centro de atención del proceso de optimización no debería tener como objetivo perfeccionar tus estrategias de protección, sino lograr que te comportes de manera que a ti y a quienes te rodean os vaya mejor en la vida. Lo mejor que sea posible. Además de todo eso, deberías sentir orgullo y satisfacción si consigues:

- aceptar y comprender a tu niño de las sombras,
- defender tu opinión y tu posición a pesar del miedo,
- defender a otras personas a pesar del miedo,
- distinguir entre hechos e interpretaciones,
- diluir y finalmente eliminar las proyecciones que viertes sobre los demás,
- sostener la validez de tus argumentos si nadie contrapone otros mejores,
- darles a los demás la razón cuando la tienen,
- mediar y resolver un conflicto de manera abierta y justa,
- preservar y mantener tus convicciones y valores,
- asumir la responsabilidad sobre tus actos y sentimientos,
- confrontar a una persona difícil de manera benevolente,
- borrar de tu mente los sentimientos de envidia,
- escuchar de verdad a otras personas,
- aceptar un reto o desafío del que antes hubieses escapado,

- disfrutar de la vida,
- comportarte de forma honesta y sincera, con las miras abiertas,
- vivir según los valores en que crees,
- hacer los ejercicios o deberes que te corresponden cada día,
- esforzarte y trabajar de forma genuina y sincera,
- vivir según el espíritu de tu niño (o niña) de la luz.

Eres lo que eres,
nada más y nada menos de lo que eres,
¡que no es poca cosa!

Bibliografía

Branden, Nathaniel (2011): *Los seis pilares de la autoestima*, Barcelona, Ediciones Paidós.
Corssen, Jens & Tramitz, Christiane (2014): *Ich und die anderen. Als Selbst-Entwickler zu gelingenden Beziehungen*, Múnich, Knaur.
Dahm, Ulrike (2011): *Reconcíliate con tu infancia: Cómo curar antiguas heridas*, Bilbao. Editorial Desclée De Brouwer.
Dwoskin, Hale (2008): *El método Sedona*, Málaga. Editorial Sirio.
Frankl, Viktor E. (2015): *Das Leiden am sinnlosen Leben: Psychotherapie für heute*, Friburgo, Kreuz.
Gendlin, Eugene T. (2008): *Focusing: Proceso y técnica del enfoque corporal*, Bilbao, Editorial Mensajero.
Heyman, Gene M. (2010): *Addiction: A Disorder of Choice*, Harvard University Press.
Grawe, Klaus (2004): *Neuropsychotherapie*, Gotinga, Hogrefe.
Jacob, Gitta & Arntz, Arnoud (2014): *Schematherapie. Fortschritte der Psychotherapie*, Gotinga, Hhogrefe.
Klein, Stefan (2008): *La fórmula de la felicidad*, Books4pocket.
Klein, Stefan (2010): *Der Sinn des Gebens. Warum Selbstlosigkeit in der Evolution siegt und wir mit Egoismus nicht weiterkommen*, Fráncfort del Meno, Fischer.
Nöllke, Matthias (2009): *Schlagfertigkeit*, Munich, Haufe.
Reddemann, Luise (2009): *La imaginación como fuerza curativa*, Barcelona, Herder.
Röhr, Heinz-Peter (2013): *Die Kunst, sich wertzuschätzen. Angst und Depression überwinden. Selbstsicherheit gewinnen*, Ostfildern, Patmos.
Schnarch, David (2011): *Intimität und Verlangen. Sexuelle Leidenschaft in dauerhaften Beziehungen*, Stuttgart, Klett-Cotta.
Stahl, Stefanie (2011): *Leben kann auch einfach sein! So stärken Sie Ihr Selbstwertgefühl*, Hamburgo, Ellert & Richter.

Stahl, Stefanie & Pannen, K. (2015): *Ja, nein, vielleicht!: Nie mehr Angst vor Nähe. Ein Mutmachbuch*, Múnich, Kösel.

Stahl, Stefanie (2014): *Vom Jein zum Ja! Bindungsangst verstehen und lösen. Hilfe für Betroffene und ihre Partner*, Hamburgo, Ellert & Richter.

Stahl, Stefanie & Alt, Melanie (2013): *So bin ich eben! Erkenne dich selbst und andere*, Hamburgo, Ellert & Richter.

Süfke, Björn (2010): *Männerseelen. Ein psychologischer Ratgeber*, Múnich, Goldmann.

Sunbeck, Deborah & Lippmann, Elisabeth (2005): *Was die 8 möglich macht: Laufend neue Aufgaben lösen*, Kirchzarten, VAK.

Tomuschat, Julia (2016): *Das Sonnenkind-Prinzip. Wie wir Selbsliebe, Leichtigkeit und Lebensfreude wieder entdecken*, Múnich, Kailash.

Unger, Heinz-Peter & Kleinschmidt, Carola (2014): *Das hält keiner bis zur Rente durch!*, Múnich, Kösel.

Índice temático

Abandono 93, 142, 239, 240
Actividad 256-258, 265-266
Actos compulsivos 236
Adaptación 93, 101, 106, 133, 186, 230
Adaptación
    adicción, 106
    estrategias de protección, 93, 133, 156, 186, 230, 233
    padres-hijos, 53

Adicción
    a buscar refugio, 91, 123-126
    a estrategias de protección, 249-256
    al reconocimiento, 47-48, 127, 129
    al trabajo, 229
    primeros auxilios, 100
Adulto, 17, 18, 20, 42, 43, 45, 46, 69-70, 231, 238, 265
    interior (*véase* Yo adulto)
Aferrarse excesivamente a otras personas, 93
Aficiones, intereses y *hobbys*, 100, 265-267
Agresión, 25, 32, 44, 106, 107, 111-113, 128, 167, 180, 210, 241, 243
Alcoholismo, 124, 250
Alegría ante las desgracias ajenas, 196
Alegría de vivir, 25, 28, 171, 177, 203,
Altruismo, 166,
Ambición, 35, 99, 100, 129, 202, 218, 239
Amor
    ansia de control, 109-111
    ansia de explorar del niño, 28, 42

ansia de perfección, 92, 93, 96, 99-100
ansia de placer y desgana o falta de apetito, 46, 267
«Angelipuertas», 182, 183, 215
Ansia
    búsqueda de control, 109-111
    de poder, 105-109
    de perfección, 92-96, 188, 203
Apatía, 239, 256-260
Apego, 27, 31, 33, 38, 41-42, 43-45, 93, 100, 104, 115, 116, 121-123, 149, 227, 263
    necesidad de, 41-42, 267
Apertura
    arrinconado, 17
Arrinconar los sentimientos
    ataques y agresiones, 111-113
Atención
    a uno mismo, 79, 85-86
    cuidados de los padres, 43
Autenticidad, 135, 171, 180
Autoaceptación, 143, 272
Autoafirmación, 210, 267
    del niño, 49
Autoconocimiento, 35-36, 97, 98, 192, 230
    reflexión, 35
Autoelogio, 199
Autoestima, 17-21, 28, 31, 37-39, 47-48, 52, 53, 55, 56, 64, 66, 69-70, 187, 225, 239, 240, 259, 266, 267
    confianza, 226-227

Autogestión, 140
Autonomía
    conflicto entre autonomía y dependencia, 43-45, 260, 262
    deseo de, 92
    necesidad de, 38, 42-43, 46
Autopercepción, 47, 230
    los dogmas y la, 54-56
Autoprotección, 44, 85, 89, 94, 95-135, 167, 169, 179, 186, 262
    camuflaje, juegos de rol y mentiras, 131-133
Autorreflexión, 98, 215
Autorrefuerzo, 140
Aventuras
    ansia de vivir, 28, 125-157
    extramatrimoniales, 121-122

Belleza, 99-100, 179, 192, 205-206
    obsesión, 99, 110, 127
Benevolencia, 43, 109, 144
    practica la, 195-199
Buen concepto, sobre nosotros mismos, 130
Búsqueda de la armonía, 27, 93-96, 101-103, 207, 209-210, 220, 225
Búsqueda de la belleza, 179
Búsqueda de la felicidad, 123, 205
Búsqueda de la perfección, 99-101, 201, 204
    primeros auxilios, 101, 110

Capacidad de aguante, resistencia, 229
Capacidad de empatía, 53
Carácter, 128
    de la genética al, 51-53
    lista de valores, 171
    rasgo de, 107, 165
Celos, 110, 240
    gente con, 234
    marido con, 112
Cercanía, 92, 118, 121-123, 149, 180, 220, 263

Cerebro, 31, 43, 61, 81, 110, 119, 124, 136-137, 140, 147, 166, 172, 174, 178, 195, 197, 249, 252
Certeza, 161, 168, 210
Compasión, 50, 72, 121, 159, 188, 196, 219, 221
    lista de valores, 171
Competencia educadora, 51
Componentes de la personalidad, 23-24, 28, 31
    adultos, 23-24
    infantiles, 23-24
Comportamiento de apego, 27, 31, 33, 37-38, 41-46, 50, 55, 93, 100
Comprensión, 37, 49, 82, 126, 139, 160, 171, 188, 213, 218, 221, 238
Comunidad, 41, 57, 100, 166, 180-181, 196, 233, 271
Concentración, 52, 153, 190, 213, 239, 255, 265
Condicionamiento, 125, 227
    evolutivo, 83
    genético, 136, 271
Condiciones
    elementales, 44
    laborales, 229-230
Conducta condicionada por las adicciones, 123-126
    resistencia activa, 106
    resistencia pasiva, 106
Confianza, 31, 37, 44, 111, 121, 148, 171, 267, 272
    básica, primaria, 17-18, 20, 33, 37, 44, 66, 69
    en sí mismo, 37, 153, 235-236
Conflicto entre autonomía y dependencia, 43-45
Conflicto padres-hijos, 46, 49-51
Confusión entre víctima y verdugo, 103, 108, 127
Control, 92-94, 106, 114, 116, 119, 169, 173, 229
    ansia de, 109-111, 188

de las emociones, 81
respuesta ante el miedo, 234-239
Criticar a tus padres, 57-59

Daño a la confianza, 18, 20, 31, 33, 44, 69, 115, 235
Defensa contra el miedo, 45, 54, 81, 83, 92-93, 95, 101, 103, 109, 132, 167, 192-193, 233, 237-238, 252-253
Dependencia, 23, 31, 42, 98, 104, 116, 129, 227, 248
conflicto entre autonomía y, 43-45 paterno-filial, 113
Depresión, 78, 85, 101, 116, 167, 178
síndrome de desgaste o *burnout*, 228-229
Desatención, 41-42, 56
Desconfianza, 31, 197
básica, primaria, 33, 69
Deseo de apego, 41, 116, 180
Desgana, 46, 93, 119, 123
Disciplina, 46, 70, 93, 100, 110, 114, 171-172, 236, 259, 267
Disociación, 120
Distanciamiento, 21, 45-46, 58, 83, 92, 113-114, 116, 121-122, 142, 146, 153, 163, 180, 183, 186, 190, 215, 228, 230, 235, 263
Distorsión de la percepción, 36, 97-98, 111, 113, 128, 168, 179, 182-183, 185, 189, 192, 215, 217, 219
Distracción, 119, 125, 189-190
Dogmas, 28, 48-50, 57-58, 65, 67, 69, 79, 8, 126, 131, 171, 177
clave, 79
el niño de las sombras, 54-56, 182, 191
inconscientes, 27
negativos, 27, 56, 75-77, 86-87, 91-92, 117, 146
personales, 63
positivos, 27, 158, 162-165
típicos, 99, 101, 103, 105, 109, 111, 113, 117
Dopamina, 123, 250
Dudas sobre nosotros mismos, 118, 234

Ejercicio
Acepta al niño de las sombras, 143
Ancla al niño de la luz en tu interior, 175-176
Averigua tus dogmas, 72
Busca tus dogmas positivos, 162-165
Cómo aceptar la realidad de forma afirmativa, 194-195
Cómo tachar y sobrescribir viejos recuerdos, 147-149
Comprende a tu niño de las sombras, 151-153
Descubre cuáles son tus estrategias de protección personales, 134-135
Determina cuáles son tus valores, 170-171
Disolver los sentimientos, 232-233
El puente de los sentimientos, 81-82
El yo adulto consuelo al niño de las sombras, 144-146
Encontrar tus estrategias de conservación personales, 267-268
Encuentra ayudantes en tu interior, 140-141
Encuentra tus fortalezas y tus recursos, 165-166
Entrenamiento para lidiar con los conflictos, 211-215
Escríbele una carta a tu niño de las sombras, 149-151
Estrategias de protección personales, 134-135
Fortalece tu yo adulto interior, 141-142
La integración de los niños de la luz y de las sombras, 268-270

Las tres posiciones de la percepción, 153-156
Lazos de apego y seguridad para el niño de las sombras, 149
Siete pasos contra la posterguitis, 260-262
Siente a tu niño de las sombras, 78-79
Test de realidad, 188-189
Una pequeña lección sobre la capacidad de réplica, 245-246
Yo adulto interior, 141-142
Ejercicios de relajación, 238
Elogio, 199-200
Emociones guía, 85
Empatía, 84, 109. 170-171, 180, 196, 222, 264
   materna y paterna, 50-51
   practica la, 218-221
Entrenamiento para el buen humor, 160
Envidia, 35, 67-68, 181, 192, 196, 199-200, 272
Equipo interno, 24
Errores, 32, 61, 70, 86-87, 92, 117, 139, 193, 198, 201, 233, 236, 247-248, 271
   cero, 99
Escuchar, 88-89n, 146, 168, 204, 218, 222, 272
Estado de ánimo, 161, 171-174, 178, 190, 196-197, 199, 203, 215, 219, 234, 239, 241, 244
Estímulo-reacción, 136
Estímulo-reacción-acción, 112
Estímulos, 46, 52, 89, 124, 240-242
Estrategias de autodefensa, 27-28
Estrategias
   de adaptación, 230
   de autoprotección, 167, 169
   de conservación, 158, 173, 177-178, 181
   del niño de las sombras, 91-137, 203

   de protección, 47-48, 89, 91, 139, 158, 180, 183, 188, 197, 249
   de respuesta, 243
Estrés, 25, 33, 38, 100, 111, 118, 120, 196, 201-202, 229, 233, 257
Evitar
   la insatisfacción, 123
   las emociones, 85, 127
   las sensaciones desagradables, 172
   los conflictos, 188
   los peligros, 84
Experiencias de apego, 149
Experiencias durante la infancia, 19, 31-33, 37, 65-66
Extroversión, 51

Falta
   de apetito sexual, 107
   de confianza en sí mismo, 210, 235
Fantasía, 104, 173
   Explota tu fantasía, ¡saca partido a la memoria corporal!, 174-175
Felicidad, 223, 54, 67, 105, 117, 158, 172-173, 179-183
   hormona, 123
   responsabilidad, 159-162
Figura de apego, 50
Figuras de referencia, 92
Fortalecer la autoestima, necesidad de, 44, 237
   fracaso educativo de los padres, 86, 92
   personal, 115, 229
Fuerza de voluntad, 46, 70, 109, 111, 124, 250-252

Generosidad, 171, 197, 199-200
Genes, 51, 198, 271
Gratitud, 200

Hacerse el muerto, 119
Heridas interiores, 18-20, 28-29, 36, 54, 64, 68-69, 91, 93, 99, 130, 171, 193, 242

hiperactividad, 53
hipondríaco, 110
Hobbys, aficiones, intereses, 100, 227, 265
Hogar familiar, 58-59
   refugio, 118
Hombres, 83-84, 219, 239
   dependencia de los, 116-117
   miedo a los, 65-66
Hormona de la felicidad, 123
Hormona del estrés, 33
Huida, 210, 260, 264
Huir y refugiarse, 81, 117-121
   en el trabajo, 201
   en una adicción, 95
   evitar los problemas, 189
Humor, 52, 108, 120, 159-160, 171, 178, 185, 196, 199-200, 204, 234, 244

Ideas estancadas, 111
Impaciencia, 239, 243
Impotencia, 27, 50, 83, 95-96, 107-108, 116, 221, 242
Improntas, 18, 20, 25, 28, 38, 48, 51-53, 61, 65-66, 70, 80, 87, 91, 108, 184, 270
Impulsividad, 112-113, 241-243
Indefensión, 31, 35, 242
Infancia, 17-20
   infantilismo, sigo siendo un niño, 24
   marcada por nuestro comportamiento, 49-59
Inferioridad, sentimiento de, 17, 32, 35, 63-64, 97, 104, 129, 135, 216, 243, 271
Inseguridad en sí mismos, 44, 69, 99, 127, 146, 219, 271
Intereses, *hobbys* y aficiones, 265-270
Interpretación, 67, 185-188, 198, 216-217, 272
Introversión, 51, 181

Ira, 23, 27-29, 38-39, 49, 54, 56, 67, 83, 86, 101-102, 107, 111, 129, 132, 182, 185, 241-244

Logoterapia, 219
   los hombres y los sentimientos, 217

Maltrato, 41-42
Manía perfeccionista, 202, 229
Maníaco controlador, 42, 110, 204
Meditación, 173, 194, 238-239
Meditación al estilo vacuno, 244
Memoria corporal, 174-176
Mezquindad, avaricia, 196, 199
Miedo, 8, 23, 27, 38, 54, 67, 81, 83, 99, 107, 110, 146
   a conocernos a nosotros mismos, 193
   a la subordinación, 106, 121-123
   a los hombres, 65-66
   al abandono, al rechazo, 93, 116, 132, 233
   al abandono o desamparo, 101, 103, 186
   al apego, 45, 227
   al compromiso, 45
   al conflicto, 111, 118, 132
   al fracaso, 92, 109, 115, 161, 192, 237
   para sobrevivir, 61, 84
   por herencia genética, 52-53
Molestia, 101, 221

Narcisismo, 126-131
   primeros auxilios, 130-131
Necesidad de control, 38, 110
Negarse
   a disfrutar de la vida, 203
   aprende a decir «no», 233-234
Niño, 32, 41-44, 47, 49-51
Niño de la infancia (*véase* Niño interior), 24

Niño de la luz, 25, 27-29, 32-33, 41, 44, 48
Niño de las sombras, 25, 27-29, 33, 36, 41, 44, 48, 54-57
Niño interior, 17-21, 23-25, 31, 51-53
Normas
    contra el placer y el disfrute, 46
    de conducta sexual, 58
    en el hogar familiar, paternas, 58, 115, 121

Ocupación, 25, 33, 71, 89, 92, 118, 167, 179, 196, 201, 207, 218, 225, 243

Paciencia, 159, 182, 202, 238
Paciente, identificado, 107
Padres, 37-39
    crítica, 57-59
    empatía, 50-51
    imaginarios, 149
    permisivos, 56-57
    protectores, 43
    rígidos, 45, 49
Papel de víctima, 36, 102, 107-108, 219, 221
Pasión, 92, 128, 190, 259
Penas por amor, sufrir de amor, mal de amores, 57, 81, 92
Percepción, 63-64
Pérdida del control, ira, 243
Perfección, 92-94, 96
    búsqueda, 99-101
Personalidad narcisista, 92
Perspectiva de tercera persona, 154, 183-184
Perspectiva del observador, 183
Pertenencia a una comunidad, 91, 181
Perversión víctima-verdugo, 103, 108
Placer, 38, 205
    necesidad de, 45-47
Poder
    ansia de, 105-109
    por inseguridad, 35, 91-93
    paterno, 49
Posterguitis, 203-204, 259-260
    predisposición del niño para adaptarse, 260
Preocupación por la salud, 110
Preocupación por uno mismo, 226
Problemas con las relaciones personales, 18, 37, 180, 209-211
Programación, 49, 55, 61, 88, 122, 136, 146
Proyección, 66, 86, 96-98
Psicoterapia, 37, 64, 84, 121, 130, 160, 185, 187, 190, 225
    Carl Rogers, 225
    Klaus Grawe, 37
Pubertad, 49
Puente de sentimientos, 81-82

Quemado, síndrome de, *burnout*, 96, 202, 228-231

Rasgos de la personalidad, 51
Razonamientos compulsivos, 236
Realidad, 86-89
    objetiva, 187
    subjetiva, 86, 183
Rebelión, 102
Rechazo y abandono de las adicciones, 252, 255
Recompensa, 123, 125
Reconocimiento, 18, 37, 47-48, 99-101
Recuerdos, 61, 81, 147-149
Reflexión, 35-36
Reformular, 224
Relación padres-hijos, 37, 49, 76
Relaciones
    amorosas, 45, 92
    de apego, 44
    de dependencia, 104
    extramatrimoniales, 122
    interpersonales, 84, 94, 102, 209

Represión de los impulsos, 46
Resistencia, 102, 106, 256, 259, 262-264
   activa, 106
   pasiva, 106-107, 210
Respeto, 36, 105, 113, 238
Responsabilidad, 23, 25, 43, 49, 58, 104, 107, 114-115, 158-161, 186, 193, 197, 207-209, 220
   lista de valores, 171
Reveses del destino, 25, 161
Risa, 178
Rutinas, obligatorias, 93
   cotidiana, 140, 178

Satisfacer
   la necesidad de placer, 45-47
   las expectativas de otras personas, 131
   las necesidades de su pareja, 185-186, 220, 263
   las necesidades de sus padres, 142
Seguridad, 18, 32-33, 42-43, 109, 123, 210
Sensación de
   derrota, 102
   dominancia, 216
   inferioridad, 64, 126
   malestar o bienestar, 38
   placer, 46, 123, 126
   seguridad, 80
   traición a tus padres, 57
Sentimiento de inferioridad, 17, 97
Sentimientos
   de rabia, 49
   de vergüenza, 271
Serenidad, 159, 161
   lista de valores, 171
Simpatía, 35, 103, 181

Síndrome del ayudante, 103-105, 225-226
   primeros auxilios, 105
Síndrome del quemado o *burnout*, 202, 228-231
Sistema de motivación, 45
   primeros auxilios, 101
Sobrecompensación, 93
Socialización masculina, 83
Soledad, 52, 67, 94, 118, 122, 180, 239-240
Subconsciente, 18-19, 25, 55, 86, 149, 164

Terapia cognitiva, 24
Terapia de esquemas, 147
Terapia del placer, 205
Terapia sensorial, 167, 205
Testarudez, 107, 213
Tolerancia a la frustración, 45, 56, 115, 161, 237, 247

Vacío interior, 67
Valores, 158, 166-170
Verdad, 101, 126, 130, 136, 181, 186, 217
Violación de los límites, 115, 120, 225, 229
Violencia, 98, 244

Yo adulto, 24, 28-29, 33, 46, 48, 54, 64, 65-66, 70, 86-88, 94, 97, 99-100, 105, 109, 111-117, 139-142, 144-155
Yo ideal. 127, 181
Yo padre benevolente, 24
Yo padre castigador, 24
Yo real, 181

*Eres lo que eres,
nada más y nada menos de lo que eres,
¡que no es poca cosa!*